분노 관리를 위한 ACT 워크북

The ACT Workbook for Anger

New Harbinger Publications, Inc.
5720 Shattuck Avenue Oakland, CA 94609
www.newharbinger.com

수용전념치료를 통해 감정을 관리하고 삶의 주도권 되찾기

분노 관리를 위한 ACT 워크북

로빈 D. 월서, 마누엘라 오코넬 지음 | 권찬영 옮김

당신을 위한 단계별 프로그램

• 분노 유발 요인 발견하기 •

• 격해진 감정 속에서도 현명하게 살아가기 •

• 순간의 안정을 찾기 •

• 분노를 다스리기 •

圖書出版 하나醫學社

이 책에 쏟아진 찬사

"수십 년의 경험을 가진 두 명의 뛰어난 임상가들이 쓴 이 책은 분노에 효과적으로 대응하기 위한 따뜻하고 과학적인 접근법을 제시한다. 분노를 '통제'하거나 피하려는 많은 전략들이 결국에는 역효과를 낳아 더 큰 고통과 수치를 초래한다. 이 워크북은 그렇게 되지 않도록, 분노를 이해하고, 분노가 있을 때에도 당신의 가치에 맞게 살아가는 데 필요한 실질적인 도구를 제공한다."

- 제나 르준
임상심리사
포클랜드 심리치료 클리닉, 연구 및 훈련 센터장
ACT 동료 평가 트레이너
『치료의 가치(Values in Therapy)』 공동저자

"분노를 없애는 방법에 대한 다른 책들과는 다르다. 이 책은 분노는 누구나 경험한다는 것을 알려준다. 이것은 인간으로서 자연스러운 것이며, 부끄러워할 필요가 없다. 이 중요한 통찰과 분노 속에서 자라온 개인적 경험을 바탕으로 저자들은 과학적으로 기반한 단계별 과정을 통해 분노의 내면을 탐구하고 그것을 받아들이며 관리하는 방법을 제시한다. 만약 당신이 분노가 과도하다고 느끼거나, 분노에 대하여 어찌할 도리가 없다고 느꼈다면, 이 책이야말로 바로 당신을 위한 것이다. 강력 추천한다!"

- 커크 스트로살
ACT 공동창시자
『우울증에 대한 마음챙김과 수용 워크북(The Mindfulness and Acceptance Workbook for Depression)』 공동저자

"표면적으로는 분노를 통제해야 한다고 생각할 수 있지만, 그것은 분노한 행동에만 해당되는 말이다. 분노라는 감정은 현명한 동반자가 되어, 진정한 자기 연민의 관점에서 자신의 두려움과 취약성을 볼 수 있도록 도와준다. 이 지혜로운 책은 그 방법을 가르쳐 준다. 만약 분노로 인해 자신이나 사랑하는 사람들에게 큰 고통을 안겨주었거나, 분노 앞에서 얼어붙거나, 경계를 잃거나, 분노를 억누르기 위해 자신을 숨겨왔다면, 이제 이 기본적인 인간 감정에 새로운 방식으로 대하는 법을 배울 때이다. 이 책을 펼치고 시작해 보라."

- 스티븐 헤이즈
네바다대학교 리노 캠퍼스 심리학과 교수
ACT 창시자 및 공동개발자

"ACT의 가장 따뜻한 목소리를 가진 두 사람, 로빈과 마누엘라는 '분노는 나쁜 감정이다'에서 '분노는 흥미로운 감정이다'로 가는 길을 안내하는 지침서를 만들었다. 간결하면서도 강력한 훈련이 가득한 이 책은 분노를 억누르는 사람들과 표출하는 사람들 모두에게 필수적이다. 이 책을 읽고, 당신에게 소중한 것을 지키면서도 자신과 자신의 취약성에 대해 부드럽게 대하는 방법을 배워보라."

– 패트리샤 로빈슨
마운틴뷰 컨설팅 훈련 담당 이사
오리건주 IPC 혁신 담당 이사
『우울증에 대한 마음챙김과 수용 워크북(The Mindfulness and Acceptance Workbook for Depression)』,
『우울에서 벗어나는 46가지 방법(The Depression Toolkit)』 공동저자

"이 명확하고 매력적이며 깊이 있는 유용한 책에서, 월서와 오코넬은 정말로 독특한 작품을 만들어 냈다. 『분노 관리를 위한 ACT 워크북』은 우리가 왜 분노와 싸우는지를 이해할 수 있도록 따뜻하게 설명하며, 분노라는 감정에 맞서 싸우는 사람들을 돕는 강력한 도구들을 제시한다. 이 도구들은 분노를 통제하거나 그것 때문에 자신을 비난하는 것이 아니라, 우리가 가장 중요하게 생각하는 것에 깊이 몰입할 수 있도록 돕는다. 분노로 어려움을 겪는 모든 사람들과 그들을 돕고자 하는 사람들에게 필수 지침서라 할 수 있다. 강력 추천한다!"

– 러셀 콜츠
이스턴워싱턴대학교 심리학과 교수
『분노를 관리하는 자비심-마음 가이드(The Compassionate Mind Guide to Managing Your Anger)』,
『임상가를 위한 자비중심치료 가이드북(CFT Made Simple)』 저자

"반복되는 분노 행동은 우리 삶, 가족의 삶, 심지어 더 넓은 공동체와 문화에까지 해를 끼칠 수 있다. 『분노 관리를 위한 ACT 워크북』은 분노로 인한 행동을 가치 기반 행동으로 변화시키고, 분노의 감정과 생각을 공격으로 바꾸지 않고 수용하며, 분노 판단을 자비와 용서로 대체하는 변화의 과정을 알려준다. 강력 추천한다!"

– 매튜 맥케이
『분노의 갑옷을 벗어라(ACT on Life Not on Anger)』,
『화내는 부모가 아이를 망친다(When Anger Hurts)』 공동저자

분노로 고통받았지만 멋지게 이겨내신
나의 어머니 수잔 L. 피켓에게 이 책을 바칩니다.
- 로빈 D. 월서

누구나 마음속에 연약한 부분이 있기에
누군가 들어주고, 알아주고, 사랑해주기를 갈망합니다.
여러분 모두가 그런 경험을 하고, 마음껏 살아갈 수 있기를 바랍니다.
- 마누엘라 오코넬

목차

감사의 말

제 삶에서 감정의 힘과 그 소중함을 알아봐 주신 모든 여성들에게 감사드립니다. 사랑, 슬픔, 기쁨, 불안… 그렇죠, 심지어 분노까지도 모든 감정을 있는 그대로 받아주시고 지지해 주셨습니다.

– 로빈 D. 월서

우선, 이 책을 함께 쓰면서 값진 경험을 선사해 준 제 멘토이자 소중한 친구 로빈 월서에게 감사의 마음을 전합니다. 그녀의 존재 자체가 제 삶의 큰 선물입니다! 늘 지혜롭고 열정 넘치는 배움의 여정이었죠… 말로 다 표현할 수 없을 만큼 고맙습니다.

맥락적행동과학협회(The Association for Contextual Behavioral Science, ACBS) 여러분께도 깊은 감사를 드립니다. 모두의 목소리가 존중받고 함께 성장할 수 있는 따뜻한 보금자리가 되어 주셨습니다.

그동안 제가 도움을 드릴 수 있었던 모든 내담자와 학생 여러분, 정말 감사합니다. 여러분과의 소중한 인연을 통해 인간의 복잡한 면모를 이해하게 되었고, 우리가 함께 성장하고 있다는 걸 깨달았습니다.

마지막으로, 나의 가족 다니엘, 데미안, 알레호에게 고마움을 전합니다. 일상에서 받은 여러분의 지지가 곧 제가 세상을 돕고자 하는 열정의 원동력이 되었습니다.

– 마누엘라 오코넬

머리말

누구나 화를 낼 수 있고, 화를 내는 것은 쉬운 일이다.
하지만 적정한 시간에, 적절한 사람에게, 적당한 정도로,
올바른 목적을 위해, 바른 방식으로 화를 내는 것은 결코 쉬운 일이 아니다.
– Aristotle

저[로빈 D. 월서]는 어릴 때부터 분노가 미치는 지대한 영향을 보며 자랐습니다. 분노가 누구를 향하든, 빠르게 움직이며 곧 터져 나올 것만 같은 그 감정을 멈추기 위해 무슨 일이든 해야 했습니다. 시퍼렇게 겁에 질린 아이들은 분노를 피하기 위해 청소하는 척하거나, 숨거나, 조용히 숨죽이거나, 움츠러들거나, 때로는 도망가려고 했습니다. 이처럼 분노는 위험한 것이고, 이를 피해야 한다고 배웠습니다. 저는 가정 폭력이 있는 가정에서 자라면서 분노가 사람들을 어떻게 통제하고, 그 폭풍 같은 시간을 경험한 사람들에게 어떻게 공포를 심어 주는지 이해하게 되었습니다. 그리고 이것은 다른 사람들의 분노뿐 아니라 저 자신의 분노도 두려워하게 만들었습니다. 저에게 분노는 사람들을 통제하는 도구일 뿐이었고, 부적절한 방법으로 분노를 표출하는 사람들을 불신하게 되었습니다.

저[마누엘라 오코넬]는 분노를 드러내면 호되게 처벌받는 엄격한 가정에서 자랐습니

다. 감정에 대해 엄격하고 꽉 막힌 가정에서 자란 것인데, 특히 그 감정이 '여성에게 바람직하지 않은 경우' 처벌이 매우 가혹했습니다. 이런 감정의 억압 속에서 저의 감정을 과도하게 조절해야 했습니다. 평생 분노를 너무 잘 통제한 나머지, 분노가 찾아오는 일이 거의 없었습니다. 저는 그렇게 '바람직한 여성'이 되었습니다. 저는 제 경계를 허물고, 진정한 목소리를 억눌렀습니다. 이로 인해 저는 학대 상황에 더 취약해졌습니다. 또한 다른 사람들, 특히 제가 가장 아끼는 사람들을 화나게 하지 않으려고 저의 행동을 습관적으로 통제했습니다. 이러한 습관은 저의 자유를 앗아갔습니다. 저는 분노를 느끼지는 않았지만, 이상하게도 분노를 피하는 노예가 되었습니다.

분노에 대한 이러한 경험은 우리가 이 책을 쓰게 된 이유 중 하나입니다. 우리 두 사람은 모두 분노의 감정적 경험과 관련된 고통스러운 과거를 겪었습니다. 분노를 두려워하거나 피하며 살아왔습니다. 그렇다고 사는 동안 분노를 느끼지 않았던 것은 아닙니다. 분노는 누구나 느끼는 감정입니다. 하지만 분노에 어떻게 반응해야 하는지 학습하게 된다면, 이후 분노를 경험할 때 학습한 대로 행동할 가능성이 큽니다. 우리는 각자 분노를 느낄 때 어떻게 반응해야 하는지를 배웠습니다. 그러나 문제는 때때로 이러한 반응이 매우 건전하지 못하고, 우리를 도리어 고통에 빠뜨리며, 적절하게 대응하거나 분노를 표현하지 못하게 했다는 점입니다.

이 책을 펼친 당신도 아마 분노와 관련된 중요한 문제를 가지고 있으리라 생각됩니다. 분노를 억누르든, 해로운 방식으로 표출하든, 분노에 대한 개개인의 투쟁을 탐구하고 이해하고 변화시키는 것은 그럴 만한 가치가 있습니다. 이 고통으로 인해 죄책감, 부끄러움, 무력감, 통제 불능 상태에 있거나 관계, 직업, 우정과 애정, 그리고 자기감sense of self 상실과 관련해 삶에 심각한 어려움을 겪고 있다면, 분노를 바라보는 새로운 방법과 인생에서 그 분노의 역할과 위치를 발견하는 것은 충분히 가치 있는 일이 될 것입니다.

이 워크북의 내용은 분노에 대한 경험과 분노가 자신에게 미치는 영향을 이해하고, 분노에 대한 개인적인 경험을 다루는 데 도움이 될 것입니다. 분노가 삶에 유용할 때도 있고 해로울 때도 있음을 알게 된다면, 자신의 분노 감정과 가장 잘 조화를 이루는 방법을 찾을 수 있을 것입니다. 또한 당신의 바람이 충족되고, 목표가 달성되며, 가치가 실현되도록 대응하는 방법을 익히는 데도 도움이 될 것입니다.

분노

분노는 현명하게 표현된다면 매우 귀중한 감정입니다. 예를 들면, 분노를 통해 우리는 개인 영역을 침범하는 것에 대해 주의를 주는 중요한 메시지를 전달할 수 있습니다. 이때 분노와의 관계가 치우치지 않고 조화롭다면, 분노는 무언가가 우리 영역을 침범했다는 것을 알아차리고 특정한 방식으로 대응해 그것을 지키는 데 도움이 될 것입니다. 여기서 분노는 무언가가 잘못되었으며, 해결이 필요한 상황이라는 것을 알려줍니다. 하지만 분노에 건강하고 현명하게 반응하는 사람인지, 자신 또는 다른 사람들에게 해로운 방향으로 반응하는 사람인지에 따라 분노에 대한 반응 및 분노와의 관계는 다를 수 있습니다.

분노와의 관계는 그 결과에 중요한 역할을 합니다. 이는 온전하고 진정한 관계일 수도 있고, 두려움과 통제로 가득 찬 관계일 수도 있습니다. 분노와 관계를 맺는 방식과 분노를 경험할 때 행동하는 방식은 우리에게 무한한 자유를 줄 수도 있고, 무한한 통제를 줄 수도 있습니다. 현명하지 못하게 또는 융통성 없이 분노와 관계를 맺는 것은 풍요롭고 의미 있는 삶을 사는 데 방해가 됩니다. 분노를 표현하는 사람과 그 표현을 받는 사람 모두에게 미치는 분노의 지속적인 영향은 상당하며, 우리는 여기에 주의를 기울여야 합니다. 이제 이것에 대해 자세히 살펴보겠습니다.

분노와 통제

지배적인 방식으로 분노를 표현할 경우, 이는 다른 사람들을 통제하려는 것으로 보일 수 있습니다. 하지만 중요한 것은 이는 다른 사람들을 통제하는 것(하던 일을 중단하거나, 하지 않는 일을 시작하게 하는 것)뿐 아니라, 자신의 내적 경험을 피하려는 것이기도 하다는 점입니다. 지배적인 방식으로 표현되는 분노는 종종 두려움, 슬픔, 불안과 같은 다른 감정에 대한 반응으로 나타납니다. 즉, 이러한 감정을 느끼고 싶지 않을 때(아마도 그 감정을 좋아하지 않거나, 그 감정이 나쁘거나 약하다고 생각하기 때문에) 대신 화를 냄으로써 그 감정을 통제하려고 할 수 있습니다.

이런 유형의 통제와 회피는 비교적 흔하게 나타나는 현상입니다. 우리는 대부분 부정적이거나 원치 않는 감정을 회피하는 법을 배워 왔습니다. 하지만 이런 종류의 회피와 통제는 다른 문제를 초래해 우리 삶에 큰 영향을 미칩니다. 쉽게 화를 내거나 분노를 사용해 다른 사람을 지배하고 통제하려고 하면 사람들이 당신을 두려워하거나 싫어할 뿐 아니라, 분노 자체가 당신에게 미치는 영향으로 대가를 치르게 됩니다.

더 나은 삶을 위해 통제를 내려놓기

이 책의 목표 중 하나는 충동적이고, 회피적이며, 현명하지 못한 방식으로 분노에 반응하는 대가를 확인하는 것입니다. 하지만 어떠한 감정도 그 자체로 문제가 되지는 않습니다. 문제는 그 감정을 어떻게 다루느냐입니다. 따라서 우리는 분노가 나쁜 감정이라는 개념에 동의하지 않습니다. 실제로 우리는 분노에 대처하는 방법을 배우고, 건전한 방식으로 분노에 반응할 수 있습니다. 그리고 모든 분노가 문제가 되는 것이 아니라는 점을 확인시켜 드리고자 합니다. 때로는 분노가 필요한 상황도 있으며, 이는 사람들로 하여금 건전한 행동을 하도록 동기를 부여할 수도 있습니다.

우리는 감정을 바꾸기보다 분노와 건강한 경계를 유지하며 관계를 맺는 방법, 관계를 파괴하기보다는 가꾸는 방법, 그리고 건강한 행동 양식으로 분노를 기꺼워하는 방법을 구체적으로 알아보려고 합니다. 분노를 건강한 삶의 장애물로 여기고 억제하거나 활력을 제한하는 방식으로 표현하기보다는 분노를 다루는 현명하고 유연한 방법에 초점을 맞출 것입니다. 분노의 꼭두각시가 아니라, 분노와 함께하는 법을 배우는 것이 우리의 목표입니다.

따라서 당신은 이 워크북을 통해 새로운 방식으로 분노를 다루는 방법을 배우게 될 것입니다. 분노가 발생하는 상황과 분노가 표현되는 다양한 방식을 알아볼 것입니다. 분노와 관련된 문제 행동을 통해 이와 관련된 근본적인 감정을 찾아보고, 이러한 감정을 충족시키는 방법을 배우게 될 것입니다. 그리고 그 과정에서 내려놓는 방법도 배울 것입니다.

앞으로

설명한 바와 같이, 이 책을 펼친 당신은 자기 자신이나 다른 누군가가 분노와 관련된 문제로 어려움을 겪고 있을 가능성이 큽니다. 또는 분노가 삶의 일부임을 인식하고 분노를 다루는 가장 좋은 방법을 찾기 위해 이 책을 펼쳤을 수도 있습니다.

이 책이 당신에게 정말로 도움이 될지 고민하고 있다면, 아래 질문들이 도움이 될 것입니다.

· 당신이 사랑하는 사람들에게 화내며 한 말이나 행동으로 인해 끔찍한 고통을 안겨 준 적이 있습니까?
· 분노에 사로잡힌 까닭에 당신이 소중히 여기는 장소 또는 관계에서 끔찍한 결과를 경험한 적이 있습니까?
· 분노를 절대 드러내면 안 된다는 생각 때문에 학대를 당하면서도 침묵을 지킨 적이 있습니까?
· 평화를 유지하기 위해 많은 것을 포기하면서 다른 사람들의 무례한 행동을 참은 적이 있습니까?
· 다른 사람들에게 분노를 숨기거나, 화가 나더라도 화났다고 말하지 않지는 않습니까?

만약 위 질문 중 하나라도 "예"라고 답했다면, 이 책은 당신에게 딱 맞는 책이 될 것입니다. 그렇다고 당신에게 문제가 있다는 의미는 아닙니다. 분노가 적이라는 의미도 아닙니다. 우리는 당신이 최선을 다해 살아왔다는 것을 잘 압니다. 그렇기에 당신이 지금 살아가고 있는 모습을 함께 되돌아볼 것입니다. 분노에 대한 반응은 종종 학습되고, 우리의 경험이나 보고 듣는 것에 의해 발전합니다. 우리는 당신 스스로 이 분노에 대한 반응을 바꾸려고 시도했을 것이라는 사실도 알고 있습니다.

이제 당신과 함께 분노로 가득 찬 행동이 아니라 내면에 있는 진정한 두려움, 고통, 연약함을 허용하며 진정한 자아를 받아들이는 여정을 함께하고자 합니다. 이 여정에서 당신을 내버려 두거나 판단하는 일 없이 그저 함께할 것입니다. 이 여정의 목표는 가치에 기반한 삶을 위해 분노와 현명하고 유연한 관계를 맺는 것입니다. 판단하는 것은 이 과정을 더 어렵게 하거나 불가능하게 만들 뿐입니다. 때로 이 여정 가운데 일을 망쳤다고 느낄 수도 있고, 불안함을 느낄 수도 있습니다. 내적인 통제를 내려놓는다는 것은 분노를 통해 피하고 있던 감정과 마주하는 것을 의미하기 때문입니다. 이는 결코 쉬운 일이 아닙니다. 하지만 마음먹고 노력한다면 분노와의 관계가 변할 것이며, 그것이 나쁜 경험이 아니라 유익한 동반자가 된다는 것을 알게 될 것입니다.

이 책에 있는 자료들을 다루는 동안 당신의 여정에 도움이 되는 몇 가지 질문을 더 살펴보겠습니다. 아래 질문에 대한 대답은 당신의 여정, 특히 분노를 다루다가 벽에 부딪혔다고 느낄 때 유용할 것입니다. 그리고 이러한 질문에 대한 대답을 기억해 둔다면, 앞으로 행동을 바꾸려고 할 때나 실패할지도 모른다는 걱정이 들 때 도움이 될 것입니다.

분노가 현명한 동반자가 될 수 있다면,

· 당신은 무엇을 시작하고 싶습니까?(또는 무엇을 중단하고 싶습니까?), 무엇을 더 많이 해 보고 싶습니까?(또는 무엇을 덜 하고 싶습니까?)
· 당신 자신, 다른 사람, 삶, 세상을 지금까지와 어떻게 다르게 대하고 싶습니까?
· 지금까지는 추구하지 않았지만, 앞으로 추구하고 싶은 목표는 무엇입니까?
· 지금과 달리 어떤 사람, 장소, 사건, 활동, 도전에 참여해 보고 싶습니까?
· 당신에게 정말 중요한 것들이 어떻게 달라질 것 같습니까?

이 책을 읽으면서 발견하게 될 것

저마다 살아온 배경이 다르고 분노의 경험이나 분노와의 관계도 다르지만, 새로운 행동을 배우겠다는 마음으로 이 워크북을 펼쳤으리라 생각합니다. 분노에 대처하는 것은 쉽지 않습니다. 분노에 대한 개인적인 경험을 이야기하는 과정에서 자신이 연약하다고 느낄 수도 있습니다. 하지만 그것이 바로 우리 자신의 이야기로부터 이 여정을 시작하는 이유입니다.

당신은 분노가 인간 경험에서 매우 자연스러운 일부라는 사실을 알게 될 것입니다. 또한 분노가 부정적인 면과 긍정적인 면에서 어떤 영향을 미치는지 살펴볼 것입니다. 일상 중에 문득문득 느끼는 분노에서 부글부글 끓어오르는 장기적인 분노에 이르기까지 모든 것을 탐구해 볼 것입니다. 만약 분노에 관해 심각한 문제를 가지고 있는 것이 아니더라도, 이 책은 일상에서 분노를 표출하거나 묵묵히 참아 내는 순간을 헤쳐 나가는 데 도움이 될 것입니다. 당신은 끓어오르는 분노와 폭발적인 분노 등 다양한 유형의 분노에 관해 배울 것입니다. 이는 자신이 어떤 유형의 분노를 경험하고 있는지 파악하는 데 도움이 될 것입니다.

먼저 분노와 그 기능을 이해하고, 이를 알아차리며, 그것의 영향을 다루는 방법을 배울 것입니다. 우리의 최종 목표는 당신이 세상에서 진정으로 행동하고 싶은 것을 책임감 있게 선택하도록 돕는 것입니다. 즉, 분노 자체를 제거하는 것이 아니라 분노의 실체를 보는 것이라고 할 수 있습니다.

분노와의 관계를 다루는 부분에서는 분노에 대해 생각하고 다루는 새로운 모델을 제시할 것입니다. 분노에 대한 우리의 접근법에서 중요한 한 가지 측면은 분노의 충동이나 욕구, 생각, 느낌이나 감정, 감각을 분노의 행동으로부터 분리하는 것입니다.

또한 우리는 분노를 유발하거나 분노에 가까워지게 하는 미묘하고 다양한 맥락을 탐구할 것입니다. 당신에게 분노가 나타날 때, 분노를 경험하는 다양한 방식을 알아차릴 수 있도록 도울 것입니다. 더는 분노가 당신의 행동을 통제하지 못하도록 능숙하게 대응하는 방법을 배우는 것이 이 작업의 중요한 부분이 될 것입니다. 그리고 화가 났을 때 취할 조치를 현명하게 선택하는 방법을 다룰 것입니다. 분노에 직면해 가치 있는 행동을 '선택해' 취함으로써 그동안 분노가 당신을 얼마나 밀어붙여 왔는지 그 힘과 영향을 '마주하게' 될 것입니다. 그럼에도 당신은 더는 분노의 노예가 되지 않을 것입니다. 실제로 우리가 하게 될 작업 중에는 분노가 오르락내리락하거나 오고 가는 것을 알아차리고, 이를 회피하는 것이 아니라 가치에 따라 행동하는 것이 있습니다. 이것이 언뜻 이상하게 들릴 수도 있지만, 당신의 삶에 훨씬 더 많은 통제력을 줄 것입니다. 화가 났을 때 말과 행동을 더 잘 통제할 수 있게 될 것입니다. 결국 분노에 반응하기보다는 대응할 자유를 더 많이 갖게 될 것입니다.

분노 치료를 위한 수용전념치료

이 여정을 시작하는 1장에서는 분노와 그 영향을 살펴볼 것입니다. 생각, 느낌, 감각은 물론 그에 수반되는 패턴과 기능을 알아보며 분노의 전체적인 모습을 발견하도록 도울 것입니다. 2장부터는 분노의 맥락을 탐구하고, 분노가 생겼을 때 대처하는 방법과 분노에 대한 행동이 유용할 때와 그렇지 않을 때를 구별하는 방법을 분노에 대한 치료적 관점(수용전념치료)에서 바라보며 배울 것입니다. 이후의 장들에서는 수용전념치료를 심층적으로 살펴보고, 문제가 되는 분노를 해결하고 치료하는 데 수용전념치료가 어떻게 사용되는지 살펴볼 것입니다.

스티븐 헤이스Steven Hayes 박사와 동료들이 개발한 수용전념치료(Hayes, Strosahl, & Wilson, 2012)는 가치value 및 전념행동committed action과 함께 마음챙김mindfulness 및 알아차림awareness 기술을 사용함으로써 사람들이 의미 있고 목적 있는 삶을 유연하게 살도록 돕습니다. 특정한 감정이나 생각보다는 중요한 것을 따라 살아가는 삶, 이것이 수용전념치료에서 하는 큰 부분입니다. 우리 역시 자신의 분노 또는 다른 사람들의 분노에 사로잡히는 것이 아니라 자신이 중요하다고 생각하는 것에 따라 삶을 이끄는 방법을 연습할 것입니다.

수용전념치료에는 자신의 내적 경험을 더 잘 알아차리고, 이를 통제하거나 피하려고 시도하는 것이 아니라, 현재 상태에 머무는 방법을 배우도록 돕는 여섯 가지 핵심 과정이 있습니다. 화가 났을 때 일어나는 일을 더 잘 관찰하고 몸과 주변에서 무슨 일이 일어나는지 알아차릴 수 있다면, 단순히 느끼고 생각한 것에 따라 행동하기보다 가치에 기반한 선택을 하는 것이 더 수월해질 것입니다. 다음은 여섯 가지 핵심 과정과 이를 다루는 장입니다.

· 탈융합defusion(5장 「마음 알아차리기」)
· 현재 순간present moment(책에 전체적으로 포함됨)
· 맥락적 자기self-as-contex 또는 조망수용perspective taking(6장 「나는 누구인가?: 더 큰 자기감과 만나기」)
· 가치탐색values clarification(7장 「진정으로 중요한 것」)

· 전념행동committed action(8장 「중요한 것을 위하여 행동하기」)

이러한 과정을 각 장에서 차례로 살펴보며('현재 순간'은 책 전체에 포함되어 있으니 제외) 분노의 감정적 경험을 이해하고 이를 다루는 새로운 방법을 배울 것입니다. 우리가 시도할 여러 연습에는 현재 일어나고 있는 일을 알아차리는 것이 포함되며, 따라서 계속해서 당신이 현재 경험을 알아차리도록 요청할 것입니다. 1~3장에서는 각각 분노 이해하기, 변화 이해하기, 통제 내려놓기를 소개할 것입니다. 최종 목표는 의미 있는 삶을 만들어 나가기 위해 심리적으로나 행동적으로 더 유연해지는 방법을 배우는 것입니다.

분노와 수용전념치료 과정에 관한 장 외에도 과거의 분노 경험으로 인해 야기된 상처의 치유와 관련한 두 개의 중요한 장이 있습니다(9장 「자비와 분노」, 10장 「용서와 분노」). 그리고 앞으로의 여정에 초점을 맞춘 마지막 장으로 이 책을 마무리할 것입니다. 즉, 11장에서 사회적 정의와 관련해 분노가 어떻게 긍정적인 방식으로 사용될 수 있는지 정리함으로써 이 책을 통해 익힌 것을 삶 속에서 지속할 수 있도록 돕고자 합니다.

이 책의 구성

먼저, 실제 상황에서 실제 사람들이 말하는 분노 이야기로 각 장을 시작합니다. 실제 우리가 겪는 것과 비슷한 이야기를 접함으로써 앞으로 수행할 연습을 더 잘 이해할 수 있을 것입니다. 또한 이 사례들을 참고해 유용한 의미를 얻을 수 있을 것입니다.

다음으로 수용전념치료와 관련된 특정 개념이나 내용을 살펴보고, 앞서 소개한 여섯 가지 핵심 과정에 중점을 둡니다. 이것을 분노, 분노의 선행요인, 그리고 그 결과로 연관 지어 살펴볼 것입니다. 여기에서는 분노에 관해 배우고 이해할 수 있는 사항에 중점을 두며, 변화할 수 있는 힘을 느낄 수 있도록 관련 개념들을 검토할 것입니다.

새로운 행동을 배우는 가장 좋은 방법은 연습 활동을 실제로 시도하는 것입니다. 그런 만큼 각 장에 연습을 포함해 이 책을 읽어 나가면서 생각뿐 아니라 경험을 통해 그 과정을 탐색할 수 있도록 도울 것입니다. 최대한의 효과를 얻기 위해 이러한 연습에 적극적으로 참여할 것을 강력히 추천합니다. 진정한 변화에 관심이 있다면 말만으로는 충분하지 않습니다. 어쩌면 어떤 연습은 하고 싶지 않을 수도 있습니다. 어떤 연습은 어렵고, 고통스러운 감정적 경험을 초래할 수도 있습니다. 하지만 여기에 매달려 시도해 보십시오. 필요할 때마다 언제든지 특정 연습으로 돌아가 다시 시도해 볼 수도 있습니다.

이 책에 있는 모든 연습이 모든 사람에게 적합한 것은 아닙니다. 각각 시도해 보고 어떤 것이 가장 맞는지 확인해 보세요. 우리는 당신이 이 책을 통해 최대한 도움을 얻길 바라며, 연습에 직접 참여하는 것이 도움을 얻는 가장 좋은 방법이라고 생각합니다.

각 장의 끝에는 요약을 두어 해당 장에서 다룬 내용을 간략하게 검토하고, 다음 장과 연결해 삶의 유연성을 만들어 내는 전반적인 이야기를 구성합니다.

당신을 향한 우리의 바람

서문의 앞부분에서 언급했듯이, 이 책의 저자인 우리는 분노에 현명하게 대처하지 못한 희생자로서 분노를 경험해 왔습니다. 그랬던 만큼 폭력적이고 해로운 방식으로 표현된 분노로 발생할 수 있는 부정적인 결과들을 막고 싶습니다. 이 책에서 함께 시도할 작업에는 힘과 통제력을 행사하려는 욕구, 반드시 옳아야 하는 욕구, 자아를 보호하려는 욕구 등에 기반한 분노의 파괴적인 특성을 예방하거나 고치는 것 등이 있습니다. 그동안 분노를 느끼며 행동하고 후회하기를 반복했다면 이제는 용서, 자비, 회복, 가치를 기반하는 삶으로의 복귀를 통해 위안을 얻길 바랍니다. 마지막으로, 오랫동안 분노를 억눌러 왔다면 그 감정과 협력자가 되어 경계를 명확히 하고, 자신만의 진정한 삶을 구축할 수 있기를 진심으로 바랍니다.

1장

분노 이해하기

당신이 열정뿐 아니라, 결과에 대해 생각하고
합리적으로 자기 자신의 길을 선택할 수 있도록
당신 내면의 지혜를 발견하게 되어 기쁩니다.
– Deborah J. Lightfoot

제럴드Jerold는 조금이라도 안심하기 위해, 그리고 책임을 다하기 위해 어린 시절부터 고군분투했습니다. 그는 어린 시절 따돌림을 당했는데, 이 시기에 경험했던 감정을 조절하는 가장 좋은 방법을 찾지는 못한 것 같았습니다. 제럴드는 슬픔과 굴욕감을 느꼈고, 혼자 있을 때면 자신을 따돌리던 가해자들을 때리고 맞서 싸우는 상상을 하곤 했습니다. 이와 함께 그의 분노는 점점 더 커졌고, 통제할 수 없는 감정이 그를 괴롭혔습니다. 시간이 지나면서 그는 이 분노에 반응해 행동하기 시작했습니다. 반격하기 시작한 것입니다.

10대 시절에 제럴드는 분함과 격노에 휩싸여 주먹다짐에 자주 휘말렸습니다. 분노를 분출하기 시작했습니다. 다른 사람들 눈에 그는 거의 항상 화가 난 것처럼 보였습니다. 그의 태도는 위협적이었고, 주변 사람들에게 그는 정말 쉽게 화를 내는 사람이었습니다. 제럴드는 크고 작은 갈등 상황에서 분노를 폭발했습니다. 벽을 치고, 물건을 부수며, 자기의 의견에 동의하지 않은 사람을 폭행하기도 했습니다. 결국 제럴드는 감옥에 가게 되는 경우도 있었고, 그의 분노를 참지 못한 친구들 및 연인들과 헤어져야 했습니다. 어린 시절부터 그는 슬픔과 굴욕감을 따뜻하고 지지적인 연결을 통해 치유받을 기회를 얻지 못했고, 폭력을 통해 통제력을 얻고자 애썼습니다. 하지만 계속 통제 불능 상태에 빠질 뿐이었습니다.

안젤라Angela는 어린 시절에 분노는 '허용되지 않는다'는 것을 배웠습니다. 그녀는 고압적인 아버지 아래 엄격한 규칙 속에서 자랐습니다. 안젤라의 아버지는 가족 중 유일하게 화를 낼 수 있는 사람은 자신뿐이라고 선언했습니다. 만약 다른 사람이 분노를 표현하면 이를 꺾어 버리거나 처벌하곤 했습니다. 안젤라는 아버지가 화가 나서 때때로 그녀의 어머니나 남동생을 때리는 것을 보았습니다. 그녀는 그런 식으로 분노를 무섭고 강력한 것으로 받아들이기 시작했습니다.

이러한 과거에도 불구하고 안젤라는 여전히 분노를 느꼈습니다. 그녀는 자신이 다양한 분노를 느낀다는 것을, 작게는 거슬리거나 짜증 나는 것부터 크게는 격노에 이르는 다양한 분노를 느낀다는 것을 알고 있었습니다. 하지만 주변 사람들은 안젤라의 이런 점을 전혀 몰랐습니다. 그녀는 이러한 감정들을 숨기라고 배워 왔고, 그것을 깊이 억누르고서 절대 표현하지 않았기 때문입니다. 화를 내는 것은 곧 처벌받는 것이기 때문에 안젤라는 화를 내는 것, 자신을 표현하는 것을 두려워했습니다. 그녀는 자신이 원하는 것을 주장하면서 감정을 드러내기보다는 다른 사람들에게 복종하면서 자신을 화나게 하는 상황을 조용히 받아들였습니다. 이러한 행동으로 인해 안젤라가 감내해야 하는 것도 있었습니다. 즉, 사람들에게 이용당할 때가 많았고, 자신이 원하는 것을 주장하는 경우도 거의 없었습니다.

분노 정의하기

분노의 경험을 다음과 같이 네 가지 일반적인 요소로 나눠볼 수 있습니다. 바로 (1) 매우 불쾌한 감정, (2) 다양한 생리적 경험이나 감각, (3) 생각, (4) 행동입니다. 누군가가 분노를 느끼고 이를 표현할 때는 여러 가지 강한 불쾌감이 드러납니다. 얼굴이 붉어지고, 근육이 긴장되며, 분노의 원인이 되는 사건을 반복적으로 생각하고, 탁자를 내리치거나 물건을 던지는 등의 행동을 할 수 있습니다. 반대로 분노를 억누르는 경우라면 심한 불쾌감과 함께 가슴이 철렁 내려앉는 느낌이 들거나, 숨거나 도망가고 싶은 불안한 생각이 들거나, 그 현장에서 실제로 도망가는 행동을 보일 수 있습니다.

이러한 감정, 생리적 경험이나 감각, 생각 그리고 행동을 각각 구분할 수 있더라도, 화가 난 그 순간에 이를 구분하고 정리하는 것은 쉽지 않습니다. 화가 난 순간에는 이러한 경험이 모두 뒤섞여 있는 것처럼 보일 수 있습니다. 예를 들어, 어떤 사람들은 화가 날 때 '얼굴이 시뻘겋게 되는 것 같다'라고 합니다. 이는 생리적인 감각인 동시에 생각이기도 합니다. 어떤 사람들은 화가 나면 말 그대로 피부가 붉게 변하면서 열감을 경험하기도 합니다. 때로는 시야가 좁아지면서 실제로 붉은색이 보인다고 할 수도 있습니다. 그들이 보는 것과 느끼는 것은 모두 시뻘겋다고 표현될 수 있는 것들입니다.

분노를 드러내는 행동은 분노의 감정 그 자체처럼 보일 수 있습니다. 예를 들어, 물건을 던지는 행위는 마치 화가 나서 물건을 던지는 것처럼, 분노라는 감정에 의해 유발되는 행동으로 치부되는 경우가 많습니다. 따라서 분노의 경험을 네 가지 일반적인 요소(불쾌한 감정, 감각, 생각, 행동)로 분리하지만, 실제로 분노가 복잡하게 나타날 수 있다는 것을 잘 알고 있습니다. 우리는 이러한 일반적인 범주에서 분노의 경험을 살펴볼 것입니다. 하지만 그에 앞서 분노가 연속적인 경험이며, 각자가 분노에 대해 개인적으로 학습한 것이 있다는 점에 대해 조금 더 자세히 살펴보겠습니다.

분노의 반대 극단

앞서 살펴본 분노에 대한 두 가지 사례는 이 감정의 양극단을 보여줍니다. 제럴드는 한쪽 극단에서 완전한 반응성을 보이고, 안젤라는 다른 극단에서 완전한 억제를 보입니다. 이 두 가지 사례 중 하나가 자신과 비슷하다고 느끼나, 혹은 아는 누군가의 얼굴이 떠올랐을 수 있습니다. 혹은 자신과는 동떨어진 이야기로 생각했을 수도 있습니다. 어떤 반응이든 괜찮습니다. 우리는 저마다 분노에 대한 이야기를 가지고 있으며,

이 분노의 양쪽 극단 사이에는 다양한 분노 경험이 존재합니다.

분노는 흔히 빨간색으로 묘사되지만, 사실 다양한 색깔이 있습니다. 분노는 다차원적이며, 각자 분노를 느끼고 표현하는 방법도 다양합니다. 분노의 감정을 느낄 수도 있고 숨길 수도 있으며, 때로는 분노에 사로잡혀 행동할 수도 있습니다. 실제로 분노를 느끼는 것과 이를 표현하는 것은 상당히 다를 수 있습니다. 예를 들어, 화가 날 때 일반적으로 과민 반응을 보이는 사람이라 하더라도, 어떤 상황에서는 화가 나도 과민하게 반응하지 않을 수 있습니다. 상황이나 맥락에 따라(예를 들어, 주위에 경찰이 있는 경우) 반응을 수정해야 할 수도 있습니다. 반대로 분노를 억누르며 이 감정에 거의 반응하지 않는 사람이 어떤 상황에서는 뚜렷하게 반응할 수도 있습니다. 자기 자신도 놀랄 만큼 감정에 사로잡혀 소리를 지르거나, 발을 동동 구르며 화를 낼 수도 있습니다.

분노를 이해하고 건강하게 사는 방법을 배우기 위해서는 분노라는 감정과 그것의 표현, 그리고 분노를 촉발하는 요인과 그것이 어떤 맥락에서 작용하는지를 인식해야 합니다.

개인적 학습과 분노의 특성

분노는 자연스러운 것입니다. 인간은 자연스럽게 분노를 경험하도록 설계되었고, 모두가 그것을 느끼고, 그것에 반응하며, 각자의 방법으로 이해합니다. 모든 사람은 자신이 학습한 것에 따라 분노에 다양하게 반응하며, 이는 분노를 어떻게 경험하고 어떻게 다루며 어떻게 표현하는지에 영향을 미칩니다. 부모님, 친구들, 그리고 다른 사람들로부터 배운 것들이 당신이 분노와 관계를 맺는 방식에 영향을 준다는 것입니다.

이 장의 앞부분에서 살펴본 사례에서 우리가 말하고자 하는 바를 이해할 수 있을 것입니다. 제럴드는 분노에 반응해 공격적으로 행동하는 것이 다른 사람들로 하여금 자신을 두려워하게 만든다는 것을 학습했습니다. 이 행동은 그를 돕는 것처럼 보였지만, 결국에는 실패로 이끌었습니다. 그는 자신이 연약하다고 느끼지 않으려고 노력했지만 그가 했던 행동들은 그가 실제로 얼마나 연약한지 상기시켰을 뿐이고, 이는 곧 분노의 악순환으로 이어졌습니다. 반면, 안젤라는 분노에 대해 엄격하게 규제받았고,

그녀에게 분노는 허용되지 않는 감정이었습니다. 또한 분노의 파괴적인 결과를 목격하면서 나쁘게 작용하는 분노의 위험성도 깨달았습니다. 그녀가 어린 시절 학습한 것은 분노가 잘못되고 나쁘다는 것, 심지어 해롭다는 것이었습니다. 이처럼 개인이 어떠한 삶을 살아왔는지를 살펴보는 것은 주변 사람들로부터 분노에 대해 무엇을 배웠는지, 그들이 분노에 대해 어떻게 말하는지, 화가 날 때 어떻게 행동하는지를 이해하는 데 도움이 될 것입니다.

[연습 1.1] 학습한 것과 분노

1. 어린이나 청소년 시기에 배운 분노에 대한 규칙 및 분노를 표현하는 방법을 적어 보세요. 예를 들어, 분노는 나쁜 것이고 절대로 드러내면 안 된다거나, 분노를 보이면 다른 사람들이 싫어할 것이라는 등의 규칙이 있을 수 있습니다. 이러한 규칙을 부모가 큰 소리로 매우 명확하게 말했을 수도 있고, 화를 전혀 드러내지 않는 부모들은 그 자체로 분노가 좋지 않다는 것을 암묵적으로 표현했을 수 있습니다.

2. 다른 사람이 분노를 표현할 때 어떻게 행동하는지 관찰하면서 분노에 대해 배워 온 점들을 적어 보세요(예: '분노는 강력하다', '화를 내면 원하는 것을 얻을 수 있다' 등).

분노를 어떻게 학습해 왔는지 이해하는 것은 현재 당신이 분노에 반응하는 방법을 더 잘 이해하는 데 도움이 됩니다. 우리는 평생 어떤 규칙이나 방법을 가지고 살면서도 때로는 이를 잘 인지하지 못하고 살아갑니다. 기존에 학습했던 것을 돌아보고, 문제가 되는 행동이 분노와 관련해 만들어 낸 것을 살펴보기 시작하는 것은 변화를 위한 첫걸음이라 할 수 있습니다. 이에 관해서는 나중에 더 자세히 이야기하겠지만, 지금은 자신이 분노를 표현하는 방식을 아는 것이 도움이 될 수 있습니다. 다음 표에서 분노를 표현하는 단어와 방법을 살펴봅시다. 당신이 겪은 일에 관해 이야기할 때 잘 사용하는 표현이 있다면 적어 보세요. 해당하는 표현에 동그라미 표시를 해도 좋습니다.

분노를 나타내는 표현

거슬린다 Annoyance	짜증난다 Irritation	분하다 Resentment
노엽다 Wrath	억울하다 Gall	때려주고 싶다 Outrage
너무 화가 난다 Rage	복수해주고 싶다 Antagonism	모욕적이다 Offense
미치겠다 Madness	노발대발한다 Exasperation	성질난다 Incensed
성난다 Aggravation	폭발할 것 같다 Fury	너무 분해서 견디기 힘들다 Indignation
성가시게 한다 Vexation	심기가 불편하다 Crossness	언짢다 Peevishness

당신의 분노를 나타내는 표현이지만, 표에 없는 것이 있다면 적어 보세요.

____

____

분노를 어떻게 표현하는지 아는 것은 그것을 알아차리고 변화를 만드는 단서가 됩니다. 예를 들어, 짜증 나는 느낌을 알아차린다면 이는 건강한 행동을 취해야 할 때라는 신호일 수도 있습니다. 짜증이 더 커져서 문제가 되지 않도록 일찌감치 다른 방법을 취하는 것은 현명한 대안이라 할 수 있습니다.

과거로부터 지금까지 이어진 분노의 연속체와 지난날 학습해 온 것들이 분노를 표현하는 방식에 어떤 영향을 미치는지 간략하게 살펴보았습니다. 이제 앞서 논의한 전반적인 불쾌감에 기여하는 분노의 세 가지 개별적 요소를 살펴보겠습니다. 각 구성요소를 차례로 탐색함으로써 분노와 관련된 생리적 반응이나 감각, 생각, 행동을 더 잘 이해할 수 있도록 연습해 보시길 바랍니다.

분노의 생리적 경험

화가 날 때의 생리적 경험이나 감각을 설명하는 것은 어려운 일이며, 특히 신체에서 일어나는 복잡한 현상 속으로 들어가면 더 어렵습니다. 혈관 수축vasoconstriction(혈관이 수축하는 현상), 맥박-용적 진폭pulse-volume amplitude(혈액량 변화 측정치), 좌심실 수축 능력leftventricular contractibility(주어진 압력에서 심실의 기능) 같은 용어를 접하게 될 수도 있습니다. 과학자들은 분노에 대한 체성내장[1] 반응somatovisceral response을 더 잘 이해하기 위해 이러한 생리적 반응을 측정해왔습니다(Stemmler, Aue, & Wacker, 2007 참조). 하지만 이 책에서는 이러한 전문적이고 기술적인 용어 대신 좀 더 이해하기 쉬운 용어로 살펴보겠습니다.

화가 나면 일반적으로 근육이 긴장하고, 심박수가 빨라지며, 혈압이 증가하고, 호흡이 빨라지는 등 여러 가지 생리적 반응이 일어납니다. 주의attention가 좁아지면서 일반적으로 분노의 대상에 집중하게 됩니다. 또 미간이 좁아지거나 눈살을 찌푸리는 등 얼굴 표정으로 반응하기도 합니다. 얼굴이 붉어지기도 하며, 뇌에서는 화학물질과

1 체성내장(somatovisceral)에서 soma는 신체를 이루는 근육과 골격계를 의미하고, visceral은 장기 시스템을 의미합니다. 즉, 체성내장은 구조를 이루는 신체와 장기 간의 상호작용을 의미합니다.

호르몬이 분비됩니다. 이로 인해 몇 시간에서 며칠까지 각성 상태가 지속될 수 있으며, 초기의 생리적 반응이 사라지기 시작하면서 분노를 다시 경험하는 역치가 낮아질 수 있습니다.

[연습 1.2] 분노에 대한 생리적 반응 알아차리기

약간 화가 나거나 짜증이 날 때 몸에 나타나는 반응을 다섯 가지 적어 보세요(예: 어깨, 목, 머리의 긴장 등).

1. ______________________________

2. ______________________________

3. ______________________________

4. ______________________________

5. ______________________________

이러한 신체 반응을 알아차릴 때의 분노 정도를 수치로 표시해 보세요.

1	2	3	4	5
낮은 수준				높은 수준

매우 화가 날 때 몸에 나타나는 반응을 다섯 가지 적어 보세요(예: 온몸이 긴장되고 후끈거리는 느낌 등).

1. ______________________________

2. ______________________________

3. ____

4. ____

5. ____

이러한 신체 반응을 알아차릴 때의 분노 정도를 수치로 표시해 보세요.

1	2	3	4	5
낮은 수준				높은 수준

분노에 대한 생리적 반응을 알아차리기 어렵다면, 그 이유를 적어 보세요.

____

____

____

화를 내기 전에 이를 알아차리게 하는 생리적 단서가 있다면 무엇인가요?(예: 신경이 날카로워지거나 눈썹에 힘이 들어가는 느낌 등)

____

____

____

분노에 대한 일반적인 신체 감각과 경험을 알아차리는 것은 분노와의 관계를 더 잘 이해하는 데 도움이 됩니다. 만약 분노에 대한 생리적 반응을 알아차리지 못하면 분노가 일어날 때 건강한 대응을 선택하는 것이 더 어려워집니다. 만약 자신의 생리적 반응을 잘 모르더라도 걱정하지 마세요. 몸이 보내는 신호를 더 잘 알아차리는 방법을 알려 드리겠습니다. 자신의 몸과 감정 상태를 알아차리는 것은 분노를 건강하게 다스리는 방법 중 하나입니다.

분노의 생각 경험

분노에 대한 생각 경험은 일부 생리적 반응보다 더 확인하기 쉽기도 합니다. 예를 들어, 혈압이 상승하는 것을 알아차리는 것보다(고혈압을 침묵의 살인자라고 부르는 데는 이유가 있습니다), '아, 정말 화나게 하네'라고 생각하는 것을 알아차리기가 더 쉽습니다. 하지만 그렇다고 흥분 상태가 되었을 때 생각을 쉽게 알아차릴 수 있다는 것은 아닙니다. 분노로 인해 다른 사람들에게 미칠 영향에 대해 비뚤어진 추론이나 생각을 할 수도 있고, 생각 없이 행동하는 사람처럼 보일 수도 있습니다.

또 도피하려 하거나('너무 무서워, 여기서 나가야 해'), 분노의 원인이 되는 것들을 멈추고 싶다는 생각을 할 수도 있습니다('제발 그만 좀 했으면 좋겠어'). 화를 내는 동안 생각이 더 뒤죽박죽되거나 혼란스러워지기도 합니다. 지금 무슨 일이 일어나고 있는지, 왜 그렇게 느끼는지 정리하려고 하는 순간에도 잡념이 생길 수 있습니다. 때로는 너무 강렬하게 느껴지는 분노 때문에 문제에 사로잡혀 한두 가지 생각만 하게 되기도 합니다. '누구도 나를 그렇게 무시하면 안 되는 거야!', '내가 어떤 사람인지 똑똑히 보여 주겠어!' 어쩌면 화가 났을 때 같은 문제를 계속 반복해 생각할 수도 있습니다. 화가 난 상태로 다른 사람을 판단하는 것이 좋은 예가 될 것입니다. '저 바보는 저것밖에 몰라!', '어떻게 저렇게 멍청할 수 있지?', '저런 멍청이 같으니라고!', '멍청이들은 더 고생해봐야 해.'

이런 생각을 반복하는 것이 모두 나쁜 것은 아닙니다. 때로는 반복적으로 생각하는 것이 문제를 빠르게 해결하는 방법을 찾으려는 노력일 수도 있습니다. '어떻게 하면 다른 사람들이 어리석은 짓을 하지 않게 할 수 있을까?' 따라서 문제 되는 방식으로 행동하지 않는 한 이런 생각을 문제라 할 수는 없습니다. 또한 쉽게 떠올릴 수 있는 어떤 생각이 분노를 빠르게 잠재우는 지름길인 경우도 있습니다. 예를 들어, 신뢰하는 친구가 화나게 하는 말을 할 때 그 친구가 다른 사람들과 신뢰 관계를 유지하며 지내는 데 오랫동안 문제가 있어왔다는 사실을 떠올린다면, 분노가 줄어들고 오히려 공감을 불러일으킬 수 있습니다. 하지만 이 지름길이 더 많은 어려움을 초래하는 경우도 있습니다. 예를 들어, 화가 나면 장기적인 결과보다는 즉각적인 결과를 생각하며 성급하게 결정을 내릴 수 있습니다. 이러한 즉각적인 결정은 현명하지 못한 도피나 재산 또는 관계를 망치는 행동으로 이어질 수 있습니다.

특정한 종류의 생각도 분노를 유발할 수 있습니다. 예를 들어, 어린 시절에 모든 일은 공정하게 처리해야 한다고 배웠고 현재 무언가 불공정한 상황을 경험하고 있다면, 공정하게 처리해야 한다는 생각이 분노를 촉발할 수 있습니다. 다른 사람들이 내가 배운 원칙과 규칙을 따르지 않는다고 생각되거나, 불평등 또는 부당함을 경험할 때 이런 분노를 느낄지도 모릅니다.

지금 공정함이 중요하지 않다는 것을 말하는 것이 아닙니다. 하지만 분노는 공정성에 도움이 되지 않는 방식으로 행동하게 만들 수 있습니다. 이에 대해서는 이후에 더 자세히 살펴보겠습니다.

어떤 생각과 믿음은 분노를 유발할 수 있고, 어떤 생각은 반대로 화가 날 때 이 감정과 함께 나타날 수도 있습니다.

- **비난하는 생각**Blaming thoughts: 자신의 감정이나 자신에게 일어난 일을 다른 사람의 책임으로 돌리는 것을 의미합니다. 예를 들면, 어떤 사람이 모든 문제를 일으킨 원인이 아닐 가능성이 큼에도 불구하고 '그 사람이 내 모든 것을 다 망쳤어'라고 생각하는 것입니다.
- **개인화되는 생각**Personalizing thoughts: 갈등에서 논의된 문제를 다르게 생각해 자신의 인격이나 사람 됨에 관한 것으로 생각하는 것을 의미합니다. 예를 들면, 직장에서 누군가가 여러 가지 이유로 잘 진행되지 않는 프로젝트에 관해 이야기하는 것을 듣고 '저 사람은 나를 무능한 직원으로 보는구나'라고 생각하는 경우입니다.
- **나만 옳다는 생각**'Being right' thoughts: 다른 사람의 의견과 욕구를 인정하지 않고 자기 방식만 옳다고 믿거나 주장하는 것을 의미합니다. 예를 들면, 실제로 여러 가지 방법이 있는데도 '내 방식이 최선이야'라고 주장하는 경우입니다.

- **이름표 붙이기**Labeling 또는 **평가적인 생각**Evaluative thoughts: 전체 맥락이나 상황을 고려하지 않고 자신이나 다른 사람을 나쁜 사람, 바보, 실패자로 낙인 찍는 것을 의미합니다. 예를 들면, 응급 상황에 처한 어떤 자동차가 서둘러 가는 것을 보고 '왜 저렇게 빨리 달리는 거야? 멍청이 아니야?'라고 생각하는 경우입니다.
- **기대하는 생각**Expectation thoughts: 본인이나 다른 사람이 자신을 실망시키면 안 된다고 믿거나, 항상 이상ideals에 부응해야 한다고 믿는 것을 의미합니다. 예를 들면, 연인이 나의 뜻에 반하는 행동을 했을 때 '그 사람이 그런 식으로 행동하리라고는 생각조차 해 보지 못했어!', '그가 그런 짓을 하다니 믿을 수가 없어!'라고 생각하는 경우입니다.

이는 분노를 유발하거나 지속시키는 생각의 유형 중 몇 가지 사례에 불과합니다. 이런 유형의 생각을 갖는다고 해서 반드시 생각에 문제가 있다는 의미는 아닙니다. 우리는 때때로 이런 생각에 쉽게 영향을 받습니다. 우리는 이름표를 붙이고 평가하곤 합니다. 우리는 자신이 옳다고 느끼거나, 모든 일을 나와 관련된 것으로 받아들이거나, 다른 사람들을 비난할 때가 있습니다. 우리 모두 나름의 기대치가 있습니다. 이는 학습의 자연스러운 결과이며, 생각하는 마음을 갖고 있음을 보여 주는 것입니다(이 내용은 5장에서 더 자세히 다룰 것입니다). 아래 [연습 1.3]을 통해 분노 경험을 인식하는 연습을 계속해 보시길 바랍니다.

[연습 1.3] 화가 날 때 반복되는 생각 패턴 알아차리기

약간 화가 나거나 짜증이 날 때 대표적으로 떠오르는 생각을 다섯 가지 적어 보세요(예: '아무도 이 일을 제대로 하지 않아', '저 운전자는 바보야' 등). 기록한 다섯 가지 생각 중 앞에서 살펴본 분노를 유발하거나 지속시키는 생각(비난하는 생각, 개인화되는 생각, 나만 옳다는 생각, 이름표 붙이기 또는 평가적인 생각, 기대하는 생각)과 일치하는 것이 있다면, 해당하는 항목 옆에 적어 보세요[예: '아무도 이 일을 제대로 하지 않아'(나만 옳다는 생각), '저 운전자는 바보야'(이름표 붙이기) 등].

1. ______________________________

2. ______________________________

3. ______________________________

4. ______________________________

5. ______________________________

이러한 생각을 알아차릴 때의 분노 정도를 수치로 표시해 보세요.

1	2	3	4	5
낮은 수준				높은 수준

매우 화가 날 때 대표적으로 떠오르는 생각을 다섯 가지 적어 보세요(예: 다른 사람을 저주하거나 어떻게 해 버리겠다는 생각 등). 기록한 다섯 가지 생각 중 분노를 유발하거나 지속시키는 생각과 일치하는 것이 있다면, 해당하는 항목 옆에 적어 보세요.

1. ______________________________

2. ______________________________

3. ______________________________

4. ______________________________

5. ______________________________

이러한 생각을 알아차릴 때의 분노 정도를 수치로 표시해 보세요.

1	2	3	4	5
낮은 수준				높은 수준

행동과 분노의 경험

분노에 대한 행동 반응은 가장 두드러지며 문제가 됩니다. 이는 분노에 의해 유발되는 것으로 보이는 행동을 의미하는데, 그 행동에 따라 자신과 타인에게 심리적으로나 신체적으로 해를 끼칠 수 있습니다. 이러한 행동은 누군가를 냉대하는 것부터 재산을 훼손하는 것(물건을 부수거나, 벽을 때리는 등), 자신이나 다른 사람에게 신체적으로 해를 가하는 것(때리기, 발차기)까지 다양하게 나타납니다. 이해하기 쉬운 용어로 이러한 행동의 범주를 살펴보는 것이 도움이 될 수 있겠습니다.

공격적

화가 날 때 취할 수 있는 첫 번째 유형의 행동은 공격적인 행동입니다. 이런 행동은 흔히 보거나 들을 수 있기 때문에 일반적으로 알아보기 쉽습니다. 또한 심한 피해를 초래하는 경향이 있습니다. 화가 났을 때 공격적으로 행동하는 사람은 위협하거나 신체적인 행동을 통해 다른 사람들을 통제하거나 통제권을 얻으려고 합니다. 이러한 행동은 일반적으로 해로우며, 지속적으로 감정적 · 심리적 · 신체적 영향을 미치는 경우가 많습니다. 공격적인 행동에는 다음과 같은 것이 포함됩니다.

- 신체적 폭력(때리기, 발차기, 물어뜯기, 밀기, 제지하기 등)
- 언어적 적대 행위(소셜미디어, 이메일, 문자를 통해 공격적이고 위협적인 메시지 보내기 등)
- 공격적이고 난폭한 운전
- 재산상의 피해를 일으키는 행위(물건 던지기, 주먹으로 벽 치기, 창문 부수기, 차량 파손하기 등)
- 소리 지르기, 고함 지르기, 비명 지르기
- 괴롭히기, 협박하기, 강요하기
- 타인에게 모욕감을 주는 말하기

공격적인 행동은 다른 사람을 위협하거나 겁을 주는 역할을 합니다. 이런 행동은 다른 사람들에게 두려움을 유발하고 가해자에게는 통제감을 줍니다. 하지만 이런 식으로 행동하는 사람들의 내적 경험을 자세히 들여다보면, 그들 자신도 두려움을 느끼고 있음을 빈번하게 발견할 수 있습니다. 우리는 종종 두려움이나 다른 내적인 경험을 피하기 위해, 또는 이를 통제하기 위해 공격적인 방식으로 행동합니다. 그러나 이러한 행동은 궁극적으로 이렇게 행동하는 사람과 받는 사람 모두에게 파괴적입니다. 이는 주로 건강하지 않은 상호작용, 관계의 손상 그리고 장기적인 고통으로 이어집니다.

수동-공격적

심리학에서 개념적으로 잘 탐구된 두 번째 일반적인 용어는 수동-공격성입니다. 수동-공격적 행동은 분노를 간접적으로 전달하는 것이 특징입니다. 이런 유형의 행동을 하는 사람들은 화가 날 때 이를 직접적으로 표현하기보다는 다른 행동을 통해 자신의 감정을 전달합니다. 저항하거나 교묘하게 속이는 행동은 수동-공격적 행동의 특징입니다. 다음의 몇 가지 사례를 살펴봅시다.

· 시무룩하거나 못마땅한 표정으로 불쾌감을 드러냄
· 침묵하거나 쌀쌀맞게 대함
· 불만스러운 모습을 보이면서도 '아무 문제 없다'라고 말함
· 사랑, 애정, 관심을 거두거나 주지 않음
· 상대방을 친절하게 대하지만, 뒤돌아서면 험담하거나 모함함
· 실제로 경쟁할 필요가 없음에도 협력을 거부하거나 경쟁함
· 상대방을 곤경에 빠뜨리기 위해 험담하거나 고자질함
· 프로젝트나 기타 활동의 진행을 방해함
· 시급한 문제를 뒤로 미룸
· 빈정거리거나 비꼬는 말투(예: '옷이 꽤 잘 어울리네요. 당신이 그 옷을 소화할 수 있을 거라고 전혀 생각하지 못했어요')

우리 대부분은 많은 상황 속에서 이런 행동을 합니다. 화가 날 때 간접적인 방식으로 감정을 드러낼 수 있습니다. 하지만 화가 날 때마다 수동-공격적인 행동을 한다면 인간관계가 손상될 수 있습니다. 또한 이러한 행동을 하는 사람은 부끄러움, 외로움, 고립감을 느끼게 됩니다.

수동적

화날 때 취할 수 있는 세 번째 유형의 행동은 수동적으로 대응하는 것입니다. 이 유형의 사람들은 분노를 간접적으로 전달하기보다는 아예 분노에 대한 소통과 갈등 자체를 피하는 경향이 있습니다. 그리고 화를 억제하거나 억압하는 경향이 있습니다. 이러한 행동은 일종의 도피를 수반하기 때문에 해결해야 할 문제가 있다는 사실조차 알지 못할 수 있습니다. 또한 관련 행동을 발견하기 어렵게 만드는데, 음주나 수면 등이 여기에 포함됩니다.

분노가 다양한 방법을 통해 행동으로 표현되는 것을 살펴보았는데, 실제로는 여러 행동이 동시에 나타날 수도 있습니다. 앞서 언급했듯이 분노 경험은 복잡할 수 있으며, 상황과 맥락에 따라 각기 다른 행동 반응이 나타날 수 있습니다. 중요한 것은 화가 날 때 취하는 행동 중 도움이 되지 않거나 건전한 의사소통과 관계를 방해하는 행동을 알아차리는 것입니다. 당신이 이 책을 선택한 이유가 있을 것입니다. 즉, 자신의 분노와 이를 표현하는 방식에 뭔가 문제가 있다고 느껴왔기 때문일 것입니다.

[연습 1.4] 분노에 반응하는 행동 알아차리기

약간 화가 날 때 하는 행동을 다섯 가지 적어 보세요(예: 한숨 쉬기, 사람들 피하기 등).

1. ____

2. ______________________________

3. ______________________________

4. ______________________________

5. ______________________________

이러한 행동이 나타날 때의 분노 정도를 수치로 표시해 보세요.

1	2	3	4	5
낮은 수준				높은 수준

매우 화가 날 때 하는 행동을 다섯 가지 적어 보세요(예: 물건 던지기, 누군가를 쌀쌀맞게 대하기 등).

1. ______________________________

2. ______________________________

3. ______________________________

4. ______________________________

5. ______________________________

이러한 행동이 나타날 때의 분노 정도를 수치로 표시해 보세요.

1	2	3	4	5
낮은 수준				높은 수준

화가 날 때 공격적인 행동을 하나요? 수동-공격적인 행동을 하나요? 수동적인 행동을 하나요? 아니면 이러한 행동이 복합적으로 나타나나요? 다음 페이지에 적어 보세요.

____

____

약간 화가 날 때와 매우 화가 날 때 취하는 행동들 옆에 각 행동의 유형을 써 보세요. 공격적인 행동은 '공격', 수동-공격적 행동은 '수동공격', 수동적인 행동은 '수동'이라고 적습니다. 만약, 행동이 두 가지 이상의 범주에 속하는 경우에는 해당하는 유형을 모두 적으세요.

생리적 감각, 생각, 행동: 분노의 완전한 경험

지금까지 분노를 느끼는 것과 관련된 개인적 경험의 세 가지 영역(생리적 감각, 생각, 행동)을 살펴보았습니다. 이제는 분노의 복잡성에 대해 알아보겠습니다. 분노의 기능과 맥락에 따라 신체적 감각, 생각, 행동의 다양한 조합을 경험할 수 있습니다. 화가 날 때 침대에 누워 잠을 청하는 것으로 화나는 기분을 피할 수도 있고, 때로는 책상이나 탁자를 세게 치면서 공격적으로 행동할 수도 있습니다. 누군가를 냉대하거나 빈정거릴 수도 있습니다. 어떤 경험의 조합이든 화가 날 때 나타나는 문제 행동 패턴을 찾고 그 기능을 이해하는 것이 가장 중요합니다.

화가 날 때 문제가 되는 행동 패턴

계속 반복하지만, 누구나 분노를 경험합니다. 분노는 도전하거나 갈등을 일으키거나 어떤 식으로든 우리를 위협하는 사건에 대한 정상적인 반응입니다. 분노를 경험하고 표현하는 것은 살아 있다는 증거이며, 감정 스펙트럼의 일부입니다. 분노 경험을 인식하는 것은 도움이 됩니다. 화가 날 때 자신에게 무슨 일이 일어나고 있는지 이해하는 것은 가족이나 동료 같은 개인 및 집단과의 관계를 새롭고 건강하게 발전시키고, 의사소통을 개선하는 데 도움이 됩니다. 무엇보다 근본적으로 자신의 행복을 방해하는 문제 행동 패턴을 파악하는 데 도움이 됩니다. 또한 다른 사람들과의 상호작용에서 나타나는 문제를 이해하는 데도 도움이 될 것입니다.

일반적으로 오랫동안 지속되는 문제를 일으키는 것은 단 한 번의 폭발이 아닙니다. 예를 들어, 기나긴 일과를 마치고 지칠 대로 지친 상태로 차를 운전해 집으로 돌아오는 길에 갑자기 앞으로 끼어든 운전자에게 소리를 지르는 모습을 상상해 보세요. 이런 일이 가끔 일어나더라도 큰 틀에서 보면 그리 큰 문제가 아닐 수 있습니다. 하지만 끼어드는 운전자에게 소리 지르는 것이 습관이 되어 있다면 당신의 안녕well-being은 위험할 수 있습니다. 몇 가지 예를 더 살펴보겠습니다.

당신과 당신의 연인이 오랫동안 갈등을 겪고 있다고 해 봅시다. 두 사람은 서로에게 화를 내고 있습니다. 의견 차이도 심한 상황입니다. 언성을 높여도 문제가 해결되지 않자, 이제 서로를 차갑게 대합니다. 이 사례에서 보이는 행동과 경험도 그 자체로는 큰 문제가 되지 않습니다. 많은 커플이 그들의 관계에서 분노와 갈등을 경험합니다. 하지만 대부분 또는 모든 갈등이 이런 방식으로 전개된다면 문제가 되며, 해를 끼칠 수도 있습니다. 자신과 다른 사람에게 미치는 영향과 결과를 생각해 보아야 합니다. 화가 날 때 소리를 지르는 것이 습관화되어 있다면 피해가 커질 수 있습니다.

다른 예를 들어 보겠습니다. 프로젝트 마감일이 코 앞인데 동료가 계속 당신을 방해한다고 가정해 봅시다. 당신은 그에게 맞서는 대신 화를 숨긴 채 그가 걸어오는 소리를 들으며 혼잣말로 중얼거리기 시작합니다. 하지만 그가 사무실에 들어오면 예의를 지켜 그의 질문에 대답하고 최대한 빨리 다시 업무에 집중합니다. 그가 와 있는 동안과 떠난 후에 상당한 짜증을 느끼지만 다시 업무로 돌아갑니다. 이런 상황에서 묵묵히 분노를 억누르면 당신과 동료 사이에는 큰 문제가 발생하지 않을 수 있습니다. 하지만 직장에서 방해받는 일이 일상적으로 일어나고, 그러한 방해 때문에 속이 부글부글 끓고 눈치를 보기 시작한다면 문제가 생길 수 있습니다. 직장에서 받는 스트레스가 증가하고, 동료와의 관계 및 생산성이 나빠지기 시작합니다.

이러한 몇 가지 사례를 보면서, 화가 날 때 가끔 나타나는 행동이라 별문제 없을 수도 있지만 충분히 문제의 가능성을 안고 있는 행동이라는 것을 알아차릴 수 있기를 바랍니다. 반복되는 습관적인 행동 반응은 자신이 바라지 않거나 도움이 되지 않는 방식으로 살고 행동하게 하는 등 지속적인 어려움을 초래할 수 있습니다. 또한 감정적 · 심리적으로도 악영향을 초래할 수 있습니다. 이러한 악영향에는 욕구를 충족시키지 못하거나, 인간관계에 문제가 생기거나, 수치심을 느끼거나, 자신과 타인에 대해 부정적이고 비판적인 생각을 하게 되는 것 등이 포함됩니다.

마지막으로, 화가 날 때 나타나는 폭력적인 반응은 단 한 번만 일어나도 문제가 될 수 있다는 점에 주목해야 합니다. 폭력적인 행동은 거의 항상 고통으로 이어지며, 당장은 아니더라도 궁극적으로 거의 항상 부정적인 결과를 가져옵니다. 만약 본인이나 아는 사람이 상습적으로 폭력을 행사한다면 더 큰 문제입니다. 화가 날 때 일상적으로 폭력을 행사한다면, 그 악영향은 매우 뚜렷하며 관련된 모든 사람에게 해롭습니다. 장기적인 악영향의 사례로 1장 앞부분에서 소개한 안젤라와 제럴드의 이야기를 떠올려 봅시다. 안젤라는 자주 이용당했고, 필요할 때도 자신의 입장을 고수한 적이 거의 없었습니다. 반면, 제럴드는 지속적이고 득이 되는 관계를 형성하기 위해 고군분투했지만 어려움을 겪었습니다. 이처럼 폭력에는 거의 항상 매우 큰 대가가 따릅니다.

[연습 1.5] 화가 날 때의 행동 패턴

화가 날 때 하는 행동이나 반응과 관련해 발견한 패턴이 있다면 적어 보세요(예: '화가 나면 하던 것을 멈추고 사람들에게 말을 하지 않는다', '화가 나면 마구 욕을 한다' 등).

분노의 기능

지금까지 화가 났을 때의 생리적 반응, 생각, 행동을 살펴보았습니다. 또한 화가 났을 때의 행동 패턴도 살펴보았습니다. 그렇다면 분노의 기능은 무엇일까요? 이것은 자신의 분노를 잘 이해하고 규정짓기 위해 탐구해야 할 가장 중요한 질문입니다. 특히 분노가 자신에게 어떻게 작용하는지 아는 것은 화가 날 때 자신의 가치에 더 부합하도록 행동을 바꾸는 방법을 알게 해 줄 것입니다.

분노의 기능을 알아보는 것은 곧 분노의 목적이 무엇인지 알아보는 것입니다. 종종 분노의 감정과 행동은 우리를 어떠한 종류의 감정적 취약성으로부터 보호하거나, 그것을 피하도록 도와주는 기능을 합니다. 누군가는 분노 행동으로 내면의 상처, 불안, 고통을 회피함으로써 통제하려고 합니다. 이러한 분노 표출은 자아나 자아개념화 self-conceptualization에 대한 위협을 무력화하는 기능을 하기도 합니다. 우리의 자아와 자아개념self-conception은 종종 취약한 감정 경험과도 연결됩니다.

분노의 기능을 더 깊이 이해하는 한 가지 방법은 분노 경험 전후에 일어난 일의 관계를 생각해 보는 것입니다. 제럴드는 대개 자신의 분노에 반응해 공격적으로 행동했습니다. 그는 자신이 약하다고 느끼면 곧 위협을 느껴 공격적으로 행동했습니다. 이러한 행동은 자신이 연약하다고 느끼는 것을 회피하는 데 도움이 되고, 다시 통제력을 되찾은 것처럼 보입니다. 제럴드가 친구에게 굴욕감을 느꼈고(분노 경험 이전에 있었던 일, 선행 사건), 그 순간 그 감정을 경험하기 싫어 급격하게 화가 나 램프를 박살 냈다고(분노 행동) 해 봅시다. 램프를 깨뜨린 후 제럴드는 자신을 더 잘 통제할 수 있다고 느꼈고, 친구는 두려움을 느껴 사과했습니다(분노 경험 이후에 있었던 일, 결과).

행동의 기능을 이해하기 위해서는 분노가 일어나기 바로 전에 어떤 일이 있었는지(선행 사건), 어떤 행동이 발생했는지(행동 반응), 그리고 분노한 직후에 어떤 일이 일어났는지(결과)를 살펴보아야 합니다. 여기서 다시 분노 행동의 패턴을 생각해 볼 수 있습니다. 보통 유사한 행동(분노 행동을 함으로써 다른 감정을 피하는 것)은 유사한 선행 사건(감정적인 촉발 요인)과 유사한 결과(안도감, 통제감, 사람들이 물러남 등)와 함께 나타납니다.

여기에서는 제럴드의 분노 패턴에 대한 한 가지 사례만 제시했지만, 분노는 상황에 따라 다양한 방식으로 기능할 수 있습니다. 이 주제는 2장에서 더 자세히 살펴볼 것입니다. 예를 들어, 분노는 끔찍한 일이 일어나는 것을 막는 역할을 할 수 있습니다. 어떤 부모가 집 앞 도로를 마구 질주하는 차를 보며 크게 화를 내고 소리 지를 수 있습니다. 어쩌면 어린 자녀를 둔 부모는 자녀를 보호하기 위해 분노를 표출했을 수도 있습니다. 반면 어쩌면 그 부모는 차에 치이면 크게 다칠 것이라는 두려움 때문에 분노를 표출했을 수도 있습니다. 이런 경우 분노 행동은 정당한 것일 가능성이 큽니다. 이처럼 때때로 분노 행동은 안전과 연관됩니다. 분노를 느끼는 것은 또한 사람들이 정의를 지지하는 행동을 취하도록 동기를 부여할 수도 있습니다. 이런 종류의 사례는 매우 많습니다. 여기서 중요한 것은 분노가 자신의 삶에서 어떻게 기능하는지 이해하는 것입니다.

[연습 1.6] 분노가 삶에 기능하는 방법

[연습 1.4]에서 작성한 것을 참고해, 다음 표의 '행동'이라고 적힌 열에 약간 화가 날 때 취하는 행동 다섯 가지와 매우 화가 날 때 취하는 행동 다섯 가지를 적으세요. 이제 잠시 시간을 내어 분노를 느끼고 이런 행동을 했던 순간을 떠올려 보세요. 분노를 경험하고 행동하기 전에 어떤 일이 있었는지, 그리고 어떤 일이 벌어졌는지 살펴보세요. 이 과정은 천천히 진행해도 괜찮습니다. 단, 무슨 일이 있었는지 솔직하게 대면해 보세요. 어떤 식으로 감정적으로 연약하다고 느꼈는지 주목해 보세요. 그 연약함에 이름을 붙일 수 있는지 살펴보고 왼쪽 열에 적어 보세요(예: 상처, 불안, 슬픔, 굴욕). '이후에 발생한 일'이라고 적힌 맨 오른쪽 열에는 분노 이후에 발생한 일이나 결과를 적습니다. 이는 당신의 삶에서 분노의 여러 기능을 파악하는 데 도움이 됩니다. 이 연습이 간단하지는 않다는 것을 잘 압니다. 첫 번째 행에 적힌 예시를 참고하며 적어 보세요. 최선을 다하되 완벽하지 않아도 괜찮으니 부담을 갖지 마세요. 행동 전반에 걸쳐서 선행 사건과 결과 중 일부가 같더라도 괜찮습니다. 이 연습에서 중요한 것은 어떤 행동이 발생하는지 기록한 다음, 바로 전에 무슨 일이 있었는지 깨닫고 결과를 인식하는 것입니다.

	이전에 있었던 일(선행 사건)	행동([연습 1.4] 참고)	이후에 발생한 일(결과)
	남편이 설거짓거리를 또 싱크대에 남겨놨을 때 상처를 받았고, 그가 나와 가사에 신경 쓰지 않는다는 생각이 들었다.	수동-공격적인 방식으로 설거지하고, 한숨을 크게 쉬며, 접시를 쾅쾅거리며 수납장에 넣었다.	설거지가 끝나고, 불만도 표시한 덕분에 기분이 나아졌다. 하지만 저녁 내내 남편을 차갑게 대하면서 고깝게 보았다. 남편은 결국 사과했고, 그제야 일이 원만히 해결된 것 같았다.
1			
2			
3			
4			

5			
6			
7			
8			
9			
10			

이 책에서는 계속해서 선행 사건, 행동, 결과에 대해 자세히 살펴볼 것입니다. 더 이상 감정적 연약함의 노예가 되지 않도록 어떤 점을 변화시켜야 할지 이해하도록 도울 것입니다. 그리고 자신에게 가장 중요한 방식으로 행동하는 것을 선택하는 방법도 알아볼 것입니다. 여기서 말하는 내용이 잘 이해되지 않더라도 걱정하지 마세요. 계속해서 이 내용들을 자세히 살펴볼 것입니다. 상처와 연약함의 감정은 통제하기 쉽지 않다는 것을 알게 될 것입니다. 하지만 행동이나 반응은 통제할 수 있으며, 이를 통해 안녕well-being을 증진시켜 나가면서 삶의 주도권을 되찾도록 도울 것입니다.

사회적 수준에서 분노의 특징

분노는 사실상 모든 인간이 경험하는 정상적이고 자연스러운 감정이라는 점을 다시 한번 강조하고 싶습니다. 때때로 분노는 생존을 위한 기능적 가치를 지니며, 따라서 인간이 살아가는데 도움이 됩니다. 사회적 맥락에서 분노는 자원을 동원하는 방법이 됩니다. 해로운 행동이 사회 집단에 문제를 일으킬 때 개입해야 한다는 마음을 갖게 합니다. 또한 사회 정의 문제를 둘러싸고 사람들을 결집시키기도 합니다. 이러한 상황에서 분노를 적절하게 사용하면 개인과 사회 간의 공정한 관계를 회복하고, 사회적 특권의 불균형을 바로잡는 데 도움이 됩니다. 분노는 생산적인 사회 운동과 변화에 동기를 부여할 수도 있습니다. 11장에서 이러한 유형의 문제에 대해 더 자세히 살펴보고 분노의 문화적 차이를 탐구할 것입니다.

이 장의 나머지 부분에서는 분노의 본질과 영향을 이해하는 데 도움이 되는 또 다른 특징, 즉 분노가 건강에 미치는 영향을 간략하게 살펴보겠습니다.

만성적인 분노가 건강에 미치는 영향

만성적인 분노는 건강에 악영향을 미칩니다. 여기에는 분노와 스트레스 간의 관계를 비롯해 이와 관련된 다양한 문제가 포함됩니다. 건강하지 않은 스트레스가 지속되면 실제로 분노로 이어질 수 있습니다. 이는 난폭 운전, 직장에서의 어려움이나 폭력, 가족이나 그 외의 인간관계에서의 분노 경험에 더 취약하게 만듭니다.

만성적인 스트레스와 분노가 건강에 미치는 영향은 다음과 같습니다.

· 불안	· 심장 발작
· 우울	· 고혈압
· 소화기 계통 문제	· 피부 질환(습진 등)
· 불면증	· 뇌졸중

분노가 건강에 어떤 영향을 미치는지 아는 것은 변화를 위한 동기 부여가 될 수 있습니다. 여기서 핵심은 분노를 건강한 방식으로 표현하는 방법을 배우는 것입니다. 스트레스를 관리하는 것도 이 과정의 일부가 될 수 있습니다. 하지만 분노와 그것이 감정적 · 심리적 · 신체적 건강에 미치는 영향을 이해하는 것이 이 책의 초점이며 앞으로 다룰 내용입니다.

분노와 관련된 문제 행동 치료하기

이 책의 주요 목표는 분노를 건강하게 표현하는 방법을 찾도록 돕는 것입니다. 실천적이고 지속 가능한 방법으로 분노를 관리하도록 돕는 것이 바로 우리가 바라는 점입니다. 이 문제를 조금 더 자세히 살펴보겠습니다. 분노 치료에 관한 연구 문헌을 검토한 최근 연구에서 인지행동 중재가 가장 일반적인 방법으로 나타났습니다(Lee & DiGiuseppe, 2018). 이 치료는 문제가 되는 분노를 치료하는 데 보통 수준 이상의 효과가 있습니다.

인지행동 접근법은 여러 가지 문제에 초점을 맞추지만, 일반적으로 특정 행동을 유발하는 요인(이 경우에는 분노)을 해결함으로써 사람의 행동을 수정하려고 합니다. 하지만 안타깝게도 공격적인 행동에 대한 치료는 그다지 성공적이지 않았습니다. 그럼에도 공격성을 경험하는 사람에게 변화하고자 하는 동기가 있다면 희망이 있습니다.

화가 날 때 공격적인 행동을 보인다면 상황을 다르게 처리하고자 하는 동기가 필요합니다. 이러한 동기를 가지도록 돕는 것이 우리의 목표 중 하나입니다.

우리는 모든 독자가 자신의 가치에 따라 효과적인 방법으로 분노를 표현할 수 있도록 돕고자 합니다. 당신의 분노 행동이 공격적이든, 수동-공격적이든, 수동적이든, 또는 그 사이 어딘가에 해당하든 도울 수 있는 방법이 있습니다. 분노의 해로운 영향을 극복하는 가장 근본적인 방법은 분노를 경험하는 사람이 궁극적으로 바라는 것과 관련이 있습니다. 이와 가장 관련된 질문은 '당신이 인생에서 정말로 바라는 것은 무엇인가?', '당신을 살고 싶게 만드는 것은 무엇인가?' 입니다. 이 질문에 대한 답이 곧 동기가 될 것입니다.

요약

이 장에서는 분노를 정의하고, 제럴드와 안젤라의 사례를 통해 분노의 양극단을 살펴보았습니다. 또한 분노의 다양한 특징과 분노를 표현하는 방식을 살펴보았습니다. 이 연습은 감정의 여러 요소(화가 날 때의 느낌과 생각)에 기반해 분노를 표현하는 방식을 이해하는 데 도움이 됩니다. 또한 분노의 다양한 형태와 그 기능에 대해서도 배웠습니다. 분노는 인간의 정상적이고 건강한 부분이지만, 만족스러운 삶을 영위하는 것을 방해하거나 심각한 건강 결과를 초래하는 문제가 되기도 합니다. 우리는 당신이 분노로 인한 고통을 줄이고, 새롭고 건강한 방식으로 분노와 관계를 맺도록 돕기 위해 이 책으로 함께하고 있습니다. 새로운 인지행동치료, 즉 수용전념치료(acceptance and commitment therapy, ACT)를 통해 이를 수행할 것입니다. 다음 장에서 배우겠지만, ACT는 마음챙김mindfulness과 현재 순간present moment 그리고 행동 변화behavior change와 전념commitment 과정을 사용해 원하는 변화를 만들어 내도록 돕습니다. 이를 통해, 상황에 적합하고 자신의 가치관에 맞는 방식으로 분노를 표현하는 방법을 배울 것입니다.

2장

변화 이해하기: 수용전념치료

변화의 첫걸음은 알아차리는 것이다.
그리고 두 번째 걸음은 받아들이는 것이다.
– Nathaniel Branden

베로니카Veronica는 자기 자신을 쉽게 화를 내는 사람이라고 설명했습니다. 또한 분노와 싸우고, 심지어 분노에 대해서도 화를 낸다고 했습니다. 그녀는 무언가가 잘못되었다는 것을 느끼게 되었고, 분노를 통제하려고 애쓰는 데 상당한 시간과 에너지를 소비했습니다.

긴장되고, 뻣뻣하며, 곤두선 느낌에 지친 베로니카는 치료사를 만나기로 마음먹었습니다. 치료 세션 동안 치료사는 베로니카의 목소리 톤이 거의 항상 억지스럽게 느껴진다는 것, 그리고 그것이 분노 표현의 일부라는 것을 알아챘습니다. 베로니카는 분노에 사로잡히는 것을 피하기 위해 온종일 바쁘게 지낸다고 했습니다. 하지만 이렇게 노력하는데도 불구하고 분노를 다스리는 것이 어렵다고 했습니다.

치료사의 치료 방법을 전혀 예상하지 못했던 베로니카는 깜짝 놀랐습니다. 분노를 없애는 데 집중하는 것이 아니라 이와 반대되는 일을 했기 때문입니다. 베로니카는 치료사와 함께 자신의 분노를 탐구하기 시작했고, 분노로 덮여 있던 근원과 상처를 풀어냈습니다. 그리고 베로니카는 분노를 경험의 일부로 받아들이며 분노에 대한 태도를 바꿔 나갔습니다.

이 작업을 통해 베로니카는 언제 어디서 화가 났는지 찾아보기 시작했습니다. 그녀는 분노를 일으키는 상황에 대해 알게 되었고, 특히 그녀가 무시당한다고 느끼는 대인 관계 상황에서 거의 항상 분노가 일어난다는 것을 깨달았습니다. 이러한 상황에서 그녀는 자신에게 중요한 누군가로부터 진심으로 인정받지 못한다고 생각했습니다. 그런 순간에 자신이 정말 하찮은 존재로 느껴졌습니다.

베로니카의 분노를 계속 탐구하면서, 그녀가 알지 못했던 다른 대인 관계 맥락에서도 분노가 일어난다는 사실을 알게 되었습니다. 실수로 그녀의 차를 가로막은 운전자에 대해서, 식당에서 그녀를 오래 기다리게 한 종업원에 대해서, 그녀의 전화를 바로 받지 않은 친구들에 대해서도 그녀는 분노를 느꼈습니다. 그리고 이런 상황에서 그녀는 자신이 하찮고 중요하지 않다는 느낌을 받았습니다.

이 발견 과정은 베로니카에게 쉽지 않았습니다. 그녀는 자신의 경험에 집중해야 했고, 자신의 분노를 추적해야 했으며, 그 전후에 어떤 일이 있었는지 살펴보아야 했습니다. 또한 그녀의 분노가 자신을 '더 크고, 더 강력하게' 느끼게 한다는 것을 깨달았습니다. 언성을 높이고 분노에 찬 표정을 지을 때 순간적으로 무시당하는 느낌으로부터 벗어나는 느낌을 받았습니다. 화를 낼 때 그녀는 다른 사람들에게 그렇게 보였습니다. 사실상 분노는 그녀의 적이 아니라 보이지 않는 것에 대응하는 방식이었습니다. 심리학자 마셜 B. 로젠버그Marshall B. Rosenberg의 말처럼 그녀의 분노 표현은 '충족되지 않은 욕구의 비극적인 표현tragic expression of an unmet need'이었습니다.

맥락의 중요성

베로니카는 자신이 화를 내는 상황을 알아보면서 자신의 분노와 그 대가를 깨닫게 되었습니다. 베로니카는 무시당한다고 느끼는 대인 관계 상황에서 원치 않는 부정적 감정을 경험해 왔습니다. 이런 경험을 피하기 위해 화를 내는 것으로 반응했습니다. 이런 행동은 단기적으로는 효과가 있었지만 장기적으로는 실패했고, 결국 그녀의 내적 경험은 더 큰 어려움을 겪게 되었습니다.

베로니카는 치료받으면서 자신이 분노함으로써 연약하다는 느낌을 피하고 있었음을 알게 되었습니다. 그녀는 자신의 감정을 회피하는 건강하지 못한 패턴에 빠져 있었습니다. 즉, 자신이 정말로 느끼는 것을 받아들이지 않고 있었습니다.

맥락과 기능을 보면 그녀가 보이는 분노는 더 중요한 문제의 증상일 뿐이라는 것을 알 수 있습니다. 베로니카는 연약함을 느끼고 싶지 않았던 것입니다. 분노의 맥락과 기능을 이해하면 무엇을 해야 할지 더 쉽게 파악할 수 있습니다. 이것은 분노로 인한 결과를 더 나은 방향으로 만들어 줍니다.

베로니카의 여정을 계속 살펴보기 전에 1장에서 살펴보았던 분노의 기능과 [연습 1.6]에서 적었던 선행 사건과 분노 행동과 결과를 떠올려 봅시다. 이를 베로니카의 사례에 적용하면 무시당하거나, 작아지거나, 하찮게 느껴지는 것을 회피하게 하는 분노의 기능을 더 잘 이해할 수 있습니다. 베로니카의 경우 선행 사건은 대인 관계 상황에서 무시당하고 그로 인해 자신이 작고 하찮게 느껴지는 것(맥락)이었습니다. 이런 상황에서 그녀가 취한 행동은 언성을 높이고 공격적인 행동을 하는 것이었으며, 그 결과는 대인 관계에서 다른 사람들이 베로니카를 신경 쓰는 것이었습니다.

어떤 사람들은 "베로니카가 잘했네!"라고 말할지도 모릅니다. 왜냐하면 화를 냄으로써 원하는 것을 얻었기 때문입니다. 단기적인 결과에 한해서는 그 말이 맞을지도 모릅니다. 분노 행동 직후에는 더 이상 무시당하지 않고 주의를 끌 것입니다. 하지만 그녀의 행동이 장기적으로 초래한 결과를 살펴보면 이야기가 달라집니다.

베로니카가 계속 이런 식으로 행동하자 주변 사람들은 짜증을 내고 때로는 불안해했습니다. 결국 그들은 베로니카로부터 멀어지기 시작했습니다. 베로니카는 자신에게 필수적이고 중요한 관계를 잃고 있었습니다. 그리고 이러한 상실로 인해 자신의 존재가 소외되고, 작아지고, 하찮아지는 것 같은 감정을 더 크게 느끼게 되었습니다.

베로니카가 무시당하는 대인 관계 맥락에서 드는 연약하다는 느낌(작고 하찮게 느껴짐)을 받아들일 수 있다면 변화를 이끌어 낼 수 있습니다. 화를 냄으로써 이러한 경험을 통제하거나 피하려고 하기보다는 장기적으로 더 효과적인 방식으로 대응할 수 있습니다. 이 장에서는 ACT 과정에 관한 내용을 살펴보면서 여기서 의미하는 바를 계속 탐구할 것입니다. 하지만 지금은 분노가 일어나는 상황을 살펴봄으로써 분노에 대해 좀 더 많은 것을 발견할 수 있는지 알아보겠습니다.

[연습 2.1] 분노의 맥락 파악하기

이번 연습에서는 당신의 분노가 가진 배경과 장기적인 결과를 살펴볼 것입니다. 당신의 분노 경험을 잘 설명해 주는 사례를 아래 표에 적어 보세요. 예시를 참고해도 좋습니다. 피하고 있는 감정이나 충족되지 않은 근본적인 욕구를 이해할 수 있도록 다양한 상황을 나열해 보세요. 표를 작성한 후 이어지는 질문에 답하세요.

맥락				
상황	생각과 느낌	행동	즉각적/단기적 결과	장기적 결과
여자친구가 약속 시간에 늦음.	여자친구는 나를 전혀 신경 쓰지 않음. 그녀는 배려심이 없고, 이기적임. 어깨가 긴장되고 속이 답답해짐. 얼굴도 점점 붉어짐.	화가 난 채로 우리가 만나기로 한 모퉁이에서 서성거리다가 마침내 그녀가 도착하자 고함을 지름.	다시는 늦지 않겠다는 여자친구의 약속과 사과. 다시 이 상황을 통제할 수 있을 것 같다고 느낌.	시간이 지남에 따라 이러한 상황에서 계속 소리를 지르다 보니 여자친구도 화를 내고 더 자주 싸우게 됨. 결국 관계가 깨짐.

1. 당신이 화를 내는 상황(맥락)에서 패턴을 발견할 수 있나요? 어떤 상황에서 가장 자주 화를 내나요?(예: 무시당한다고 느낄 때 등)

2. 분노가 폭발하거나 분노를 억누르려고 시도한 후에는 보통 어떤 느낌이 드나요?

3. 단기적인 결과와 장기적인 결과의 차이를 볼 때 어떤 생각이 드나요? 당신의 삶에서 분노는 어떤 영향을 미치고 있나요?

이 연습을 통해서 분노가 특정한 맥락에서 특정한 방식으로 작용한다는 것을 발견하기를 바랍니다. 실제로 회피와 분노 행동을 통해 내적 경험을 통제하려는 상황에서 분노는 유용한 방식처럼 보일 수 있습니다. 베로니카가 화를 냄으로써 자신이 연약하거나 하찮게 느껴지는 감정을 피할 수 있었던 것처럼 말입니다. 하지만 그 순간에 잠시 도움이 되었다 해도 장기적으로 초래한 대가가 너무 컸으며, 어쩌면 단기적인 대가 역시 컸을지 모릅니다.

일반적으로 회피하는 것을 자세히 살펴보면 무언가 중요한 것이 필요하다는 점을 알 수 있습니다. 베로니카는 관심이 필요했습니다. 사람들에게 인정받고 존중받기를 원했습니다. 그녀는 대인 관계에서 연약하고 하찮은 존재처럼 보이지 않으려고 노력했지만 그녀가 선택한 방법은 효과적이지 않았습니다. 이 경우 분노는 마치 교차로의 노란색 신호등처럼 무언가를 알리는 신호였습니다. 이제 당신의 분노가 보내는 신호를 살펴볼 차례입니다.

ACT의 방법에 따라 그 신호를 확인하고 자신에게 필요한 것이 무엇인지 확인한 다음 이 책을 통해 연습하면서 내적 경험과 다른 관계를 만들어나갈 수 있을 것입니다. 어떤 감정을 느껴야 한다는 규칙에 얽매이는 것이 아니라 경험의 폭을 넓히기 위해 노력하게 될 것입니다. 이렇게 하면 더 다양한 감정을 표현하고, 자신이 원하는 장기적인 결과로 나아가게 하는 행동들을 선택할 수 있습니다. 화분에 심은 씨앗에 물을 주는 것처럼 규칙적이고 정성스럽게 가꾸는 것은 언제나 반응하고 성장합니다. 현명하지 못한 분노의 표현에 물을 주면 그 자체로 어려움을 겪게 되고 가시 돋친 잡초가 무성한 정원을 만들게 됩니다. 하지만 다양한 수용의 씨앗에 물을 주면, 자신이 추구하는 가치에 맞는 색채와 생기 가득한 정원을 가꾸게 됩니다.

우리는 분노의 맥락과 느낌을 계속 살펴보고 탐구할 것입니다. 이제 ACT가 내적 경험의 수용에 초점을 맞추는 이유를 자세히 알아보겠습니다.

인간의 마음

인간의 마음은 참 매혹적입니다. 창조하고 상상하는 힘이 있습니다. 문제를 해결하고 기억하기도 합니다. 동시에 여러 방향으로 나아가는 것처럼 바쁘게 움직이기도 하고, 한 가지 일에 꾸준히 집중하기도 합니다. 인간의 마음은 개인적으로나 집단적으로 풍부한 지식을 수집하고 저장합니다. 이 복잡한 도구를 통해 우리는 책, 컴퓨터 및 기타 장치와 같은 방대한 지식 저장소를 만들었으며, 또한 오늘날 우리가 살고 있는 문명을 구축한 기술적 진보를 이루기도 했습니다.

마음에 대한 또 다른 흥미로운 점은 우리가 하는 모든 일에 끊임없이 관여하며 작동하는 영원한 본성이라는 점입니다. 이러한 마음의 특성은 쉽게 확인할 수 있습니다. 예를 들어, 아무 생각도 하지 않으려고 시도해 보세요. 어떤가요? 대부분은 매우 짧은 시간이라도 생각을 하지 않는 것이 불가능에 가깝다는 것을 알게 될 것입니다. 누군가는 "잠을 잘 때는 생각을 안 하지 않나요?"라고 질문할 수 있습니다. 충분히 그런 의문을 품을 수 있습니다. 하지만 잠을 자는 동안 생각하지 않는다는 것을 어떻게 알 수 있을까요? 잠들어 있기 때문에 알 수 없습니다. 그리고 우리가 잠을 자는 동안에도 마음은 꿈을 꾸고, 이미지와 이야기를 만들어 냅니다. 인간이 가지고 있는 다른 것과 마찬가지로 마음 역시 계속해서 작동합니다. 심장이 계속 뛰고, 피가 항상 흐르며, 세포가 자라고 죽기를 반복하고, 위장이 음식을 소화하고, 폐가 호흡하는 것처럼 마음은 항상 생각합니다.

생각이 꼬리에 꼬리를 물고 마음에 끊임없이 흘러듭니다. 다음 연습은 이러한 사실을 더 잘 인식하는 데 도움이 될 것입니다.

[연습 2.2] 생각 바라보기

5분 정도 조용히 앉아 있을 수 있는 장소를 찾아 보세요.

1. 자리에 앉아 숨을 크게 들이쉬고 내쉬며 지금 무슨 생각을 하고 있는지 알아차립니다. 마음이 계속해서 생각을 만들어 내고 있다는 것을 알아차려 보세요. 이때 생각들은 그저 흘러가도록 내버려 두세요. 5분 동안 얼마나 많은 생각이 떠오르는지, 그리고 생각과 생각 사이에 공백이 얼마나 없는지도 살펴보세요.

2. 이 연습을 하면서 마음속 생각이 '어떤 말을 걸어오는지' 적어 보세요.

____

____

____

____

____

3. 이번에는 화가 났던 순간을 떠올리며 마음을 집중해 보세요. 화가 났던 순간에 대한 생각을 그저 흘러가도록 내버려 두세요. 그때 어떤 생각을 했나요? 얼마나 많은 생각을 했는지 살펴보세요. 화가 날 때 어떤 생각이 반복적으로 떠오르는지 살펴보세요.

4. 화가 났던 순간을 떠올리며 마음속 생각이 '어떤 말을 걸어왔는지' 적어 보세요.

화가 나든 나지 않든 생각은 끊임없이 흐릅니다. 생각이 계속 반복되는 것 같을 때도 끊임없이 흐릅니다.

우리는 인간의 마음에 대해 두 가지 사실을 알게 되었습니다. 마음이 '생각한다'라는 것과 마음은 그것을 '항상 생각하고 있다'라는 것입니다. 여기서 말하는 생각은 마음의 눈이나 몸으로 떠올리고 상상하는 모든 상징적 행동을 포함합니다. 우리는 아주 어릴 때부터 생각을 합니다. 시간이 지나 성인이 될 때까지 우리의 어휘력과 상상력 또한 점점 성장합니다. 지식이 자라나고 생각하는 데 너무 능숙해진 나머지, 한때 모든 것을 '엄마'나 '아빠' 같은 한두 단어로만 표현했다는 사실조차 잊어버립니다. 잘 배우고 언어 또한 매우 강력하게 발달한 까닭에 지금 우리의 마음을 차지하는 다양한 생각을 항상 생각했왔던 것처럼 느낄 수도 있습니다.

우리는 사고라는 상징적 행동을 배워야 하며, 우리가 생각하는 방식은 부분적으로 학습 환경의 산물이라는 점을 기억해 두면 도움이 됩니다. 유전자와 생물학도 중요한 역할을 합니다. 우리의 사고는 생물학, 유전학, 직접적인 학습의 복잡한 상호작용에서 탄생합니다. 그러나 우리가 이 책에서 다루는 것과 가장 관련이 있는 것은 우리가 겪어 온 학습의 역사입니다. 예를 들면, 우리는 분노에 대한 생각과 분노를 어떻게 표현해야 하는지 학습해 왔습니다. 이 책을 통해 해야 하는 일 중 하나는 당신이 항상 생각하고 있다는 것을 알아차리는 것입니다. 이는 앞으로 나아갈 때 매우 유용하게 사용될 것이며, 수용acceptance의 일부가 될 것입니다.

마음으로 배운 것의 중요성

마음은 '도서관'에 비유할 수 있을 만큼 광대하며, 생각에 따라 유동적으로 떠오르는 수많은 정보가 있습니다. 이 정보 중에는 세상을 살아가는 방법에 관한 것도 있고, 사회적으로 적절한 방식으로 행동하기 위한 규칙도 있습니다. 또, 분노에 관한 규칙도 포함됩니다. 당신은 어떤 규칙을 배우고, 이것은 말로 설명됩니다('길을 건너기 전에 양쪽을 살펴봐야 한다' 등). 이 규칙은 이제 하나의 생각이 되고 사고를 이룹니다. 그리고 이 규칙에 따라 행동함으로써 이 규칙에 반응합니다.

규칙은 다른 많은 관련된 생각이나 행동과도 연결됩니다. 예를 들어, 당신은 어렸을 때 '예의 있게 행동하라'고 배웠을 것입니다. 마음은 예의 있게 행동하는 것이 무엇인지에 대해 생각할 수도 있고, 그와 다른 생각을 할 수도 있습니다. 예를 들어, '예의 있게 행동하는 것은 친절한 거야', '예의 있는 것은 좋은 거야'라고 생각할 수도 있고, '나는 예의 있게 굴기 싫어'라고 생각할 수도 있습니다. 만약 예의 있게 행동하라는 규칙을 따른다면 이는 다른 사람의 말을 끊지 않거나, 공손하게 존댓말을 사용하는 등의 행동으로 나타날 것입니다. 대중교통을 이용할 때 줄을 잘 서는 행동으로 나타날 수도 있습니다.

일반적으로 예의를 지키는 것은 사회적으로 큰 도움이 됩니다. 인간관계에서 유용하고 효과적인 행동을 하게 해 줍니다.

우리는 세상을 살아가는 방법과 관련해 수천 가지 규칙을 배우며, 생각을 통해 스스로 규칙을 만들기도 합니다. 전반적으로 규칙을 배우고 규칙을 따르는 것은 매우 중요하며, 인간이 사회를 이루고 살아가는 데 도움이 됩니다. 하지만 오히려 문제를 일으킬 가능성이 있는 규칙과 행동도 있습니다. 모든 규칙이 건전한 것은 아니며, 맹목적으로 따를 경우 해로운 규칙도 있습니다.

분노와 관련해 어릴 때 배운 규칙과 스스로 만든 규칙을 그대로 적용하면 문제가 발생할 수 있습니다. 예를 들어, '항상 내가 옳다'라는 규칙을 가지고 있다면 다른 사람과 자주 말싸움을 하거나, 반대로 말하고 싶은 것을 꾹 참으며 고통받을 가능성이 큽니다. 한편, 당신이 어떻게 느끼고 무엇을 느껴야 하는지에 관한 규칙도 있습니다. 실제로 분노와 다른 감정에 관한 규칙은 잘못 적용하거나 과도하게 적용하면 더 심각한 문제를 초래할 수 있습니다. 당신이 배운 규칙은 생각하는 법을 배우는 과정을 통해 생겨납니다. 따라서 규칙은 사고의 일부이며, 생각하는 데에 중요한 역할을 합니다. 규칙은 인생을 살아가는 데 도움이 되기도 하고 방해가 되기도 합니다.

과도하고 잘못 적용된 통제의 규칙

어릴 때 우리는 감정에 대해 생각하는 법을 배웁니다. 감정의 이름을 배울 뿐 아니라 (언어를 사용해 감정에 이름을 붙임), 감정이 나타날 때 그 감정을 다루는 방법도 배웁니다. 또한 감정을 특정 범주로 분류하는 방법도 배웁니다. 이것이 무엇을 의미하는지 [연습 2.3]을 통해 이해할 수 있을 것입니다.

[연습 2.3] 감정 나열하기

다음 표에 나열된 감정의 종류를 살펴보세요. 일반적으로 좋은 감정으로 여겨지는 것 옆에는 '좋음', 나쁜 감정으로 여겨지는 것 옆에는 '나쁨'이라고 적어 보세요.

감정	좋음 또는 나쁨	감정	좋음 또는 나쁨
불안(Anxiety)		분노(Anger)	
만족감(Contentment)		행복(Happiness)	
무지막지함(Outrage)		성가심(Vexation)	
사랑(Love)		경외심(Awe)	
공포(Fear)		지루함(Boredom)	

황홀함(Bliss)		좌절(Frustration)	
거슬림(Annoyance)		격노(Fury)	
씁쓸함(Bitterness)		차분함(Calm)	
평화로움(Peacefulness)		분함(Resentment)	
조급함(Irritability)		모욕적임(Offense)	
슬픔(Sorrow)		즐거움(Joy)	

1장의 분노를 설명하는 단어 목록에서 보았던 단어가 상당수 포함되어 있다는 것을 눈치 채셨을 겁니다. 이러한 분노 단어가 좋은 것인지 나쁜 것인지 구분했나요? 아마도 '나쁨'이라고 적은 경우가 많을 것입니다. 감정을 분류하는 것이 항상 명확하지는 않지만, 그래도 분류하기가 어렵지는 않았을 것입니다. 감정의 맥락과 기능에 따라 좋은 감정, 건강한 감정으로 분류하거나 감정 스펙트럼의 필수 요소로 볼 수도 있습니다.

우리는 감정이 그 자체로는 좋지도 나쁘지도 않다고 생각하지만, 여전히 좋은 감정과 나쁜 감정으로 구분하는 세상에 살고 있습니다. 이런 식으로 감정을 나누고, 그 기준에 따라 감정을 다루는 것은 문제가 됩니다. 인간은 일반적으로 어떤 것을 '나쁘다'고 판단하면 그것을 제거해야 한다고 생각합니다. 이것은 분노에도 적용됩니다. 나쁘다고 보기 때문에 그것을 좋아하지 않게 되고, 그것을 없애는 방법을 찾아야 한다고 생각합니다. 당신의 마음에도 '나쁜 것은 없애야 한다(=분노를 없애야 한다)'라는 규칙이 있을 것입니다.

우리는 살아가면서 분노와 같은 나쁘고 부정적인 감정은 가능한 한 빨리 통제하거나 제거해야 한다고 배웁니다. 이 규칙은 구체적으로 '감정(특히 나쁜 감정)을 통제하라'라는 것입니다. 이 규칙은 다양한 형태로 나타납니다. 예를 들어, 슬픔을 느낄 때 '슬픔을 극복해야 한다'고 배웠을 수 있습니다. 또는 불안할 때 '그냥 그것을 생각하지 말라'고 배웠을 수 있습니다. 혹은 화가 날 때 그 감정을 드러내면 안 된다거나, 다른 감정을 숨기기 위해 분노를 표출해야 한다고 배웠을 수 있습니다.

'감정을 통제하라'는 규칙의 문제점은 이것이 불가능한 경우가 많다는 것입니다. 우리가 실제로 느끼는 것을 느끼지 않는 것은 어려운 일입니다! 사실 감정을 통제하려면 먼저 그 감정을 느껴야 합니다. 역설적이지요. 분노를 숨긴다고 분노가 사라지는 것은 아닙니다. 그리고 분노를 사용해 다른 감정을 숨긴다고 해서 본래의 감정이 사라지는 것도 아닙니다.

우리는 자신에게 맞지 않는 규칙을 적용하며 어려움을 겪습니다. 즉, 감정에 대한 통제력을 잘못 적용하는 것입니다. 그리고 종종 과도하게 적용합니다. 이러한 유형의 통제는 아이러니하게도 다른 모든 종류의 문제를 야기합니다. 문제가 되는 통제에 관해서는 3장에서 자세히 살펴볼 것입니다. 지금은 이런 종류의 통제가 더 심각한 문제를 야기한다는 것과 그것의 반대가 수용이라는 것을 이해하는 것이 중요합니다.

여기서 우리는 원점으로 돌아왔습니다. 감정(생각과 감각 역시)에 대한 과도하고 잘못된 통제로 발생하는 문제는 매우 심각하며, 아마도 당신이 이 책을 선택하게 된 이유 중 하나일 것입니다. 자신의 감정을 통제해야 한다는 규칙은 오히려 통제 불능 상태에 빠지게 만듭니다. 당신의 분노 문제를 생각해 보면 무슨 말인지 이해할 수 있을 것입니다. 어쩌면 분노를 잘 통제할 수 있다고 느낄 수도 있습니다. 만약 그렇다면 얼마나 오래 분노를 통제할 수 있나요? 분노를 통제하기 위해 어떤 대가를 치르나요?

통제의 대안은 수용acceptance입니다. 하지만 우리는 이제 막 이 책을 읽기 시작했습니다. 아마 당신은 이렇게 생각하고 있을지도 모릅니다. '분노를 숨기거나 부적절하게 행동하는 것, 즉 분노를 통제하지 못하는 것은 내 의지의 문제다'라고요. 그렇기에 더 큰 통제력이 필요하다고 생각할 수도 있습니다. 이제 통제의 역설에 대해 자세히 살펴보겠습니다. 좀 더 구체적으로 말하면, 통제가 분노와 어떤 관련이 있는지 살펴보겠습니다. 여기서는 내적 경험(감정, 생각, 감각)에 대한 통제와 행동에 대한 통제라는 두 가지 유형의 통제를 살펴볼 것입니다. 전자를 통해서는 수용을, 후자를 통해서는 전념을 탐구할 것입니다.

수용전념치료 모델

ACT에서는 자신의 마음과 마음속 규칙을 어떻게 다루는지를 중요시합니다. 따라서 내면세계와의 관계와 그 관계가 행동에 어떻게 드러나는지에 초점을 맞춥니다. ACT는 머리말에서 설명한 여섯 가지 핵심 과정을 통해 내적 경험과의 문제적 관계를 변화시킴으로써 경험과 관련된 고통을 줄입니다.

고통과 분노

개인 또는 대인관계 문제를 일으키는 방식으로 분노를 표출하는 것은 엄청난 고통을 초래할 수 있습니다. 리처드Richard의 사례를 보겠습니다. 리처드는 상처와 수치심을 극도로 피했습니다. 그는 어릴 때 남자가 아픔이나 수치심을 표현하는 것은 옳지 않다고 배웠습니다. 이러한 감정은 연약하고 나약한 것이므로 표현해서는 안 된다고 배웠습니다. 성인이 된 리처드는 결혼했고, 여느 부부처럼 아내는 때때로 그에게 상처를 주는 말이나 행동을 했습니다. 그럴 때마다 리처드는 상처받은 감정을 이야기하는 것이 아니라 화를 내거나, 물건을 부수거나, 때로는 아내를 바닥으로 밀쳤습니다. 아내는 점점 이러한 행동에 지쳤고, 결국 그들은 이혼했습니다. 이혼으로 깊은 상처를 받은 리처드는 계속해서 화를 냈고, 다음 관계에서는 더 공격적으로 변했습니다. 그 관계도 그렇게 끝이 났습니다.

세월이 흐르면서 리처드는 여러 차례 연애를 시도했지만, 계속되는 공격적인 분노 행동으로 인해 관계를 지속하는 데 거듭 실패했습니다. 연인들은 그의 학대 행동으로 인해 고통을 겪었고, 리처드 자신도 고통을 겪었습니다. 그는 자주 외로움을 느꼈고, 자주 상처를 받았습니다. 그는 관계를 유지할 수 없다는 사실이 부끄러웠고, 자신의 행동도 부끄러웠습니다. 리처드의 고통은 시간이 지날수록 더 커졌습니다. 그는 어떻게든 자신을 통제해야 한다고 스스로 되뇌었지만, 통제와 관련해 두 가지 문제가 있다는 사실을 인식하지 못했습니다. 첫 번째는 통제하려는 마음을 내려놓고, 자신의 상처와 수치심을 분노로 덮는 것이 아니라 그대로 받아들여야 한다는 것입니다. 두 번째는 자신의 행동을 통제함으로써 가치에 부합하는 행동을 해야 한다는 것입니다.

거의 모든 사람이 자신의 가치와 일치하지 않는 방식으로 분노에 대처할 때 고통을 겪습니다. 또한 분노를 회피의 한 형태로 이용해 다른 중요한 감정으로부터 도망치거나 도피하려고 할 때도 고통을 겪습니다. 고통을 유발하는 분노 행동에는 여러 가지가 있습니다. 다음 예시를 살펴보겠습니다.

- 과거에 있었던 분노 사건에 집착하거나, 분하게 여기거나, 앞으로 자신의 분노를 어떻게 처리할지 계속 생각하는 경우(복수를 하거나, 자신 자신을 포함한 누군가에게 분노를 유발한 일에 대한 대가를 치르게 하려 함)
- 분노를 불러일으키는 감정, 생각, 감각, 사람, 장소, 사물을 피하느라 삶의 영역이 매우 줄어드는 경우
- 화가 난 상황에서 있었던 일과 실제로 있지 않았던 생각을 섞거나, 다른 사람이 자신에게 어떻게 대해야 하는지에 대한 생각을 섞거나, 누가 옳고 그른지에 대한 생각을 섞는 경우
- 자신을 화난 사람으로 간주하고 계속 그렇게 표현하면서 도움이 될지도 모르는 새로운 관점에 폐쇄적인 태도를 취하는 경우
- 어떤 일에 화가 났다는 이유로 소중히 여기거나 인생에서 의미를 지니는 일로부터 멀어지는 경우
- 분노 행동으로 인해 관계가 파괴되거나, 평판이 나빠지거나, 고통스러운 갈등 상황에 처하는 등 파괴적인 결과를 초래하는 경우

분노로 인해 겪는 고통에 대해 조금 더 자세히 살펴보겠습니다. [연습 2.4]에서 고통에 관해 적으면서, 그것이 1장에서 기록한 분노 행동의 패턴과 관련이 있는지, 또는 그 원인이 되는지 살펴보세요. 더불어 1장에서 언급한 분노의 기능이 단기적으로는 상황을 변화시키는 데 유용하더라도(굳은 표정을 지음으로써 상대방에게 사과를 받아 내는 경우), 장기적으로는 부정적인 영향을 미치는 것이 아닌지 살펴보세요(항상 표정이 굳어 있으면 대인관계에 좋지 않은 영향을 미침). 실제로 장기적인 악영향은 고통 그 자체일 수 있습니다.

[연습 2.4] 개인적인 고통

분노로 인해 개인적으로 어떤 고통을 경험했는지 적어 보세요. 그것이 당신과 당신의 행복에 어떤 영향을 미쳤는지, 그리고 다른 사람들에게 어떤 영향을 미쳤는지 생각해 보세요. 외로움

을 느끼게 했는지, 분노가 더 커졌는지, 또는 다른 형태의 고통을 초래했는지 살펴보고 자유롭게 적어 보세요. 화를 내는 행동으로 인해 겪은 고통을 글로 적으며 스스로 탐색해 보세요.

이 책에서는 분노의 결과인 고통을 줄이는 데 초점을 둡니다. 당신이 원하는 삶을 되찾기 위해 자신의 감정, 생각, 감각(분노와 연관된 것들)을 다루는 다른 방법을 찾도록 도울 것입니다. 가치 지향적이고 의미 있는 삶, 고통을 줄이고 행복을 위한 기회를 키우는 삶을 사는 데 ACT가 어떻게 도움이 되는지 간단히 살펴보겠습니다.

ACT의 여섯 가지 핵심 과정

ACT에서는 여섯 가지 핵심 과정을 통해 삶을 건강하게 변화시키도록 돕습니다. 이 과정들은 서로 밀접하게 연결되어 있으며 원하는 삶, 즉 분노가 일어나더라도 해로운 방식으로 행동하지 않는 삶을 만드는 데 도움이 됩니다.

이 여섯 가지 핵심 과정을 살펴보면서 분노를 다루던 기존 방법과 비교하여 어떤 의미가 있는지 생각해 보세요. 이 과정 중에 완전히 새로운 것이 있는지, 아니면 익숙하지만 다시 한번 생각해 볼 필요가 있는 것이 있는지 확인해 보세요. 어떤 경우든 각 과정에 관한 설명과 이를 분노에 적용하는 방법을 개별 장에서 심층적으로 확인해 볼 수 있을 것입니다. 다음 장에서는 이러한 과정을 사용해 분노를 다른 방법으로 다루는 방법과 분노로 인해 고통받는 것이 아니라 원하는 삶을 살 수 있는 방법에 대해 자세히 설명할 것입니다. 여섯 가지 핵심 과정이 분노와의 관계를 변화시키는 여정에서 어떤 역할을 할 수 있을지 생각하며 읽어 보세요.

수용

수용은 내적 경험을 과도하고 부적절하게 통제하는 것에 대한 대안입니다. 통제는 일반적으로 '문제'(분노와 원인)에 집중하도록 주의를 좁히는 기능을 합니다. 이렇게 주의가 좁아지면 유연성이 감소하고 오히려 분노를 더 강화하거나 지속시킬 수 있습니다. 반대로 수용(생각, 감정, 감각을 기꺼이 경험하려는 것)은 분노에 대한 반응이나 행동 대안의 범위를 넓혀 다른 행동을 선택하게 해 줍니다.

다시 말해, 감정에 더 개방적일수록 분노가 지배할 가능성이 줄어듭니다. 분노를 없애거나 통제하기 위해 익숙한 규칙을 계속 따를 필요가 없습니다. 선택의 여지가 생기므로 평소와 다르게 행동할 수 있는 자유가 생깁니다. 목표는 개방적인 태도를 만듦으로써 모든 생각, 감정, 감각을 밀어 내지 않고 온전하게 경험하는 것입니다.

기꺼이 경험하려는 의지willingness to experience에는 스스로 정한 목적에 부합하는 적극적인 과정이 포함됩니다. 수용하게 되면 자연스럽게 유발되는 반응(생각, 느낌, 감각, 기억)을 있는 그대로 허용함으로써 고통이 줄어듭니다. 이 작업은 자비로운 태도compassionately로 이루어지는데, 경험을 없애려는 것이 아니라 그 자체를 인정하고 받아들이는 것입니다.

탈융합

탈융합은 자신의 생각을 한 걸음 떨어져서 바라보는 것입니다. 탈융합 과정은 행동의 원인이 되는 생각을 사회적 및 맥락적 영향을 바탕으로 다시 검토하게 합니다. 당신은 생각을 할 뿐이지 생각 그 자체는 아닙니다. 분노와 관련된 생각 역시 마찬가지입니다. 탈융합은 맥락을 바꾸어 가며 일어나며, 이는 생각하는 내용이 더 분명해지도록 돕습니다. 또한 언어가 진정으로 의미하는 본질과 상호작용하도록 돕습니다. 언어는 무언가를 지칭하는 것이지 어떤 사물 자체가 아닙니다. 이에 관해서는 이후에 더 자세히 살펴볼 것입니다.

현재 순간

행동은 과거나 미래에 영향을 받습니다. 어떤 일들은 크게 영향을 받고, 어떤 일들은 적게 영향을 받습니다. 만약 과거에 있었던 일에 얽매이거나 앞으로 일어날 일에 대해 계속 걱정한다면, 지금 이 순간에 일어나고 있는 경험을 놓치게 됩니다. 현재 이 순간에 집중하는 작업은 집착하고 있는 과거나 미래에 대한 것으로부터 빠져나와 마음을 더 확장하게 해 줍니다. 현재 순간에 집중하면 지금 상황에서 자신의 행동에 영향을 미칠 수 있는 단서들을 더 발견할 수 있습니다. 과거의 일이 아닌 지금 여기에 일어나는 일에 반응하게 됩니다. 매 순간을 충실하게 살면 그때 그곳이 아닌 지금 이곳에 더 자유롭게 머물 수 있습니다.

맥락으로서의 자기

하나의 내적 경험보다 더 큰 자기감sense of self과 접하면 생각, 감정, 감각의 지속적인 흐름과 연결되는 데 도움이 됩니다. 또한 다양한 관점에 열려 있는 자기감을 접하는 데도 도움이 됩니다. 이러한 과정은 자신을 바라보는 관점을 변화시킵니다. 나/이곳/지금I/hear/now을 인식하는 것은 자신이 끊임없이 무언가를 경험하는 존재임을 바라보게 해 줍니다. 즉, 경험하는 나를 관찰하는 내가 존재하며, 이는 좁은 규칙이나 논리에 얽매이지 않은 나입니다. 한마디로 정의하거나 설명하기 쉽지 않지만, 의식적으로 자기 자신을 알아차리는 감각이라고 할 수 있습니다.

가치

자신이 중시하는 가치를 명확히 정의하면 삶의 의미와 방향에 대한 감각이 생깁니다.

이를 통해 이미 정해져 있거나 비효율적인 규칙을 따르는 것보다 기능적으로 더 유연해질 수 있습니다. 가치는 생각이나 감정과 같은 것에 의해 결정되는 것이 아니라 행동에 의해 결정됩니다. 우리는 매 순간 자신의 가치를 선택하고 실천합니다. 그 가치는 지금도 미래를 향해 나아가고 있으며, 시간이 지남에 따라 삶의 방향을 인도합니다.

전념행동

전념행동은 자신의 가치에 부합하는 행동을 하는 것입니다. 여기서 목표는 이러한 행동의 패턴을 더 크게 구축하는 것입니다. 전념행동은 일상의 활동을 통해 삶의 목적과 의미를 만들어 내는 데 도움이 됩니다.

ACT의 세 가지 축: 개방, 알아차림, 참여

ACT의 여섯 가지 핵심 과정은 정신적 · 감정적 유연성을 높이는 데 도움이 됩니다. '수용'과 '탈융합'은 개방성을 만들어 내고, '현재 순간'과의 접촉 및 '맥락으로서의 자기'는 알아차리도록 도우며, '가치'와 '전념행동'은 참여를 이끌어 냅니다. 궁극적

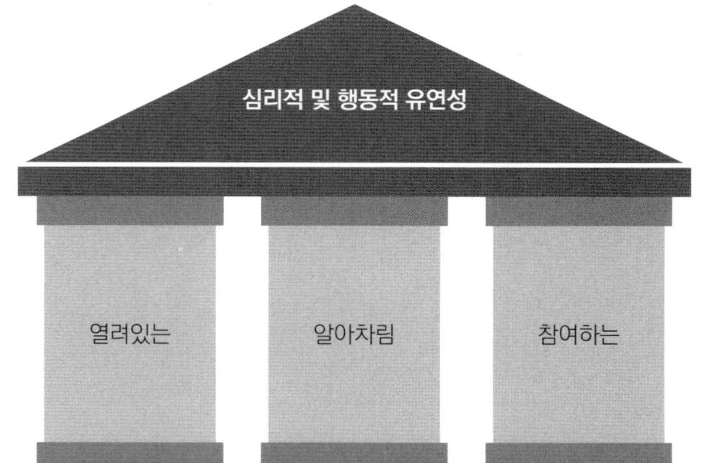

인 목표는 개방, 알아차림, 참여라는 ACT의 세 가지 축을 실현하며 사는 것입니다. 분노와의 관계를 변화시키기 위해 노력할 때 이것을 꼭 명심하세요. 당신은 지금 개방적이고, 알아차리며, 참여하는 삶을 만들고 있다는 점을 말입니다.

요약

우리는 아주 어릴 때부터 생각하는 법을 배웁니다. 이를 통해 좋은 감정과 나쁜 감정을 구분하는 법을 배우고, 이 감정에 대해 어떻게 행동해야 하는지 규칙도 만듭니다. 그러나 이러한 규칙은 도움이 되기도 하지만, 문제를 일으키기도 합니다. 예를 들어, 나쁘다고 규정된 감정을 통제하거나 없애려는 규칙이 있다면, 이에 따라 그 감정을 없애려고 노력할 것입니다. 하지만 내적 경험에 대한 통제는 오히려 그것을 더 증폭시키고 복잡하게 만들 뿐입니다. ACT의 목적을 이해하기 시작하면 분노 및 이와 관련된 감정, 생각, 감각을 건전한 방법으로 연결하는 방법을 이해할 발판을 마련할 수 있습니다. 마음을 열고, 알아차리고, 참여하는 것이 분노로 인해 발행하는 즉각적인 문제에 대한 장기적인 해결책입니다. 수용(내적 사건을 기꺼이 경험하고자 하고, 탈융합을 통해 내적 경험을 바라보는 것)이 능동적으로 해나가야 하는 과정임을 깨닫게 된다면 개방성을 더 높일 수 있습니다. 또한 분노라는 단편이 아닌 자기감에 접촉하고, 순간의 경험에 연결되기 시작함으로써 알아차림을 구축하고 선택의 여지를 만들어 낼 수 있습니다. 참여하고, 의미 있고, 목적이 있는 삶을 만들어 가고자 할 때 선택은 가치에 기반한 행동이 생생하게 살아 움직이게 합니다.

이 책을 읽어 나가면서 각 장을 완전히 이해하고, 연습을 완료하고, 행동을 변화시키는 데 도전해 보시길 바랍니다. 쉽지는 않을 것입니다. 자기의 일부와 직면하는 것이 어려울 수도 있습니다. 하지만 분노에 지배되는 삶에서 당신의 가치와 연관된 의미 있는 활동에 참여하는 삶으로 전환하는 과정에서 ACT와 함께하는 여정이 긍정적인 변화를 가져올 것이라고 믿습니다. 자, 이제 한 걸음 더 나아가 봅시다!

3장

통제하려는 욕구 내려놓기: 효과 있는 것과 없는 것

절망적인 상황을 보면서도
그 상황을 다르게 만들겠다는 결심을 할 수 있어야 합니다.
– F. Scott Fitzgerald

사람들은 조지프Joseph를 매우 조용한 사람으로 생각합니다. 겉으로 보기에 그는 온화하고 느긋한 사람처럼 보입니다. 하지만 내면을 들여다보면 완전히 다른 이야기가 펼쳐집니다. 사람들이 그의 내면을 들여다볼 수 있다면 그 세계가 다툼으로 가득 차 있다는 것을 알게 될 것입니다. 조지프는 종종 혼란을 겪습니다. 그는 비교하는 생각과 좌절감에 사로잡혀 있습니다. 다른 사람과의 관계에서 자신의 행동을 계속해서 평가하며, 대부분 자신이 하는 일은 옳지만 다른 사람에 대해서는 그렇지 않다고 생각합니다. 즉, 자신은 옳고 다른 사람은 모두 틀렸다고 생각하는 것입니다.

조지프는 다른 사람들에 대한 생각과 그들이 어떻게 해야 한다는 생각에 빠져 헤어 나오지 못할 때가 많습니다. 그리고 불길에 기름을 들이붓듯이 이런 비판적인 생각은 분노의 불길을 부채질합니다. 이는 몇 가지 어려움으로 이어집니다. 예를 들어, 조지프는 운전할 때 다른 운전자들에게 화를 내며 똑바로 운전하라고 소리를 지릅니다. 직장에서는 자신이 보기에 비효율적으로 일을 하거나 똑바로 일하지 않는 사람들을 속으로 비난하며 분노합니다. 이런 내적 분노는 조지프에게 상당한 고통을 안깁니다. 그가 볼 때 다른 사람들은 늘 충분하지 않기에 그는 혼자일 때가 많습니다.

그의 분노는 사랑에 있어서 가장 큰 고통을 야기합니다. 그는 관계를 오랫동안 유지하지 못합니다. 만남이 시작되고 얼마 지나지 않아 연인에게서 뭔가 잘못된 일을 발견하면 더는 분노를 삭이지 못합니다. 화를 내거나, 연인에게 수동-공격적인 방식으로 행동합니다. 그리고 결국 관계가 끝납니다. 문제는 조지프가 이러한 문제를 어떻게 이해하느냐 하는 것입니다. 그는 세상이 자기 마음 같지 않은 복잡한 곳이라고 생각합니다. 조지프는 세상이 불완전하다는 것, 결코 그가 생각하는 대로 흘러가지 않을 것이라는 사실을 인식하지 못합니다. 세상과 타인들이 어떠해야 한다는 생각을 버리는 것이 조지프의 가장 중요한 치료 과제였습니다.

분노는 도움이 되는가

분노는 자연스러운 것입니다. 이 감정은 주어진 상황에 대한 합리적인 대응이자 생존에 필요한 반응입니다. 그것을 어떻게 다루느냐에 따라 분노와 관계를 잘 맺는 데 도움이 될 수 있습니다. 하지만 분노에 사로잡히면 개인적으로나 집단적으로 심각한 고통을 초래할 수 있습니다. 이번 장에서는 분노에 대한 반응 패턴과 그 대가를 살펴봅니다. 분노의 감정을 경험할 때 무엇이 효과가 있고 무엇이 효과가 없는지 자세히 살펴보겠습니다. 또한 내려놓는다는 것이 무엇을 의미하는지 탐구해 볼 것입니다.

조지프는 치료가 어렵다고 느꼈지만, 지속적인 사랑을 찾기 위해 치료를 계속했습니다. 다른 사람들이 어떻게 행동해야 한다는 자신의 생각을 너무 꽉 붙잡고 있는 것이 어떤 결과를 초래하는지 받아들이는 것은 쉽지 않은 일이었습니다. 그는 옳고 그름에 대한 확고한 기준을 내려놓고 자신의 고통을 어떻게 대하고 있는지 알아내려고 노력했습니다. 조지프는 다른 사람의 행동을 통제하려는 시도가 실제로는 자신의 부족함을 통제하려는 시도였다는 것을 깨달았습니다. 이를 깨닫는 데는 용기와 인내가 필요했습니다.

조지프의 사례처럼, 앞으로 경험하게 될 과정에서 인내심을 가지길 바랍니다. 분노를 표현하는 새로운 방법을 찾으려고 노력하다 보면 불편한 순간을 만나게 됩니다. 어떤 사람들은 실제로 자신의 옳지 않음이나 연약함을 숨기고 있으며, 분노와 관련된 생각과 감정을 통제하려는 시도가 과도하게 잘못 적용되고 있다는 사실을 쉽게 발견하지 못합니다.

통제하려는 욕구를 내려놓기 위해서는 성장에는 고통이 따르기 마련이라는 점을 기억하는 것이 중요합니다. 즉, 변화의 길에는 고통과 불편함이 자연스럽게 함께합니다. 행동 변화는 하나의 과정이고 노력과 시간이 필요합니다. 그렇게 우리는 변화의 길을 걷게 됩니다. 이 책과 함께하면서 변화를 위한 여정이 참으로 가치 있음을 알게 될 것입니다. 잠시 멈추고 내면의 경험과 솔직하게 연결되는 방법을 배우고 나면, 자신을 얽매던 족쇄에서 벗어나 다가오는 경험에 마음을 열고 더 현명하게 반응할 수 있을 것입니다. 분노에 사로잡히지 않고 내려놓으면서 자신에게 의미 있는 삶의 길을 찾게 될 것입니다.

먼저 분노에 사로잡히는 것이 미치는 영향을 살펴보겠습니다.

통제의 한 형태로서 분노

앞서 2장에서는 내적 경험에 대한 과도하고 잘못된 통제에 관해 다루었습니다. 인간은 자신의 생각과 감정을 통제해야 한다는 것을 배웁니다. 특히 그것이 나쁘거나 부정적인 것일 때는 더더욱 그렇습니다. 분노에 관한 이러한 통제는 두 가지 측면에서 어려움을 초래합니다. 첫째, 분노는 대개 나쁘거나 부정적으로 여겨지는 감정이기 때문에 이를 통제해야 한다고 생각합니다. 하지만 살펴보았듯이 분노라는 감정 자체가 문제가 되지는 않습니다. 문제를 일으키는 것은 화가 날 때 하는 행동이며, 따라서 그 행동을 통제해야 합니다. 분노의 감정과 분노로 인한 행동을 구분하는 것은 매우 중요합니다. 다시 말하지만, 우리가 통제하고자 하는 것은 분노 행동(물건 던지지, 때리기, 밀치기 등)입니다.

둘째, 분노를 표출하든 억누르든, 분노는 통제의 한 형태로 나타납니다. 우리는 자신이 연약하게 느껴지는 감정, 그리고 이에 관한 생각이나 느낌을 숨기기 위해 분노 반응을 사용하곤 합니다. 예를 들어, 조지프는 자신이 부족하다는 느낌을 감추거나 통제하기 위해 분노를 사용했습니다. 2장에서 본 베로니카는 자신이 하찮게 느껴지는 것을 피하기 위해 분노를 사용했습니다. 1장에서 본 제럴드는 분노를 이용해 자신의 두려움과 굴욕감을 숨겼습니다.

다시 한번 강조하지만, 분노로 어려움을 겪는 사람들은 보통 분노를 행동으로 표출하거나 억누르는 등 두 가지 중 한 가지를 선택합니다. 1장과 2장에서 '나는 무엇 때문에 분노를 느끼는가?', '내가 화를 내는 행동을 하는 목적은 무엇인가?'와 같은 분노의 기능에 관한 질문을 살펴보았습니다. 이제는 분노 행동의 기능에 대해 살펴보겠습니다. 분노를 표출하든 억누르든 그 이면에는 분노 행동의 기능이 존재합니다.

분노를 표출하거나 억제함으로써 통제하려는 것을 내려놓기 위해서는 먼저 그 이면에 있는 감정, 생각, 감각을 파악해야 합니다.

[연습 3.1] 분노 이면에 있는 것

최대한 솔직하게 이 연습에 임하시길 바랍니다. 분노 이면에 있는 것을 자세히 들여다보고 솔직하게 인정하는 것은 분노를 다루는 방법을 바꾸는 데 있어 매우 중요한 과정입니다.

1. 자신의 감정, 생각, 감각을 찬찬히 들여다볼 수 있는 조용한 장소를 찾으세요. 방해받지 않고 5~10분 정도 시간을 보낼 수 있는 공간이 좋습니다.

2. 제시된 예시를 먼저 읽으세요. 분노를 억누르거나 표출했던 경험을 떠올리면서 내면에서 일어나는 일을 파악하는 데 도움이 될 것입니다.

3. 이제 분노를 표출하거나 억눌렀던 일을 세 가지 정도 떠올려 보세요. 각 사건을 표에 있는 '이름' 칸에 단어나 문장으로 적고, 분노를 표출했는지 억눌렀는지 '유형' 칸에 적으세요.

4. 눈을 감고 각각의 순간을 차례로 떠올려 본 다음, 분노로 통제하려고 했던 감정, 생각, 감각을 적어 보세요.

이름	유형	피하고, 감추고, 억누르고, 통제하려는 감정
예 1: 접시를 던짐	예 1: 분노 표출	예 1: 감정이 상했다. 외로웠다. 연인이 나에게 관심이 없다는 생각이 들었다. 가슴이 철렁 내려앉는 느낌이 들었다.
예 2: 상사가 뭐라고 말하는지 하나도 들리지 않았음	예 2: 분노 억제	예 2: 굴욕감과 두려움 그리고 경멸을 느꼈다. 내가 어리석고, 혼날 만한 가치도 없다는 생각이 들었다. 심장이 빠르게 뛰었고, 식은땀이 났다.
예 3: 연인에게 소리를 지르고 밀침	예 3: 분노 표출	예 3: 두렵고 인정받지 못하는 느낌. 연인이 나를 전혀 신경 쓰지 않는 것 같다는 생각이 들었다. 정말로 나를 신경 썼다면, 내가 바라는 대로 해줬을 텐데. 온몸에 팽팽한 긴장감이 느껴졌다.

이름	유형	피하고, 감추고, 억누르고, 통제하려는 감정
1.		
2.		
3.		

5. 세 가지 상황 외에 분노를 표출하거나 억눌렀던 다른 상황이 있는지 생각해 보세요. 그 상황들에 공통으로 나타나는 감정 주제를 찾아보세요. 원하지 않거나, 좋아하지 않거나, 느끼고 싶지 않은 특정한 생각이나 감각과 관련된 감정이 보이나요? 예를 들어, 다른 감정보다 상처받은 감정이나 두려움을 특히 더 피하려고 하나요? 굴욕감이나 통제할 수 없다는 느낌을 피하려고 하나요?

6. 분노를 표출하거나 억누름으로써 없애거나 숨기고 싶은 주요한 내적 경험을 아래에 써 보세요. 분노의 이면에 어떤 감정이 있나요?

____

____

____

분노 이면에 있는 감정을 인식하면서 당신이 경험하는 것들에 주목해 보세요. 얼마나 오랫동안 그 감정을 감추려고 노력해 왔는지 생각해 보세요. 이 시점에서는 이를 알아차리는 것만으로도 충분합니다. 아직 어떤 조치도 필요하지 않습니다. 감정과 감각, 특히 분노와 관련된 새로운 관계를 발견하기까지 앞으로 해야 할 일이 더 많이 남아 있습니다.

분노 및 기타 감정과 현재 맺고 있는 관계

이제 분노의 이면에 무엇이 있는지 알게 되고, 연약하다고 느끼는 감정을 더 잘 들여다보게 되었습니다. 이제 분노를 포함해 이러한 감정과의 관계를 살펴볼 것입니다.

분노를 표출하거나 억누르는 것은 불쾌한 감정을 통제하는 방법 중 하나일 뿐입니다. 이 외에도 감정을 통제하는 방법은 여러 가지가 있습니다. 하지만 이 책을 선택했다는 것은 당신의 삶에 문제를 일으키고 있는 감정이 분노일 가능성이 크다는 것을 의미합니다. 또한 당신이 감정을 통제하려고 시도하는 방법에 문제가 있을 수도 있습니다. 하지만 우리의 경험을 무조건적으로 믿기보다는 직접 자신의 감정을 경험해 보면서 이를 확인해 보기를 바랍니다. 다음 연습이 끝날 때쯤이면 이 말의 의미를 이해하게 될 것입니다.

[연습 3.2] 감정을 통제하기 위한 전략

1단계: 분노를 포함해 원하지 않는 감정을 피하거나 없애기 위해 시도했던 다양한 방법을 찬찬히 돌아보세요. 그런 다음 분노를 통제하거나, 분노 등의 감정에서 벗어나기 위해 시도했던 전략에 동그라미 표시를 해 보세요. 만약 보기에 없는 다른 방법이 있다면, '기타' 항목에 적어 보세요. 보기의 전략은 좋을 수도 나쁠 수도 있지만, 그와 상관없이 해당하는 것에 모두 표시해 보세요.

통제 전략

무시하기	기도하기	의약품 복용하기	이완 요법
억지로 참기	술 마시기	기타 약물 복용하기	눈 마주치지 않기
공상하기	돈 흥청망청 쓰기	운동하기	미리 계획하기
혼자 있기	몸 혹사하기	농담하기	비아냥대기
구시렁거리기	얼빠진 채로 있기	눈 굴리기	침묵하기
안 듣기	사람 피하기	멍때리기	잠자기
일 많이 하기	비난하기	평가하기	과식/소식하기
행동 표출하기	비판하기	조종하기	빠져나가기
숨기기	(대화) 주제 바꾸기	꾸물대기	소리 지르기
다른 사람들의 생각 추측하기	지나치게 규칙 준수하기	주의 분산하기(TV 시청, 소셜미디어 등)	특정한 일에 집착하기
기타			

각각의 방법이 분노 감정을 통제하려는 노력(억제)인지, 분노 행동을 통해 다른 감정을 숨기려는 시도(표출)인지 살펴보세요. 모든 전략이 감정을 조절하는 방법이 될 수 있습니다.

2단계: 분노 행동으로 다른 사람들을 통제하려는 것은 자신의 감정을 통제하기 위한 일종의 전략입니다. 아래 문장을 읽고, 다른 사람을 통제함으로써 자신의 감정을 통제하려고 시도했던 전략에 모두 체크하세요.

- □ 나는 호소하거나, 설득하거나, 가르치는 방식으로 다른 사람에게 충고를 건넨다.
- □ 나는 다른 사람의 생각이나 관점이 나와 일치할 때까지 했던 말을 끊임없이 반복한다.
- □ 나의 대화는 의견을 주고받는 것보다는 일방적인 의견 전달에 가깝다.
- □ 나는 대화할 때 '~ 해야 해', '~ 안 하면 안 돼', '~ 하는 게 좋을걸?'과 같은 표현을 자주 사용한다.
- □ 나는 다른 사람을 굴복시키거나 나의 주장을 전달하기 위해 분노를 사용한다.
- □ 나는 다른 사람이 말을 잘 듣지 않으면 독단적이고, 완강하고, 굽히지 않고, 아무 말도 듣지 않으려는 태도를 보이거나 또는 냉담한 침묵을 유지한다.
- □ 나는 나의 선택과 신념과 기준을 다른 사람들에게 강요한다.
- □ 나는 다른 사람들의 행동, 가치관, 생각, 의견, 선택이 잘못되었다고 생각하면 내가 그것을 바꿔야 한다고 생각한다.
- □ 나는 마음에 들지 않은 일을 되돌리거나 되갚아 주기 위해 일부러 일을 열심히 하지 않거나 미룬다.
- □ 나는 나 자신과 다른 사람에게 조급한 편이다.
- □ 나는 끝이 확실하지 않은 것에 불편함을 느끼며, 나 자신이나 다른 사람들에게 해가 되더라도 확실하게 마무리 짓기 위해 노력한다.

각각의 방법이 분노 감정을 통제하려는 노력인지(억제), 분노 행동으로 다른 감정을 숨기려는 시도(표출)인지 살펴보세요. 모든 전략이 감정을 통제하는 방법이 될 수 있습니다.

이 시점에서 '내 감정을 통제하려는 것이 뭐 그리 나쁘다는 거지?', '감정을 내버려 두었다가 오히려 문제가 생기면?', '내 감정을 스스로 다스리는 건 좋은 일 아닌가?'라고 의문이 들 수 있습니다. 특히 그 감정이 부정적이거나 나쁜 감정일수록 더 이렇게 생각할 수 있습니다. 과연 그럴까요? 그것은 당신이 인생에서 만들고자 하는 맥락과 의미에 따라 달라집니다. 실제로 이러한 방식의 통제가 도움이 되기도 합니다.

다른 감정을 통제하기 위해 분노 행동을 하는 것을 상상해 봅시다. 화를 참지 않고 소리를 지르거나, 신체적 위협 또는 폭력을 통해 분노를 '표출'하면 즉각적으로 조금 나아진 듯한 느낌이 듭니다. 마치 스트레스를 줄이거나 긴장을 풀어 주는 것처럼 보입니다. 하지만 실제로는 그렇지 않습니다. 분노를 표출하는 것은 장기적으로 상황을 악화시킵니다.

이전 장에서 설명했듯이 화를 내는 행동은 다른 사람들의 주의를 끕니다. 다른 사람들이 무언가를 하거나 하지 않게 만들 수 있습니다. 처벌이나 복수도 그 순간에는 기분을 좋게 만들 수 있습니다. 사람들이 내 분노에 반응해 행동을 빠르게 바꾸는 순간 나 자신이 매우 강해진 것처럼 느껴집니다. 화를 냄으로써 근본적인 감정을 숨기는 것은 나 자신이 연약하게 느껴지는 것으로부터 보호해 줄 수 있습니다.

그러나 장기적으로 볼 때 분노 등으로 근본적인 감정을 통제하는 것에는 큰 대가가 따릅니다. 반면 장기적인 도움은 미미한 수준입니다. 진실한 감정을 통제하려고 노력하는 것이 오히려 고통을 낳습니다. 그리고 어떤 식으로든 분노 행동의 대가를 치르게 됩니다.

[연습 3.3] 분노의 대가 평가하기

분노를 억누르거나 표출하는 것은 삶에서 큰 대가를 치르게 합니다. 그 대가의 현실과 분노가 당신의 삶에 미친 영향을 살펴봅시다. 다음 각 항목에 분노를 억누르거나 표출함으로써 경험한 대가나 고통에 대해 적어 보세요(예: 건강 영역에 '고혈압', 관계 영역에 '외로움' 등).

건강(예: 고혈압, 심질환, 약물남용 등)

____

____

____

가족 관계

연애

우정

경력

종교

____

____

자기 자신에 대한 느낌

____

____

____

작성한 내용을 보면서, 분노를 억누르거나 표출하는 것은 장기적으로 항상 대가가 따른다는 것을 확인해 보세요. 그리고 분노를 통해 다른 감정을 통제하는 것이 얼마나 힘들고 불가능한 일인지도 확인해 보세요. 그동안 얼마나 많이 이러한 통제의 어려움을 겪었나요? 통제하려는 노력 때문에 인생의 중요한 부분을 놓치고 있지는 않나요? 만약 그렇다면, 아직 희망이 있습니다. 어쩌면 통제하려는 그 자체가 문제일 수도 있습니다.

지금까지 겪은 통제의 대가를 알아보면서 화가 나거나 자책하는 마음이 든다면, 이는 자연스러운 일이며 또한 당신은 최선을 다하고 있다는 점을 기억하시길 바랍니다. 통제의 대가를 확인하는 것은 반드시 필요한 과정입니다. 삶에서 실제로 일어나고 있는 일에 귀를 기울이고 확인하는 것은 더 현명하게 선택하는 방법을 배우는 과정의 일부입니다. 또한 반복적인 반응 패턴에서 벗어나기 위한 중요한 단계입니다.

통제의 효과성

많은 사람이 감정에 관해 스스로 만든 함정에 빠지곤 합니다. 바로 감정을 통제해야 한다는 생각입니다. [연습 3.2]에서 보았던 각각의 전략을 다시 살펴보면 공통점을 한 가지 발견할 수 있습니다. 모두 감정 경험을 줄이거나 제거하거나 통제하려는 시도였다는 점입니다. 이는 모두 분노를 억눌러 통제하거나, 분노 자체를 일종의 통제 방법으로 사용해 다른 감정을 통제하는 방법입니다.

하지만 이러한 통제 전략의 문제는 장기적으로 효과가 없다는 점입니다. 일시적인 안도감을 줄 수는 있겠지만, 행복한 삶, 건강한 삶, 좋은 인간관계, 만족스러운 경력, 개인적 발전이라는 측면에서 너무 많은 대가를 치르게 합니다. 자신의 경험을 되돌아보고, 앞에서 기록한 대가를 살펴보며 솔직하게 점검해 보세요. 통제하려고 했던 시도들이 좋은 결과를 가져온 경우가 있나요? 만약 그렇지 않다면, 다른 선택지가 있습니다. 그 전에 먼저 통제가 감정과 생각에 어떻게 영향을 미치는지 자세히 살펴보겠습니다.

통제의 역설

당신은 내적인 경험(생각, 감정, 감각)과 외부적 경험(외부 세계)에 같은 규칙을 사용한다는 사실을 발견할 수 있습니다. 외부 세계의 문제를 해결하기 위해 일반적으로 사용하는 전략은 통제입니다. 문제가 있다면 원인을 찾아내 없애면 문제가 사라집니다. 예를 들어, 바닥에 쓰레기가 있으면 빗자루로 쓸어서 버리면 됩니다. 배가 고프면 무언가를 요리해서 먹거나 외식하면 됩니다. 무언가 마음에 들지 않거나 원치 않는 게 있으면 방법을 찾아 고치면 됩니다. 이러한 유형의 규칙은 외부 세계에서 잘 작동합니다. 문제는 우리가 좋아하지 않거나 원하지 않는 내적 경험에도 동일한 규칙을 적용하려고 애쓴다는 것입니다.

하지만 그 규칙이 내적 경험에도 정말 잘 적용될까요? 예를 들어, 마음에 들지 않는 생각이 머릿속에 떠오를 때 그 생각을 없애 버릴 수 있을까요? 지금 느끼는 감정이 마음에 들지 않는다면 그 감정이나 느낌에서 바로 벗어날 수 있을까요? 빗자루로 쓸어 내듯 버릴 수 있을까요? 그동안 분노를 없애기 위해 시도했던 방법들이 그 감정을 눈 녹듯 사라지게 만들었나요? 또는 분노를 표출함으로써 숨기고 싶은 다른 감정이 완전히 사라진 적이 있나요?

내적 경험(생각, 감정, 신체 감각 등)이 다른 규칙에 따라 작동한다면 어떨까요? 외부 세계를 통제하기 위해 사용하는 전략은 내부 세계에는 적용되지 않습니다. 우리가 생각하거나 느끼는 것을 오랫동안 통제하기는 어렵습니다. 생각, 감정, 감각을 제거하려고 통제를 시도하면 오히려 더 많은 고통이 발생하고 본래의 아픔pain과 연약하다는 느낌이 더 악화됩니다. 생각과 감정을 통제하려고 발버둥 칠 때, 인간으로서 겪는 아픔에 고통이 더해질 뿐입니다.

통제에 대해 한 가지 더 말씀드리면, 모든 통제에 문제가 있는 것은 아닙니다. 통제하려는 욕구를 내려놓는다는 것은 통제가 효과가 있는 경우와 그렇지 않은 경우를 구분하는 것입니다. 예를 들어, 어느 정도 감정을 통제하는 것은 실용적이며, 특정 상황에서 도움이 될 수 있습니다. 문제는 과도하고 잘못 적용된 통제입니다. 통제 자체는 나쁜 것이 아닙니다. 중요한 것은 그것을 언제 어떻게 사용하느냐입니다. 이에 대해서는 다음 장에서 더 자세히 살펴보겠습니다. 지금은 감정을 통제하는 것이 필요할 때가 있으며, 심지어 중요할 때도 있다는 것을 알아 두세요.

무엇을 통제할 것인가?

이 장을 읽으면서 혼란을 느끼거나 충격을 받은 분도 있을 것입니다. 아마도 당신은 생각, 감정, 신체 감각, 심지어 다른 사람들까지 통제함으로써 상황을 개선하기 위해 평생 노력했을지도 모릅니다. 감정을 통제하는 것이 건강과 행복을 위한 정답이라고 배웠을 수도 있습니다. 하지만 우리는 그 개념을 뒤집어 놓았습니다. 분노가 아니라 통제가 문제라고 했습니다. 이에 대해 이런 생각이 들 수 있습니다. '분노를 통제하는 것이 정답이 아니라니, 이게 무슨 말도 안 되는 소리인가?', '그렇다면 이 고통을 어떻게 극복해야 한다는 말인가?'

내면에 있는 것은 통제할 수 없지만, 손과 발과 입으로 하는 것은 통제할 수 있습니다. 간단히 말해, 실제 현실에 어떻게 반응하고 행동할 것인지는 통제할 수 있습니다. 이는 단순한 반응이 아니라 자신의 존재 자체와 내면의 경험을 진실되고 매력적으로 드러내는 것을 의미합니다. 어떠한 구속이나 제약 없이 창의적으로 반응할 수 있습니다.

물론 쉽지 않은 일입니다. 생각하고 느끼는 것을 통제하려는 마음을 내려놓는 것은 어려운 일입니다. 하지만 그것이 가능하다면 중요한 것을 선택하고 행동으로 반응하는 데 큰 힘이 될 것입니다.

요약

이 장에서는 분노를 억누르거나 분노에 사로잡혀 행동함으로써 분노의 노예가 되는 여러가지 방식을 살펴보았습니다. 감정을 통제하려는 노력이 오히려 삶을 장악하고 영향을 미친다는 것을 보았습니다. 우리가 할 수 있는 진정한 통제는 생각과 감정과 감각을 어떻게 다루고, 손과 발과 입으로 무엇을 하느냐에 달려 있습니다.

다음 장에서는 '내 삶의 주인은 누구인가?'라는 질문을 던질 것입니다. 목표는 내면의 경험에 대한 통제를 내려놓음으로써 삶을 지배하는 것을 멈추는 것입니다. 더는 분노가 행동, 관계, 건강, 자기감sense of self을 좌우하게 둘 필요가 없습니다. 삶을 되찾기 위해 무언가를 해 보시겠습니까? 기꺼이 경험하고자 하는 의지가 핵심입니다. 다음 장에서 그 내용을 살펴보겠습니다.

4장

기꺼이 경험하려는 의지

삶은 자연스럽고 자발적인 변화의 연속이다.
이에 저항하지 말라. 저항은 슬픔만 낳을 뿐이다.
현실을 그저 현실로 내버려 두라.
그리고 순리대로 자연스럽게 흘러가도록 내버려 두라.
- 노자

모니카Monica는 여덟 살이 된 아들 제러미Jeremy를 키우는 미혼모입니다. 30대 후반인 그녀는 오랫동안 엄마가 되려고 노력했지만 임신에 어려움을 겪었습니다. 마침내 임신에 성공한 모니카는 아이를 세상에 내놓는 것이 두렵기도 하고 기대되기도 했습니다. 그녀는 엄마가 될 날을 고대하고 있었습니다. 아기가 태어난 후 미혼모인 모니카는 혼자서 아기를 돌보느라 지쳤지만 대부분 문제없이 잘 지냈습니다.

제러미가 세 살이 되자 새로운 문제가 생겼습니다. 짜증을 내고 폭발적인 행동을 보이기 시작한 것입니다. 제러미는 누군가를 때리거나 소리 지르는 행동을 반복했습니다. 그런 아들을 매일 밤 재우는 것은 매우 힘든 일이었습니다. 모니카는 자신이 아들의 행동에 희생양이 된 듯한 느낌을 받았고, 그에게 상당히 화가 났습니다. 하지만 동시에 자신의 분노가 잘못되었다고 느꼈습니다. 모니카는 화를 낼 것이 아니라 감사해야 한다고 스스로 말했습니다. 그리고 분노를 느끼는 자신에게 벌을 주기 시작했습니다. 엄마로서 자기 능력을 비판하고, 항상 평안을 느끼지 못하고 있는 자신을 질책하기 시작한 것입니다.

모니카는 자신의 감정을 통제하며 감사하는 마음을 가지려고 노력했습니다. 그렇게 분노를 억눌렀습니다. 매일 밤 술을 마시고, 다양한 종류의 약을 복용했으며, 부모 관련 서적을 닥치는 대로 읽고, 감정을 무시하거나 자신이 겪은 일들을 마치 없었던 일처럼 여기려고 했습니다. 하지만 아무 소용이 없었습니다. 이런 시도에도 불구하고 그녀는 여전히 어려움을 겪었습니다. 특히 밤에 아들과 대화하는 것이 두려웠습니다. 화가 나서 자신을 통제하지 못할까 봐 두려웠습니다. 더불어 피로와 두려움도 점점 커졌습니다. 모니카는 이 딜레마에서 벗어날 방법을 찾을 수 없었고, 그 안에 갇혀 있다고 느꼈습니다.

기꺼이 경험하려는 의지란 무엇인가?

기꺼이 경험하려는 의지는 모든 경험에 대해 열려 있으려는 적극적인 의도를 말합니다. 편안하거나 불편한 느낌, 생각, 감각을 모두 허용하는 것입니다. 매 순간 아픔과 기쁨, 긍정적이거나 부정적인 생각, 편안하거나 불편한 감각을 경험하는 일에 적극적으로 참여하는 것입니다. 분노에 관해서도 분노한 감정뿐 아니라 그 속에 가려진 감정을 모두 느낄 수 있도록 허용하는 것입니다. 즉, 기꺼이 경험하려는 의지는 어떤 경험을 만들어 내거나 없애 버리려는 시도 없이 자신의 연약함을 있는 그대로 경험하는 것을 의미합니다.

연속적인 경험의 흐름 속에 존재하는 것도 기꺼이 경험하려는 의지에 포함됩니다. 노자의 말처럼 순리대로 자연스럽게 흘러가도록 내버려 두는 것입니다. 흐르는 강을 상상해 보세요. 강을 따라 물이 부드럽고 유유하게 흐르는 곳도 있고, 잔잔하게 보일 듯 말 듯 흐르는 곳도 있습니다. 한편, 물살이 빠르고 소용돌이치는 곳도 있습니다. 물은 끊임없이 움직이며 흐릅니다. 우리의 내적 경험도 마찬가지입니다. 기쁨과 평화가 오르내리듯이 분노 역시 오르락내리락합니다. 짜증도 사랑이나 연민의 감정처럼 어느 순간 왔다가 사라집니다. 기꺼이 경험한다는 것은 완전한 수용acceptance의 자세로 두 팔을 활짝 벌리고 내면의 경험이 흐르도록 내버려 두는 것입니다. 이것은 통제의 대안이 됩니다.

행동에서 기꺼이 경험하려는 의지

기꺼이 경험하려는 의지는 내적 경험뿐 아니라 실제 행동하는 것과도 관련된 능동적인 상태입니다. 먼저 능동적인 상태로서 기꺼이 경험하려는 의지에 관해 이야기해 보겠습니다. 내면의 경험에 마음을 열고서 생각하고 느끼는 것을 받아들일 때, 기꺼이 경험하려는 의지는 여러 가지 특성을 갖습니다. 이 상태는 특별한 에너지가 있는 상태로, 단순히 포기하거나 굴복하는 것이 아닙니다. 자신의 감정에 굴복하는 것이 아니라, 오히려 꽃이 태양을 향해 활짝 피어나 꽃잎 하나하나가 햇빛을 흡수하는 것처럼 적극적으로 마음을 여는 것입니다.

기꺼이 경험하려는 의지는 선택입니다. 기꺼이 할 수도 있고, 하지 않을 수도 있습니다. 기꺼이 경험하려는 의지를 갖길 바라는 것만으로 이 의지를 갖게 되는 것은 아닙니다. 예를 들어, '좋은' 감정만 느끼고 '나쁜' 감정은 느끼지 않고 싶다고 해서 실제로 그렇게 되지 않는 것과 같습니다. 실제로 좋은 감정을 느끼려면 나쁜 감정도 기꺼이 받아들여야 합니다. 기쁨을 느끼려면 아픔 역시 느껴야 합니다. 인간은 분노와 같은 특정한 감정을 정해 놓고 통제하는 것에 능숙하지 않습니다. 그 한 가지 감정을 통제하기 위해 모든 감정을 통제해야 합니다. 반대로, 하나를 억누르면 모든 것을 억누르게 됩니다.

기꺼이 경험하려는 의지에는 우리의 실제 행동도 포함됩니다. 즉, 열린 자세를 취하는 동시에 삶의 의미를 만들며 앞으로 나아가는 것입니다. 생각하고 느끼는 것들을 붙잡고, 가장 중요하게 여기는 것을 향해 열심히 나아가는 것입니다. 기꺼이 경험하려는 의지는 이처럼 붙잡고 나아가는 과정의 연속입니다. 내적 경험을 붙잡고 가치 있는 것을 향해 나아가는 것입니다.

행동에서 기꺼이 경험하려는 의지: 분노

어떤 행동을 할 때는 '경험하는 것에 적극적으로 참여하는 것'과 '그 행동을 통제하려고 시도하는 것'을 구분하는 일이 중요합니다. 행동에서 기꺼이 경험하려는 의지는 자신의 가치와 일치하는 방식으로 느끼고 행동하는 것을 의미합니다. 우리는 행동하지 않고도 분노를 느낄 수 있습니다. 이는 잘못된 행동이나 특정 행동 표현이 아니라, 자신이 만들어 내고자 하는 것과 일치하는 방식으로 행동하는 것을 말합니다(이 내용은 책의 뒷부분에서 다룰 것입니다). 이제 자신이 느끼고, 생각하고, 행동하는 것에 마음을 여는 연습을 해 보겠습니다.

[연습 4.1] 반대되거나 다른 행동

과거 행동 중 뭔가를 느꼈지만 그와 반대되거나 다른 행동을 했던 때를 떠올려 보세요. 아주 작은 일일 수도 있고, 큰일일 수도 있습니다. 예를 들어, 약간 기분이 처지고 피곤한 느낌이 들었지만 약속이 있기 때문에 마음과 달리 약속 장소에 간 적이 있나요? 감정과 생각으로는 집에 머물고 싶었지만, 그럼에도 약속 장소로 나갔나요? 이런 유형이 이번 연습에서 생각해 볼 행동입니다.

자신이 하고 싶다고 느낀 것과 다른 행동을 했던 경험을 떠올려 보세요. 어떤 상황이었는지, 어떤 것을 느꼈는지 구체적으로 적어 보세요.

1. 화가 나지는 않았지만 실제로 느끼거나 생각했던 것과 반대되거나 다른 행동을 했던 경험을 세 가지 떠올려 보세요.

____

____

____

2. 화가 났지만 이를 억제하거나 행동으로 옮기지 않았던 경험을 세 가지 떠올려 보세요.

____

____

____

3. 몇 분 정도 시간을 내어 이 연습을 하면서 발견한 점들을 적어 보세요.

____

____

____

이 연습을 통해 어떤 감정을 느끼더라도 실제로는 그와 다른 방식으로 행동할 수 있다는 점과 실제로 이를 경험해 왔다는 점을 알아차렸길 바랍니다. 우리는 생각하거나 느끼는 내적 경험과 반대되거나 다른 행동을 할 수 있습니다. 여기서 이런 생각이 들 수도 있습니다. '그래, 나도 내가 느낀 것과 다른 행동을 한다는 것을 알아. 하지만 분노가 폭발할 때는 화나지 않은 척 행동하는 것은 불가능하지 않나?' 하지만 기꺼이 경험하려는 의지는 그럴 때조차도 자신의 가치에 부합하도록 분노와 반대되거나 다른 행동을 하게 합니다.

모니카의 이야기로 돌아가 보겠습니다. 모니카는 어린 아들 제러미에게 자주 화가 났습니다. 그리고 제러미를 멈추기 위해 아들을 때리는 모습을 상상한 적도 있습니다. 하지만 그런 감정과 생각을 행동으로 옮기지는 않았습니다. 그녀는 자신의 분노로부터 제러미를 안전하게 보호했지만, 여전히 힘들어했습니다. 그녀는 기꺼이 경험하기를 꺼렸습니다. 자신이 경험하는 것들을 억압하고 저항하면서 점점 지쳐 갔습니다. 치료를 받으면서 모니카는 자신의 무력감과 슬픔을 드러내는 법을 배웠습니다. 그녀는 엄마가 된 경험에 대해 느낀 실망감을 털어놓았습니다. 그러고는 제러미에게 화를 내는 것을 스스로 허용했습니다. 그녀는 자신의 내적 경험에 열린 자세를 취하면서 제러미뿐 아니라 자신에게도 도움이 되는 방식으로 행동을 취했습니다.

행동에서 기꺼이 경험하려는 의지: 통제의 대안

내면의 진실을 인식하고 허용하는 것은 쉬운 일이 아닙니다. 연약해진다는 느낌이 통제력을 잃을지도 모른다는 두려움과 생각을 만들어 내기 때문입니다. 우리는 소위 부정적인 감정적 경험을 밀어내는 경향이 있으며, 실제로 그것에 사로잡힐 만큼 그 경험과 싸웁니다. 3장에서 분노를 억누르는 행동을 하거나 분노를 표출하는 행동을 함으로써 분노의 노예가 되는 각각의 방식을 살펴보면서, 분노를 억누르는 것과 표출하는 것 모두 대가가 크다는 점을 배웠습니다. 모니카의 경우 분노를 억누르고 분노에 맞서 싸우는 유형이었는데, 이는 건강에 해로운 행동과 정서적 피로로 이어졌습니다. 그녀는 자신의 경험을 부정하려는 노력에 갇혀 있었습니다. 그 어려움을 극복할 유일한 방법은 자신이 실제로 느끼는 감정과 그 이면에 있는 연약함에 열린 자세를 갖는 것이었습니다. 그러나 그녀는 이것을 대안으로 인식하지 못하고 있었습니다.

싸울 필요가 없었던 전투

자신의 감정, 분노, 연약함을 기꺼이 느낄 때 놀라운 일이 일어납니다. 지금까지 사용하던 통제 방법을 내려놓으면 다른 종류의 통제 방법을 얻게 됩니다. 내면에서 일어나는 일을 기꺼이 경험하고자 한다면, 그저 반응하는 것에서 벗어나 능동적으로 대응하는 능력을 키울 수 있습니다.

반드시 싸워야 한다고 생각하는 전투에서 고개를 돌리고 물러서는 것은 굉장히 어려운 일입니다. 줄다리기에서 이기고 싶다면 잡고 있는 밧줄을 힘껏 잡아당겨야 합니다. 만약 줄다리기에서 진 쪽이 빠지는 구덩이가 절망의 구덩이라면 더더욱 그렇습니다. 줄다리기 반대편에 있는 적이 '분노'라면, 나 자신보다는 그 분노를 구덩이 속에 빠뜨리는 것이 더 나을 것입니다. 만약 분노를 구덩이 속으로 빠뜨려 이기지 못한다면 어떨까요? 심지어 분노가 적이 아니라면 어떨까요? 애초에 이 싸움을 할 필요가 없다면 어떨까요? 단순히 밧줄을 놓는 것으로 충분하다면 어떨까요?

분노와 그것이 숨기려는 감정에 맞서는 대안은 자신의 생각과 감정과 신체 감각에 대해 개방적이고 수용적인 태도를 취하는 것입니다. 통제의 대안으로서 기꺼이 경험하려는 의지는 새로운 규칙이 아닙니다. 우리는 이것을 반드시 수용해야 한다고 말하는 것이 아닙니다. 앞서 언급했듯이 기꺼이 경험하려는 의지는 선택하는 것입니다. 이것이 당신의 자유를 의미한다면 기꺼이 받아들이겠습니까? 이를 통해 무언가를 느끼지 않으려고 애쓰는 것이 아니라 중요한 것에 집중할 수 있다면 받아들이겠습니까? 분노를 경험하지 않으려는 것이 합리적일 수 있다는 점을 이해합니다. 분노는 불쾌감을 만들어 내기 때문입니다. 기꺼이 경험하려는 의지는 원하고 바라는 것이 아닙니다. 수용은 분노의 불편한 느낌과 그 이면에 있는 감정을 기꺼이 경험하고, 더 중요하고 더 나은 삶을 위해 나아가고자 하는 의지입니다.

수용은 분노나 다른 감정을 자신의 방식대로 경험하는 것입니다. 감정을 있는 그대로 정확하게 경험하는 것입니다. 분노나 그 이면에 있는 감정을 기꺼이 경험하고자 한다면, 이러한 경험을 행동으로 옮기거나 억누르려고 애쓸 필요가 없습니다. 따라서 훨씬 더 유연하게 행동할 수 있습니다. 우리는 '분노가 나를 어떻게 흔들어 놓을까?' 라는 질문 대신 '분노가 올라오는 상황에서 나는 어떤 선택을 할까?'라고 스스로 질문할 수 있습니다.

기꺼이 경험하려는 의지를 선택하면 새로운 세계가 열립니다. 이를 위해서는 연습과 인내가 필요합니다. 기존과 다른 방식으로 내적 경험을 마주하는 방법을 배우는 것은 하루아침에 이루어지지 않습니다. 단계별로 자신과 새로운 관계를 발전시키는 길을 안내해 드리겠습니다. 이 작업은 자신의 경험에서 진실을 찾는 것부터 시작합니다.

경험에서 진실 찾기

개방성openness 또는 수용에서 중요한 점은 이러한 접근 방식이 의미하는 바를 인식하는 것입니다. 수용을 위한 작업에는 순간의 경험에 주의를 기울이는 것과 같은 필수적인 측면도 있습니다. 이를 다루기 전에 먼저 행동으로서의 수용에 대해 자세히 살펴보겠습니다.

행동으로서의 수용

통제의 대안으로 권하는 수용에 대해 좀 더 명확하게 설명하고자 합니다. 수용은 나쁜 행동을 그냥 받아들이는 것이 아닙니다. 다른 사람이나 자신의 공격적인 행동까지 받아들일 필요는 없습니다. 또한 수용은 항복이나 포기를 의미하는 것도 아닙니다. 금욕적인 태도, 즉 쾌락이나 고통에 무감각해지는 것도 아닙니다. 수용은 감정적 경험에 대해 적극적인 자세를 취하고, 열려 있는 태도나 신체적 상태를 기꺼이 선택하는 것입니다. 수용을 선택한 사람들은 스스로 "나는 내가 느끼는 것을 있는 그대로 느끼기 위해 지금 여기에 존재한다"라고 말할 수도 있습니다. 수용은 분노나 두려움 같은 부정적인 감정을 포함해 내면에서 일어나는 모든 감정적 경험을 마주하려는 의도적이고 적극적인 선택을 수반합니다.

경험에 대한 개방성은 경험 자체에 대해 마음이 무엇을 말하는지 알아차리는 것이기도 합니다. 우리의 마음은 행동, 감각, 감정을 평가하고 판단하는 경향이 있습니다. 하지만 마음이 항상 정확하거나 도움이 되는 것은 아닙니다. 실제로 마음이 만들어 내는 판단이 상당히 고통스러운 경우도 있습니다. 마음과의 관계는 다음 장에서 좀 더 자세히 다룰 것입니다. 다만 경험에 대한 개방성에는 건강에 해롭거나 화를 내는 방식으로 반응하지 않고 그저 마음을 알아차리는 것이 필요하다는 점을 기억하길 바랍니다.

단순히 주의 기울이기

수용은 감정적 경험을 마주하려는 의도를 가지고 적극적으로 선택하는 것인 만큼 매 순간 주의를 기울이는 방법을 배워야 합니다. 첫 번째 단계는 자신의 감정적 경험을 알아차리는 방법을 배우는 것입니다. 즉, 자신의 경험에서 무슨 일이 일어나는지 어린아이와 같은 호기심으로 알아차리는 것입니다.

물론 지금 여기에 주의를 기울이는 여정은 어려울 수 있습니다. 특히 내면이 혼란스러울 때는 더 그렇습니다. 하지만 열려있는 자세로 온전히 주의를 기울이는 법을 배우면 마음의 습관과 문제 행동으로부터 자유로워질 수 있습니다. 그리고 있는 그대로의 세계를 경험하게 됩니다.

이처럼 주의를 기울이려면 지속적인 노력과 약간의 용기가 필요합니다. 자신의 경험을 관찰하는 법을 배우는 과정에 전념해야 합니다. 그리고 시간과 연습이 필요합니다. 이 과정을 통해 얻을 수 있는 이점은 자신의 내면과 주변에서 무슨 일이 일어나고 있는지 더 깊이 알아차릴 수 있다는 것입니다. 내면에서 일어나는 감정적 경험의 진실을 보는 것은 곧 자유를 얻는 것입니다. 때가 되면 이 말을 더 잘 이해하게 될 것입니다. 주의를 기울이면 자신을 더 잘 이해하게 되고, 이를 통해 다른 사람과 더 진실되게 소통할 수 있습니다.

또한 주의를 기울이고 이를 유지하는 능력을 키우기 위해 스스로 약속하고 책임을 질 용기도 필요합니다. 주의를 기울이는 과정에서 자신의 경험을 드러내는 것이 어렵게 느껴질 때가 있을 것입니다. 스스로 연약하게 느껴지거나, 불안함을 느낄 수도 있습니다. 분노를 느끼거나, 이를 행동으로 표출하고 싶은 충동을 느낄 수도 있습니다. 때로는 불쾌한 감각을 느낄 수도 있습니다. 여기서 핵심은 모든 감정과 감각은 변한다는 사실입니다. 다시 말하지만, 그 감정과 감각을 억지로 통제하려고 하지 않는다면 그냥 흘러가는 순간의 경험이 됩니다. 단순히 밧줄을 내려놓으면 더는 감정과 줄다리기할 필요가 없습니다. 당신은 삶을 더 나은 방향으로 바꾸려는 목적과 열망으로 이 책을 펼쳤다는 사실을 잊지 마세요. 지금 우리는 분노에 사로잡힌 삶이 아닌 스스로 선택하는 삶을 위한 여정을 함께하고 있습니다.

마지막으로, 주의를 기울일 때 매우 어려운 과제 중 하나는 마음속에 갇히는 것입니다. 마음이 자신을 판단하면 그것에 사로잡히기 쉽습니다. 좋은 것과 나쁜 것, 옳고 그름, 공정한 것과 불공정한 것, 가치 있는 것과 가치 없는 것 등의 생각에 사로잡히면 지금 경험하는 감정에 주의를 기울이는 데서 벗어나 그것을 숨기고 억압하거나 표출함으로써 통제하려는 욕구로 되돌아갈 수 있습니다. 우리의 마음은 영리해서 누구에게 책임이 있고 누가 비난받아 마땅한지, 누가 선하고 누가 나쁜지 끊임없이 알아내려고 합니다. 속지 마십시오. 이런 상황에서는 마음이 항상 도움이 되는 것은 아닙니다. 마음이 판단한다는 것을 알아차리는 것도 경험의 일부가 될 것입니다. 이 과정에 호기심을 가져 보세요. 생각에 사로잡히면 그 생각을 인정하고 다시 주의를 기울이려는 노력으로 돌아가세요. 지금 이 순간 감정적 경험이 만들어 내는 것에 주의를 기울이는 일이 당신의 삶을 더 분명하고 활력 있게 만든다는 것을 기억하세요.

이제 자신의 경험에 주의를 기울이는 연습을 할 것입니다. 이 과정은 단순히 감각과 호흡을 알아차리는 것으로 시작합니다. 연습이 진행됨에 따라 감정과 같은 더 복잡한 경험을 더 자세히 살펴볼 수 있습니다. 그럼 시작하겠습니다.

[연습 4.2] 주의 기울이기 첫 단계

[연습] 오디오 파일

이 연습의 목표는 긴장을 풀거나 잠드는 것이 아니라 자신의 경험에 깨어 있는 것입니다. 이제 청각과 호흡이라는 두 가지 구체적인 경험에 주의를 기울일 것입니다.

편안하게 앉을 수 있는 조용한 장소를 찾으세요. 허리를 꼿꼿이 세우고 앉아 있을 필요는 없지만, 바른 자세로 앉으면 주의력을 유지하는 데 도움이 됩니다.

먼저, 연습 중간에 계속 눈을 뜨고 읽을 필요 없도록 다음 지침을 모두 읽으세요. (이 연습의 오디오 버전은 QR코드를 활용하거나 https://blog.naver.com/beanalogue/223574815279에서 확인할 수 있습니다.)

편안하게 바로 앉아 눈을 지그시 감고 잠시 숨을 들이쉬고 내쉽니다. 눈을 감고 있을 때 주변 소리가 더 잘 들리는 것을 느껴 보세요. 들리는 소리에 온전히 주의를 기울여 보세요. 방에서 들리는 각각의 소리에 집중해 보세요. 소리마다 음의 높낮이가 있고, 세기도 다르다는 것을 알아차려 보세요. 1~2분 동안 소리에 집중합니다. 주의가 산만해지면, 이를 알아차리고 다시 소리에 집중합니다.

어느 정도 시간이 지나면 이번에는 호흡에 주의를 집중합니다. 호흡을 바꿀 필요는 없습니다. 그저 주의를 기울이며 호흡이 몸 안으로 들어왔다가 나가는 것을 관찰하세요. 호흡의 특정 부분에 집중하면 호흡이 더 쉬워지는 것을 느낄 수 있습니다.

아마 콧구멍 끝이나 목구멍 뒤쪽으로 숨이 들어오고 나가는 것이 느껴질 수도 있습니다. 숨을 쉴 때마다 가슴이 올라갔다가 내려가는 것을 느낄 수도 있고, 배가 부풀거나 수축하는 것을 느낄 수도 있습니다. 어떤 느낌이 들든 호흡하면서 느끼는 경험에 주의를 기울여 보세요. 앞서 소리에 주의를 기울였던 것처럼 호흡에 주의를 기울이세요. 1~2분 정도 숨을 들이쉬고 내쉬는 것에 집중합니다. 주의가 산만해지면, 이를 알아차리고 다시 호흡에 집중합니다.

호흡을 관찰한 후에는 심호흡을 몇 번 하고 눈을 뜬 다음 이곳으로 돌아옵니다.

연습한 내용을 되돌아봅시다. 소리와 호흡에 주의를 기울일 수 있었나요? 각각의 순간에 주의를 기울일 때 그것을 어떻게 더 온전히 경험할 수 있었는지 생각해 보세요. 그 순간 당신은 소리와 호흡을 알아차렸습니다. 그 순간에 들린 소리가 무엇인지, 신체 어느 부분에서 호흡이 더 잘 느껴졌는지도 말할 수 있을 것입니다. 이것이 주의를 기울일 때 얻을 수 있는 이점 중 하나입니다. 즉, 경험이 더 명확해지는 것입니다.

주의를 기울이는 능력을 키우면 우리 내면과 주변에서 실제로 무슨 일이 일어나고 있는지 알아차리기 시작합니다. 규칙적인 연습을 통해 주의를 기울이는 방법에 더 익숙해지면 경험의 미묘한 차이와 질감, 강도의 변화를 알아차리기 시작할 것입니다. 그러면 문제가 되는 단순한 방식으로 반응하는 것이 아니라 자신의 경험을 솔직하게 이야기할 수 있게 됩니다. 자신이 경험하고 느끼는 것에 주의를 기울이는 것은 통제와 분노의 지배에서 벗어나는 데도 도움이 됩니다.

느낌을 있는 그대로 받아들이기

'주의 집중 근육paying attention muscle'을 키우기 시작하면 내면에서 실제로 무슨 일이 일어나고 있는지 더 잘 알아차리게 됩니다. 또한 느끼는 것에 저항하던 습관도 알아차리게 됩니다. 감정에 저항하는 여러 가지 방식에 대해 다시 생각해 보십시오. 지금까지 살펴본 것처럼 주의를 분산시키는 것부터 지나치게 생각에 매달리는 것, 핑계 대는 것reason-giving, 문제를 야기하는 행동을 표출하는 것 등 여러 가지 방식으로 행동하고 있을 수 있습니다.

더 이상 저항하지 않고 느끼는 것을 있는 그대로 내버려 두면 그것을 숨기거나 공격할 필요가 없어집니다. 느끼는 것을 그대로 받아들이고, 있는 그대로 존재하도록 허용하면 굳이 통제할 필요가 없어집니다. 그러면 분노에 휩싸이지 않고 가치에 기반한 방식으로 행동할 수 있습니다.

자신의 감정에 주의를 기울이는 것은 소리나 호흡에 주의를 기울이는 것과 같습니다. 소리를 듣고 호흡을 알아차리는 것처럼 감정에 대해서도 똑같이 할 수 있습니다. 자신이 느끼는 것에 주의를 기울이는 연습을 하다 보면 자신의 감정을 잘 알게 됩니다. 함께 연습해 봅시다.

[연습 4.3] 허용하기: 내면의 감정에 열려 있기

[연습] 오디오 파일

이번에는 지금 여기에서 느끼는 감정에 주의를 기울이는 연습을 할 것입니다. (이 연습의 오디오 버전은 QR코드를 활용하거나 https://blog.naver.com/beanalogue/223574815279에서 확인할 수 있습니다.)

[연습 4.2]에서 했던 것처럼 편안하게 앉을 수 있는 조용한 장소를 찾습니다. 그런 다음, 지금 여기에서 느끼는 감정에 주의를 기울이며 자신의 감정적 경험이 만들어 낸 것들을 알아차려 보세요. 충분히 시간을 갖고, 자신이 느끼는 감정을 가능한 한 자세하고 온전하게 살펴보세요. 그리고 그 감정적 경험에 이름을 붙여 보세요. 당신이 주의를 기울이면서 알아챈 감정은 무엇인가요?

슬픔인가요? 만족스러움인가요? 분노인가요? 불안함인가요? 지루함인가요?

잠시 멈추어 지금 여기에서 경험하는 감정을 기록해 보세요. 여러 감정이 뒤섞여 있을 수도 있습니다. 연습하는 동안 중간중간 멈추어 각 감정에 이름을 붙여 보세요. 그 감정이 강렬하게 느껴지는지, 약하게 느껴지는지도 적어 보세요. 그 감정이 어떤 것이든 막거나 저항하지 말고 있는 그대로 받아들여 보세요.

계속 주의를 기울이면서 감정이 변화하는 것을 알아차려 보세요. 몇 분 동안 계속 주의를 기울입니다. 모든 감정은 파도와 같아서 때로는 강렬하게, 때로는 약하게 왔다가 사라집니다. 파도를 바라보듯이 감정이 밀려오는 것을 지켜보세요. 그 과정에서 어떤 생각이 마음에 찾아올 수도 있습니다. 관찰하고 있는 감정과 관련이 있을 수도 있고 관련이 없을 수도 있습니다. 어떤 생각이 떠오르든 간단히 고개를 끄덕이며 '이런 생각이 찾아왔구나'라고 말한 다음, 다시 현재 느끼는 감정으로 주의를 돌려보세요.

감정을 관찰하다 보면 감정이 몸(머리, 가슴, 배 등)의 어떤 공간을 차지하고 있다는 것을 알 수 있습니다. 그렇다면 그 감정의 색(빨간색, 노란색, 파란색 등)이 공간을 차지하고 있고, 감정이 변화함에 따라 색이 변하는 것을 관찰해 보세요.

마음챙김 관찰에서 중요한 점은 어떤 식으로든 개입하지 않고 감정이 자연스럽게 일어나는 것을 관찰하는 것입니다. 그냥 내버려 두세요. 이 연습에서 당신은 호기심 많은 관찰자이자 주의 깊은 과학자가 되어 감정이 오르락내리락하는 대로, 있는 그대로 왔다가 가도록 허용해 보세요.

몇 분 동안 자신의 감정에 주의를 기울인 후, 다시 이 책으로 주의를 돌려보세요.

잠시 시간을 내어 이번 연습에서 무엇을 발견했는지 아래에 적어 보세요.

중요한 점은 언제든지 이 연습을 할 수 있다는 것입니다. 심지어 분노도 관찰할 수 있습니다. 바다의 파도처럼 분노가 밀려왔다가 밀려가는 것을 관찰할 수 있습니다. 분노뿐 아니라 모든 감정을 그 순간에 있는 그대로 관찰할 수 있습니다. 감정이 일어날 때 이와 같은 마음챙김 관찰을 사용하면 당황하지 않고 감정을 있는 그대로 관찰할 수 있습니다. 각 감정을 관찰하고 그것이 어떤 감정인지 이름표를 붙이기만 하면 됩니다.

감정의 특성과 움직임을 알아차리면서 감정적 경험을 허용하는 이 연습을 시작하는 것은 인생에 변화를 가져오는 전환점이 될 수 있습니다. 더 이상 감정을 통제하거나 저항하기 위해 애쓸 필요가 없습니다. 만약 화가 나더라도 의미 있는 방식으로 행동할 자유를 되찾을 수 있습니다. 정말로 경험하고 있는 것을 분노로 덮는 대신 있는 그대로 드러낼 수 있습니다. 더는 감정 통제의 노예가 아니며, 그 속박에서 해방될 것입니다.

다시 말하지만, 특히 분노와 관련해서는 꾸준한 연습과 인내가 필요합니다. 이제 분노에 대해 좀 더 구체적으로 주의를 기울여 봅시다.

[연습 4.4] 분노와 그 이면에 있는 감정 허용하기

[연습] 오디오 파일

종이와 펜을 준비하고, 이 연습에 집중할 수 있는 편안하고 조용한 장소를 찾습니다. (이 연습의 오디오 버전은 QR코드를 활용하거나 https://blog.naver.com/beanalogue/223574815279에서 확인할 수 있습니다.)

먼저 몇 차례 심호흡하며 마음을 안정시켜 보세요.

최근에 분노로 인해 문제가 빚어졌던 상황을 떠올려 보세요. 마음속으로 그 장면을 재현하며 그 속으로 들어가 보세요. 가능한 한 그 경험을 있는 그대로 느끼도록 깊이 들어가는 것이 좋습니다. 그 당시 무엇을 보고, 듣고, 느꼈는지 주목해 보세요.

이제 그 분노의 시간 동안 내면세계에 대해 알아차린 것을 모두 적어 보세요. 글을 쓰면서 그 감정을 계속 느껴 보세요. 천천히 써도 괜찮습니다. 일어난 일에 대한 생각에 사로잡혀 감정에 주의 기울이기를 놓치게 되면, 잠시 멈추어 심호흡을 한두 번 해 보세요. 마음을 진정시키고 다시 감정에 집중하는 데 도움이 될 것입니다. 당신은 지금 생각이 아니라 감정에 주의를 기울이고 있다는 사실을 기억하세요.

그때의 분노가 정당하고 의로운 순수한 분노라는 것이 분명하다면 계속 적어 나가세요. 하지만 단순한 분노가 아니라 분노 이상의 것이라면, 분노 이면에 무언가가 있다면 탐색을 시작해 보세요. 무엇이 숨어 있나요? 다른 어떤 감정이 느껴지나요? 슬픔인가요? 아픔인가요? 실망감인가요? 호기심을 갖고 탐구해 보세요. 내면의 경험을 있는 그대로 느끼면서 최대한 온전하게 글로 써 보세요. 자신이 느끼는 것을 있는 그대로 느끼도록 허용하면서 그 감정적 경험에 대해 계속 적어 보세요.

이제 잠시 멈추고 펜을 내려놓으세요. 심호흡을 몇 번 하고 지금까지 쓴 내용을 읽어 보세요. 천천히 읽으면서 분노든 그 이면에 있는 다른 감정이든 각각의 감정을 느껴 보세요. [연습 4.3]에서 했던 것처럼 감정이 오르락내리락하는 것을 허용하고 관찰해 보세요. 일부러 분노를 일으키거나 가라앉힐 필요는 없습니다. 있는 그대로 두세요. 당신이 느끼는 것을 그대로 받아들이고 열린 자세를 취할 수 있는지도 확인해 보세요.

적은 것을 모두 읽고 나면, 이 분노 사건과 관련된 경험에 주의를 기울이며 배운 내용을 바탕으로 자신에게 진정으로 필요한 것이 무엇인지 잠시 생각해 보세요. 그 감정적 경험이 자신이 감추고 싶어 하는 연약함과 연관된 것이라면, 무엇을 감추고 싶은 것일까요? 강압적으로 행동하거나 숨기는 것 속에 있던 이 연약함에 진정으로 필요한 것은 무엇일까요? 이에 대한 생각을 아래에 적어 보세요.

마지막으로, 작성한 종이를 잘 보이는 곳에 두세요. 필요하다면 다른 사람이 보지 못하는 곳에 두어도 괜찮습니다. 다만, 종이가 당신의 이야기를 담은 문장을 지우거나 숨기려 하지 않는 것처럼, 당신 또한 삶에서 느끼는 감정을 있는 그대로 느끼고 허용해 보세요. 필요할 때마다 이 종이를 꺼내 읽으며 자신을 상기시키세요.

앞서 설명한 것처럼 감정을 있는 그대로 경험하기 위해서는 연습이 필요합니다. 한두 번의 연습만으로는 변화할 수 없습니다. 이 연습은 다양하게 확장할 수 있으며, 정기적으로 계속 수행하는 것이 좋습니다. 마음챙김 명상을 통해 주의를 기울이는 경험을 쌓고, 자신에 대한 지식과 경험에 대한 명확성을 높일 수 있습니다. 이는 분노 행동을 극복하고 다른 감정을 억제하는 데 필수적인 부분입니다.

요약

모니카는 [연습 4.4]를 마친 후 눈물을 흘렸습니다. 그녀는 자신의 분노 이면에 다른 사람들의 관심과 보살핌을 원하는 감정이 있다는 사실을 깨달았습니다. 이는 매우 중요한 깨달음이었습니다. 이를 깨닫는 순간, 자신의 분노를 억누르는 것이 상황을 더 악화시킬 뿐이라는 것을 알게 되었습니다. 또한 자신이 정말로 바라는 것이 있다는 사실도 발견했습니다. 모니카는 분노와 싸우는 대신 분노에 마음을 열기로 했습니다. 기꺼이 그리고 의도적으로 감정에 개방적인 자세를 취했고, 자신의 감정을 느끼기 시작했습니다. 동시에 자기돌봄self-care을 시작했습니다.

분노와 피하고 싶은 감정을 허용하는 것은 억압하거나 그것을 표출하려는 욕구를 내려놓는 첫 번째 단계입니다. 즉, 변화를 만드는 첫걸음입니다. 줄다리기 밧줄을 내려놓고 내적 경험을 통제하려는 욕구를 내려놓으면 새로운 일이 일어날 수 있는 공간이 생깁니다. 더 이상 감정을 억누르거나 행동으로 표출하며 통제할 필요가 없어지면 자신의 행동을 자유롭게 선택할 수 있습니다. 감정이 주인이 되어 나를 선택하는 것이 아니라, 내가 주인이 되어 자유롭게 선택할 수 있습니다.

하지만 아직 해야 할 일이 더 남아 있습니다. 이것은 하나의 여정이며, 더 많은 기술과 연습이 필요합니다. 그럼, 다음 장으로 넘어가 봅시다!

5장

마음 알아차리기

우주처럼 마음을 넓게 키워 보세요.
어떠한 갈등도, 애씀도, 해로움도 없이
즐거움과 불쾌함이 나타나기도 사라지기도 하는 공간이 됩니다.
이처럼 드넓은 하늘 같은 마음에서 휴식해 보세요.
– Majjhima Nikāya

알렉스Alex는 거의 70세가 되었습니다. 자기 자신을 '자수성가한 사람'이라고 표현했습니다. 수년에 걸쳐 사업을 성장시켰고, 지금은 상당한 부자가 되었습니다. 그는 자신이 강력하게 느껴지는 것을 좋아하고, 다른 사람들에게도 강한 사람으로 알려져 있습니다.

이러한 성공에도 불구하고 모든 사람, 특히 그의 아내인 마리아Maria는 그를 두려워했습니다. 마리아는 알렉스가 화를 내면서 다른 사람들을 위협하는 것을 부끄럽게 생각했습니다. 알렉스는 화가 나면 소리를 지르고 얼굴도 붉어졌습니다. 분노가 폭발하면 매우 시끄러워지고, 몸짓도 거칠어졌습니다. 마리아는 매번 그를 진정시키려고 노력하거나, 화나게 하지 않게 하려고 노력해야 했습니다. 그녀는 알렉스와 함께 외부에서 식사하는 것을 두려워했습니다. 음식이나 서비스에 문제가 있으면 직원과 크게 다투고, 그 식당에 대해 욕을 하기 시작하기 때문입니다. 친구들과 모임을 할 때면 모두 알렉스 의견을 반대하면 안 된다는 것을 알고 있습니다. 만약 그랬다가는 알렉스가 소리를 지르고 자신의 주장만 되풀이하기 때문입니다.

알렉스는 자신이 항상 옳다는 믿음에 갇혀 있습니다. 그가 보기에 다른 사람들은 이해가 부족하고, 자신만큼 똑똑하지도 않으며, 정확하게 의견을 말하지도 못합니다. 자신 외의 나머지 사람들은 모두 틀렸기에 그는 늘 사람들에게 자신의 의견을 설파합니다.

알렉스는 자신의 마음과 완전히 융합되어 있습니다. 그는 상황을 다르게 보지 못했고, 이처럼 유연성 없는 태도는 대가를 초래했습니다. 그의 아내와 주변 사람들이 그의 행동을 지긋지긋하게 여기기 시작했습니다. 그의 분노 폭발로 인해 가까운 사람들이 그를 피하게 되었고, 알렉스는 점점 외로워졌습니다.

당신과 당신의 마음

알렉스는 매우 인간적인 문제를 안고 있었습니다. 그는 마음과 융합되어 있었습니다. 즉, 자기 자신과 자신의 마음을 같은 것으로 여기고 있었습니다. 알렉스와 그의 생각 사이에는 구분이 없었습니다. 하지만 그의 마음이 알렉스 자체가 아니라 알렉스가 가지고 있는 여러 가지 중 하나에 불과하다면 어떨까요? 알렉스가 자신의 생각을 관찰할 수 있다면 어떨까요? 만약 그가 한 걸음 물러나 자신의 생각을 알아차릴 수 있다면 다르게 행동할 수 있을 것입니다. 자신이 항상 '옳다'는 생각에 반사적으로 반응하는 것이 아니라 자신의 생각을 그저 관찰할 수 있을 것입니다. 이처럼 얽매이지 않고 한 걸음 물러나 있는 관점('내 안에 마음이 있지, 내가 마음 자체는 아니다')은 알렉스가 덜 반응하고, 거친 행동을 진정시키며, 다른 사람들과의 관계를 유지하는 데 도움이 될 수 있습니다.

이번 장에서는 마음과 생각에 더 현명하게 연결되는 방법을 배울 것입니다. 전반적인 목표는 행동을 지시하는 마음에서 벗어나 자신이 소중하게 여기는 가치에 따라 삶을 사는 것입니다. 탈융합defusion과 4장에서 살펴본 수용acceptance이 함께 작동하며 의미 있는 삶을 만들어 내는 데 도움을 줄 것입니다.

마음과 융합한다는 것은 무엇인가?

마음과 융합한다는 것이 무엇을 의미하는지 살펴보겠습니다. 융합fusion은 두 가지 이상의 사물이 하나의 개체를 만들기 위해 결합하는 과정입니다. 밀가루, 설탕, 버터, 달걀을 섞는다고 생각해 보세요. 이것을 모두 섞으면 달콤한 반죽이 됩니다. 이미 하나가 되어 버렸기 때문에 이 상태에서는 밀가루, 설탕, 버터, 달걀을 구분할 수 없습니다. 우리와 우리 마음에서도 이러한 일이 일어납니다. 어린아이일 때 말하는 방법을 배우기 시작하면서 '융합'이 시작됩니다. 그러면서 우리가 한때 어린아이 자체와 언어 자체로 분리되어 있었다는 사실을 잊어버립니다.

흥미롭지 않나요? 융합에 대해서는 잠시 후 좀 더 자세히 살펴보겠습니다. 지금은 탈융합, 즉 융합되지 않은 개별 요소를 기억하는 방법을 소개하고자 합니다.

마음에서 탈융합한다는 것은 무엇인가?

마음에서 탈융합한다는 것은 생각이 그 자체로 무엇인지 보고 관찰하는 방법을 배우는 기술입니다. 이 기술을 배우면 분노와 관련된 생각에 사로잡혀 있을 때 도움이 됩니다. 그 순간의 개별 요소, 즉 자신과 자신의 생각을 분리해 살펴봄으로써 생각에 사로잡히지 않고 다양한 방식으로 반응할 수 있습니다. 자신과 자신의 생각이 한 몸처럼 똑같이 반응하는 것이 아니라 자신의 가치와 그 순간에 필요한 것을 고려해 더 적합한 방식으로 반응하는 것입니다.

탈융합은 지속적인 생각의 흐름을 파악하는 데도 도움이 됩니다. 사고는 지속적인 과정입니다. 우리는 항상 생각하고 있거나, 어떤 생각을 가지고 있습니다. 거기에는 나라는 존재도 있고, 내가 하고 있는 지속적인 생각도 있습니다. 이 생각들은 파도처럼 왔다가 가기도 하고, 떠오르거나 가라앉기도 합니다. 화가 난 상황에서 그 원인만 계속 반추한다면 그 생각에 사로잡혀 있는 것처럼 보일 것입니다(이 내용은 이후에 다룰 예정입니다). 그렇게 되면 생각에 사로잡혀 자신과 자신의 생각을 구분하지 못하고 융합되어 버립니다.

이렇게 융합이 일어나면 당신은 자신의 생각에 사로잡혀 무력해지고, 당신의 생각은 행동을 지배하는 독재자가 됩니다. 하지만 그 순간 마음을 진정시킬 수 있다면, 더 효과적인 방식으로 행동할 힘을 되찾을 수 있습니다.

탈융합을 통해 개별 요소, 즉 자신과 자신의 마음을 분리하는 방법을 배워 볼 것입니다. 이렇게 분리가 이루어지면 선택할 수 있는 여유가 생기고, 마음이 더는 행동을 지배하지 않게 됩니다. 마음에서 분리되면 그 순간에 마음이 요구하는 것과 다른 선택을 할 수 있습니다. 이는 분노와 관련된 행동을 변화시키는 매우 효과적인 방법입니다. 화가 날 때, 한 걸음 물러서서 그 생각을 있는 그대로 살펴보고 그 흐름을 알아차릴 수 있습니다. 그러면 화나는 생각이 그렇게 흘러가 사라질 것입니다.

다양한 탈융합 연습으로 넘어가기 전에 융합과 그 융합을 떼어 놓는 방법을 알아보겠습니다. 이를 통해 융합이 어떻게 생기는지 이해하고, 당신 혼자만 이러한 일을 겪는 게 아니라는 것을 알게 될 것입니다. 우리는 모두 생각하는 방법을 배우면서 자신의 생각과 융합합니다.

융합과 탈융합: 평가, 구성, 반추

어린 시절에 말하는 방법을 배우면서 점점 더 많은 단어를 알게 되고, 그 단어들을 연관시키는 방법을 배우면서 정신이 발달하고 생각하기 시작합니다. 시간이 지남에 따라 우리는 온전히 생각하는 존재가 되고, 각자의 마음을 발전시킵니다. 마음은 지식과 함께 성장하고 항상 존재하며, 결국 설탕과 달걀을 풀어 섞어 놓은 것처럼 마음과의 구분이 사라집니다. 즉, 우리와 우리의 마음이 뒤섞이게 되는 것입니다. 이를 통해 우리는 마음과 융합됩니다.

마음과의 융합에서 한 가지 중요한 문제는 관점perspective을 잃게 된다는 것입니다. 마음과 융합되면서 마음이 말하는 관점에서 세상을 보기 시작합니다. 마치 빨간색 렌즈를 끼운 안경을 쓰고 세상을 바라보는 것과 같습니다. 빨간색 색안경을 쓰고 보면 모든 것이 붉게 보입니다. 이러한 시각은 우리 자신과 세상을 바라보는 방식에도 영향을 미칠 수 있습니다. 실제로는 모르는 것을 안다고 착각하게 만들 수 있습니다.

알렉스의 사례로 돌아가 보겠습니다. 그가 항상 옳을 수는 없습니다. 실제 우리도 마리아나 친구들처럼 알렉스가 때때로 틀릴 수 있고, 어쩌면 더 자주 틀릴 수도 있다고 확신합니다. 마음은 매우 가치 있고 유용하지만 우리를 곤경에 빠뜨릴 수도 있습니다. 마음이 말하는 것에 너무 집착하면, 계속 색안경을 쓰고서 살아가면 융통성을 잃게 됩니다. 이것이 알렉스에게 일어난 일입니다. 조금 더 자세히 살펴보겠습니다.

어떤 사람이 달이 치즈로 만들어졌다고 주장한다고 해 봅시다. 분화구로 뒤덮인 달이 치즈처럼 보일 수 있지만, 이 주장을 수천 번 듣는다 해도 곧이곧대로 믿지는 않을 것입니다. 이처럼 모든 주장이 믿을 만하거나 사실인 것은 아닙니다. 마음은 때때로 사실이 아닌 것을 주장하고, 우리 역시 마음이 말하는 것을 항상 믿을 필요는 없습니다.

이번에는 다른 방식으로 살펴보겠습니다. 당신이 어떤 것에 대해 정말 옳다고 생각했지만 실제로는 그렇지 않다는 것을 나중에 알게 된 적이 있나요? 만약 그런 적이 있더라도 부끄러워하지 마세요. 우리 모두 그런 일을 겪어본 적이 있을 것입니다. 마음은 자신이 생각하는 것을 매우 확신하는 경향이 있습니다. 이런 마음이 우리 자신과 융합한다면 어떤 문제가 생길까요? 다른 관점을 알아차릴 기회를 갖지 못하고, 마음이 말하는 것에 따라 행동하게 될 것입니다. 마치 빨간색 색안경을 쓰고서 세상에 온통 붉은 것만 가득하다고 말하는 것과 같습니다. 마음에 갇혀 버리고, 유연성은 사라지게 됩니다. 그저 눈앞에 보이는 붉은 색에 반응하고 행동하게 됩니다. 알렉스의 경우, 그가 쓰고 있던 빨간색 색안경은 '옳다'라는 생각이었으며 그 결과 가는 곳마다 갈등을 빚었습니다.

이 사례를 조금 더 살펴보면 문제가 훨씬 명확해집니다. 알렉스는 종업원이 자신의 주문을 한 치의 실수도 없이 받아야 한다고 생각합니다. 이 같은 그의 생각에는 적어도 두 가지 문제가 있습니다. 첫째, 누구나 실수를 한다는 점입니다. 둘째, 종업원은 왜 한 치의 실수도 없이 주문을 받아야 할까요? 그것은 누가 만든 규칙인가요? 알렉스가 외식할 때 이런 생각과 융합되면 결코 실수를 용납하지 못합니다. 외식하러 가는 것이 즐겁고 편안한 일이 아니라 불안하고 불쾌한 일이 됩니다.

마음이 유용하지 않다고 말하는 것이 아닙니다. 마음은 무엇보다도 우리가 계획하고, 조직하고, 예측하고, 이야기하고, 기억하고, 안전을 유지하는 데 도움이 됩니다. 마음에 감사할 것이 많습니다. 마음이 우리를 도울 때는 별로 걱정하지 않아도 됩니다. 하지만 때때로 마음은 도움이 되지 않은 방식으로 평가하고, 구성하고, 반추합니다. 각각의 내용을 살펴보고, 이것이 무엇을 의미하는지 알아보겠습니다.

마음은 평가한다

마음이 발달함에 따라 우리는 옳고 그름을 평가하는 방법을 배웁니다. 아름답다, 추하다, 위험하다, 안전하다 등 다양한 잣대로 평가하는 방법을 배웁니다. 그러나 평가하는 대상 그 자체에 좋고 나쁨이 존재하지 않는다는 사실은 배우지 않습니다. 단지 평가하는 마음이 대상을 좋거나 나쁘게 봅니다. 우리는 평가하는 대상 자체와 그것에 대한 평가를 구분하는 것을 잊어버립니다. 예를 들어, 오늘 본 영화가 어땠는지 평가해 달라고 하면 좋았다거나 별로였다고 평가하지만, 영화 자체에 좋고 나쁨이 존재하는 것은 아닙니다. 실제로 내가 별로였다고 평가한 영화를 다른 누군가는 너무 좋았다고 평가할 수도 있습니다. 우리는 사람, 장소, 사물, 활동을 평가하지만 우리의 평가는 평가 대상과는 별개로 존재합니다. 이를 알아차리는 것이 도움이 됩니다. 다른 사람의 행동이나 상황을 평가해 왔고 그것이 괴로움과 분노를 느끼게 했다면, 평가가 그저 평가일 뿐이라는 사실을 알아차리는 것만으로도 다른 선택을 할 수 있습니다. 분노를 억누르거나 행동으로 옮기는 것이 아니라, 마음으로부터 탈융합하고(빨간색 색안경을 벗음) 가치에 기반한 방식으로 행동하도록 선택할 수 있습니다.

[연습 5.1] 마음이 어떻게 평가하는지 알아차리기

이 연습에서는 두 가지 영역에서 마음이 어떻게 평가를 내리는지 살펴볼 것입니다. 첫 번째는 일반적인 평가로, 거의 모든 것을 평가할 수 있는 방법을 알아차리는 것입니다. 두 번째는 분노에 관한 평가입니다.

먼저 첫 번째 평가입니다. 지금 앉아 있는 방을 둘러보고 물건 다섯 개를 선택해 보세요. 아래 표의 첫 번째 열에 물건의 이름을 각각 적으세요. 그런 다음에는 각 물건의 이름 옆에 당신의 평가를 자유롭게 적어 보세요(예: 좋다, 나쁘다, 아름답다, 못났다, 기분 좋다, 불쾌하다 등). 마지막으로, 그렇게 평가한 이유를 써 보세요. 예시를 참고해도 좋습니다.

	물건	평가	이유
예시	전등	나쁘다	전등이 충분히 밝지 않다.
1			
2			
3			
4			
5			

아래 표에 위에서 적은 물건 다섯 가지를 똑같이 다시 적어보세요. 이번에는 각 물건에 대해 앞선 평가와는 반대되는 평가를 하고, 그렇게 평가한 이유를 적어 보세요.

	물건	평가	이유
예시	전등	좋다	전등이 있어서 방에서 책을 읽을 수 있다.
1			
2			

3			
4			
5			

어떤 물건이든 평가할 수 있으며, 그 평가가 물건 자체를 의미하는 것은 아니라는 점을 발견하셨길 바랍니다. 당신은 다섯 가지 물건을 평가했고, 왜 그렇게 평가했는지 설명할 수 있었습니다. 또한 같은 물건을 반대로 평가하고, 그 이유를 설명할 수 있었습니다. 평가는 물건 자체를 정의하는 것이 아니며, 순전히 마음에서 일어나는 일입니다.

이제 두 번째 연습을 해 보겠습니다. 이번에는 분노에 대해 마음이 평가하는 방식을 살펴볼 것입니다. 아래 표의 첫 번째 열에 당신이 꾹 눌러서 참았거나, 또는 행동으로 표출했던 분노 상황을 세 가지 적어 보세요. 그 당시 당신의 마음이 어떤 평가를 하고 있었는지 생각해 보세요(사람에 대해 평가했는가?, 상황에 대해 평가하고 있었는가?, 사람과 상황을 모두 평가하고 있었는가? 등). 두 번째 열에 마음이 평가하던 대상과 그 내용을 적고, 그 옆에 평가 이유를 적어 보세요. 그런 다음 각 상황에서 마음에 사로잡혔던 정도를 1점부터 10점 척도로 평가해 보세요. 10점에 가까울수록 마음에 사로잡혀 벗어나기 어렵다고 느낀 것을 의미합니다.

	분노 상황	당시 마음이 평가하던 대상 및 평가 내용	평가 이유	점수 (1~10점)
예시	파티에서 샐리가 나를 놀렸다.	나는 샐리가 바보라고 평가했다.	샐리는 웃겨야 할 때와 웃기지 않을아야 할 때를 전혀 파악하지 못하므로 바보다.	9
1				
2				
3				

아래 표에 위에서 적은 화가 났던 상황 세 가지를 똑같이 다시 적어 보세요. 이번에는 그 상황이나 사람에 대해 앞선 평가와는 반대되는 평가를 하고, 그렇게 평가한 이유를 적어 보세요. 그런 다음 그 평가가 얼마나 와닿는지 1점부터 10점까지 점수를 매겨 보세요. 10점에 가까울수록 그 평가가 와 닿는 정도가 큰 것을 의미합니다. 이는 앞에서 평가한 것과 별개로 점수를 매기는 것이므로, 꼭 더 낮은 점수를 줄 필요는 없습니다.

	분노 상황	당시 마음이 평가하던 대상 및 평가 내용	평가 이유	점수 (1~10점)
예시	파티에서 샐리가 나를 놀렸다.	나는 샐리가 영리하다고 평가했다.	샐리가 전혀 생각지도 못한 방식으로 나에게 농담을 했기 때문이다.	6
1				
2				
3				

여기서도 평가는 사람이나 상황 그 자체가 아니라는 점에 유의하세요. 만약 마음이 내리는 결정을 볼 수 있고 더불어 그에 반대되는 평가를 할 수 있다면, 특히 분노에 대응할 때 더 유연한 자세를 가질 수 있습니다.

이 연습을 통해서 마음이라는 것이 언제든지 무엇이든지 평가할 수 있다는 사실을 알 수 있기를 바랍니다. 또한 같은 물건이나 사건에 대해 다양한 평가를 시도해 봄으로써 평가라는 것에 대해 작은 깨달음을 얻을 수 있기를 바랍니다. 마음이 내린 평가로부터 아주 잠시만 탈융합하더라도, 화가 날 때 기존과는 다른 행동을 선택할 수 있습니다.

마음은 지어낸다

우리는 마음으로 상상할 수 있기 때문에 미래를 상상할 수 있습니다. 이는 앞으로 일어날 일을 계획할 때 도움이 됩니다. 하지만 상상한 미래가 두려움, 불안, 억울함, 분노를 유발한다면 어려움을 겪을 수 있습니다. 그리고 이러한 감정에 따라 행동하면 문제에 처할 수 있습니다. 예를 들어, 동료가 나와 경쟁하고 있다고 생각하는 상황이라고 해 보겠습니다. 이 문제를 생각하면서 그 동료가 나를 직장에서 밀어내는 모습을 상상하기 시작합니다. 여러 가지 경쟁 시나리오를 계속 상상하다 보니 점점 더 화가 납니다.

이 상황에서 나의 마음이 만들어 낸 그 친구는 실제 그 친구가 아닐 수 있습니다. 마음이 미래를 상상하더라도 미래는 현실이 아니라는 점을 기억하는 것이 도움이 됩니다. 실제로 우리는 미래가 어떻게 될지 모릅니다. 현실이 아닌 상상한 미래에 분노로 반응하고, 결국 상상했던 것이 실제로는 일어나지 않았다는 사실을 뒤늦게 깨닫는 것보다, 지금 인내심을 갖고 무슨 일이 일어나는지 지켜보는 것이 더 낫습니다.

[연습 5.2] 마음이 어떻게 지어내는지 알아차리기

이 연습을 통해 마음이 미래에 있을 일들을 실제로는 얼마나 잘 예측하지 못하는지 확인해 볼 수 있을 것입니다. 인생을 살아가면서 마음이 예측하는 것과 실제로 일어날 일들을 구분하는 것이 필요하다는 사실을 기억하길 바랍니다.

이제 마음이 어떻게 지어내는지 바라보는 두 가지 방법, 즉 과거의 생각과 지금의 생각을 나누어 살펴보겠습니다.

과거의 경험부터 시작해 봅시다. 어떤 일이 분명히 일어날 것이라고 생각했지만, 실제로는 그렇지 않았던 때를 생각해 보세요. 그때의 경험을 곰곰이 생각해 보세요.

이제 당신이 상상했던 일과 실제로 일어난 일에 세심하게 주의를 기울이면서 당시의 마음이 어떻게 지어냈는지 솔직하게 적어 보세요. 그 마음이 지어낸 것과 실제로 있었던 일의 차이를 확인해 보세요. 특히, 당신의 마음이 틀렸거나 부정확하게 지어낸 부분을 주목하세요.

이번에는 지금 당신을 화나게 만드는 일을 생각해 보세요. 이를 깊이 생각하면서 당신의 마음이 그것의 미래에 관해 어떤 말을 하는지 주목해 보세요. 당신의 마음은 무엇을 어떻게 지어내고 있나요? 아래에 적어 보세요.

이제 바로 앞에서 떠올린 일에 대해 방금 적은 내용과 완전히 다른 미래를 상상해 보고, 그 내용을 아래에 적어 보세요.

앞에서 떠올린 분노 사건에 관해 적은 두 가지 미래와 완전히 다른 또 다른 시나리오를 써 볼 수도 있습니다. 원하는 대로 자유롭게 적어 보세요. 마음은 미래의 시나리오를 지어내는 데 능숙하며, 모든 종류의 미래를 지어낼 수 있습니다. 중요한 것은 마음이 이를 지어내고 있다는 사실입니다.

이제 최소한 화가 난 행동 때문에 자신의 소중한 가치를 잃지 않을 만큼은 마음이 지어낸 것들로부터 탈융합해야 합니다.

이번 연습에서는 마음이 미래를 어떻게 지어내는지 살펴보았습니다. 여기서 중요한 점은 마음이 지어내고 있다는 사실을 알아차리는 것입니다. 마음은 모든 종류의 미래 결과를 상상합니다. 문제는 마음이 상상해서 지어낸 것과 실제로 일어나는 일이 거의 일치하지 않는다는 것입니다. '마음이 지어낸 시나리오와 실제 일어난 일이 거의 비슷한데?'라는 생각이 들더라도 마찬가지입니다. 아무리 상상력이 풍부해도 미래를 알 수는 없습니다. 마음이 지어내고 있는 것들을 실제로 일어날 일이 아닌, 그저 마음의 소리로 구분해 보는 것은 가치에 기반한 선택을 하는 데 도움이 될 것입니다.

마음은 반추한다

마음은 생각, 장면, 또는 사건을 반복해서 검토하는 데 매우 능숙합니다. 특히 감정적으로 힘들거나 화나게 하는 일과 관련된 경우에 더 그렇습니다. 예를 들어, 어떤 노래를 듣고 나서 그 노래가 한동안 머릿속에서 사라지지 않는 경험을 해 본 적 있을 것입니다. 노래 전체나 한 구절이 머릿속에서 반복되는 경험 말입니다. 머릿속에서 떨쳐내려고 아무리 애를 써도 쉽게 사라지지 않습니다. 그러다가 다른 일에 집중하다 보면 어느새 머릿속에서 그 노래가 사라지고 없습니다. 노래가 머릿속에서 맴도는 것은 비교적 흔하게 나타나는 현상입니다(오죽하면 수험생이 들으면 안 되는 노래라는 의미의 '수능 금지곡'이라는 신조어가 생겨날 정도입니다). 마음은 이처럼 반복하는 것을 잘합니다.

이러한 현상은 노래뿐 아니라 다른 생각에서도 일어납니다. 어떤 사람들에게는 정말 고통스러운 일입니다. 이들은 강박장애obsessive-compulsive disorder를 진단받을 정도로 특정 생각이 반복되어 고통을 겪습니다. 아마 당신도 강박장애에 관해 들어본

적이 있을 겁니다. 사람들은 누구나 스트레스를 야기하는 생각을 합니다. 가스 밸브 또는 현관문을 잠그지 않고 나온 것 같다거나, 심하게는 사랑하는 사람에게 안 좋은 일이 생길 것 같다는 생각에 시달리는 경우도 있습니다.

강박장애의 더 큰 문제는 그런 생각에 강박적으로 반응하게 한다는 것입니다. 가스 밸브가 잠겨 있는지 확인하기 위해 하루에 수백 번씩 확인하거나, 나름의 규칙에 따라 현관문을 열 번씩 잠그고 자물쇠를 돌릴 때마다 숫자를 세면서 확인하기도 합니다. 선을 밟으면 가족 중 누군가가 허리를 다칠 수 있다는 미신적인 생각에서 빠져 길을 갈 때 절대 선을 밟으면 안 된다는 강박을 느낄 수도 있습니다. 이런 생각은 아이들이 장난칠 때 떠올리는 생각이지만, 강박장애를 앓는 사람들에게는 그 생각이 강박으로 변하고 결국 삶에 큰 영향을 미치게 됩니다.

이는 여러 가지 면에서 분노와 관련이 있습니다. 분노를 느꼈던 사건과 그 상황에 대처하기 위해 했던 행동에 온통 마음을 뺏길 수 있습니다. 그 문제가 마음속에서 반복되어 재생됩니다. 무슨 일이 있었는지, 무슨 일이 일어날 수 있었는지, 무엇이 분노를 일으켰는지 계속 반추합니다. 분노에 관한 생각이 마음속에서 멈추지 않습니다.

자신의 생각을 관찰해 보면 이러한 생각은 잠시 스쳐 지나가고 이내 다른 생각에 빠진다는 것을 알 수 있습니다. 물론 지나간 분노와 관련된 생각이 다시 떠오를 수도 있습니다. 생각은 파도처럼 들어오기도 하고 나가기도 한다는 사실을 기억하세요. 강박장애 환자가 치료를 받으면서 자신의 생각에 따라 행동하지 않는 방법을 배우는 것처럼, 당신도 탈융합 기술을 사용해 생각에 따라 행동하지 않는 방법을 익히길 바랍니다. 이제 반추의 측면에서 융합을 알아차리는 마지막 연습을 해 봅시다.

[연습 5.3] 마음이 어떻게 반추하는지 알아차리기

이 연습에서는 분노에 대한 반추를 평가하는 척도를 사용합니다.

화가 났던 일을 떠올려보고, 그 일을 간단히 요약해 적어 보세요. 그런 다음 그 사건과 관련된 구체적인 생각도 적어 보세요. 사건에 대한 생각뿐 아니라, 다른 사람에 대한 평가까지 무엇이든 적을 수 있습니다. 그 생각은 단순한 한 가지 생각일 수도 있고, 분노했던 일과 관련된 전반적인 생각일 수도 있습니다.

이제 첫 번째 척도에서 분노 사건을 반추하는 데 소요된 시간에 'X'를 표시하세요. 두 번째 척도에서는 분노 사건과 관련된 생각이 마음속에서 반복된 횟수에 'X'를 표시하세요. 정확할 필요는 없습니다. 반추하는 시간을 측정하고, 생각의 횟수를 세는 것이 쉽지는 않지만, 최대한 가깝다고 느끼는 곳에 표시하면 됩니다.

첫 번째 사건: ____________________

그 사건과 관련된 생각: ____________________

0=그 사건을 곱씹으며 생각하는 데 시간이 거의 걸리지 않음
10=그 사건을 곱씹으며 생각하는 데 시간이 매우 많이 걸림

0 ——————————————————► 10

0=그 사건이 머릿속에 한 번 스쳐 지나감
10=그 사건이 머릿속에 매우 반복적으로 떠오름

0 ——————————————————► 10

이번에는 다른 분노 사건을 떠올리면서 동일하게 연습해 보세요.

두 번째 사건: ____________________

그 사건과 관련된 생각: ____________________

0=그 사건을 곱씹으며 생각하는 데 시간이 거의 걸리지 않음
10=그 사건을 곱씹으며 생각하는 데 시간이 매우 많이 걸림

0 ——————————————————► 10

0=그 사건이 머릿속에 한 번 스쳐 지나감
10=그 사건이 머릿속에 매우 반복적으로 떠오름

0 ——————————————————► 10

이제 다음 질문에 답해 보세요.

1. 그 일을 얼마나 오랫동안 생각했는지, 그리고 그 일을 얼마나 반복해 생각했는지가 실제로 일어난 일을 의미 있게 바꾸는 데 도움이 되었나요? 만약 그렇다면 어떻게 도움이 되었나요?

2. 그 일을 오랫동안, 또는 반복적으로 생각한 것으로 인해 좌절감이 생기지는 않았나요? 만약 그렇다면 어떤 느낌을 받았나요?

3. 그 생각을 멈추면 좋겠다는 마음이 든 적도 있었나요? 만약 그렇다면 그 마음이 들었을 때, 실제로 그 일에 대한 생각이 멈췄나요?

대부분은 분노를 반추한다고 결과가 크게 달라지지 않습니다. 또한 그 생각이 마음속에서 몇 번이나 반복되었는지, 그 생각을 하느라 얼마나 많은 시간을 소요했는지도 결과에 영향을 주지 못합니다. 그럼에도 마음은 반추합니다. 이런 측면에서, 탈융합은 큰 도움이 됩니다. 마음속에 일어나는 끊임없는 생각을 멈출 효과적인 방법은, 그 생각에 사로잡히지 않고 생각의 흐름을 부드럽게 관찰하는 것입니다.

생각과의 관계 변화시키기

사람들은 마음에 들지 않는 생각을 경험하면 그것을 없애려고 노력합니다. 자신의 마음이 제대로 작동하지 않는다고, 그래서 그것을 고쳐야 한다고 생각합니다. 당신도 이렇게 생각할지 모릅니다. '그래, 화를 내지 않는 방법은 화가 나는 생각이나 화와 관련된 생각을 하지 않는 거야.' 하지만 4장에서 배운 내용, 즉 생각하지 않으려고 노력할수록 생각이 더 떠오른다는 사실을 기억하시길 바랍니다. 이때 효과적인 방법은 생각하지 않으려고 노력하는 것이 아니라, 앞서 살펴본 것처럼 탈융합하는 것입니다.

생각으로부터 탈융합하는 방법

이제 생각으로부터 탈융합하는 세 가지 방법을 살펴보겠습니다. 이 방법은 분노를 극복하거나 다스리는 데 도움이 될 것입니다.

생각에 이름표 붙이기

첫 번째 전략: 생각에 이름표를 붙이는 연습입니다. 당신이 하고 있는 생각은 당신 스스로 하고 있는 것이 아니라, 당신의 마음이 하고 있는 것이라고 보는 것 입니다. 예를 들어, '나는 화를 참을 수 없다'라는 생각을 하거나, '나는 뭔가 해야 한다'라는 생각을 하는 상황에서 우리는 '나는 내가 화를 참을 수 없다고 생각하고 있다는 것을 알아차렸다'라고 말할 수도 있습니다. 앞서 살펴본 사례의 주인공 알렉스처럼 만약 당신이 다른 사람은 모두 틀렸다고 생각한다면, 알렉스와 달리 이렇게 말할 수 있을 것입니다. '나는 마리아가 틀렸다는 생각을 하고 있다.' 한 걸음 더 나아가 '나는 마리아가 틀렸다고 생각하고 있다는 것을 알아차렸다'라고 말할 수도 있습니다.

아래 빈칸에 분노와 관련된 생각을 채워 넣으며 연습해 보세요.

나는 ______________________________라는 생각을 하고 있다.
나는 ______________________________라는 생각을 하고 있다는 것을 알아차렸다.
나는 ______________________________라는 생각을 하고 있다.

나는 ____________________라는 생각을 하고 있다는 것을 알아차렸다.

이 연습을 모든 생각, 특히 분노와 관련된 생각에 적용하는 것을 시도해 보세요. 연습할수록 생각과 자신을 구분하고, 생각이 곧 자기 자신이 아님을 알아차리는 데 능숙해질 것입니다.

마음의 고유한 소리 확인하기

두 번째 전략: 화가 나거나 헤어 나올 수 없는 생각에 사로잡혀 있을 때 마음이 고유한 소리를 내는지 확인해 보세요. 예를 들어, 화가 났을 때 마음의 소리가 더 투덜거리거나 또는 소리가 더 커진다는 것을 알 수 있습니다. 만약 그 소리를 알아차렸다면, 평가하는 마음이나 다른 분노와 관련된 생각이 융합될 때마다 이렇게 흥얼거리거나 반복해서 말해 보세요. "내 마음이 지금 투덜거리면서 __________라고 말하고 있네"(마음이 투덜거리며 말하는 것을 빈칸에 넣어서 말해 보세요). 여러 번 반복하세요. 이 작업은 가볍게 놀이를 하듯이 생각으로부터 탈융합하는 방법입니다. 이는 마음이 반추하고 있을 때 특히 도움이 됩니다. 지금 바로 시도해 보세요. 바보같이 느껴지더라도 걱정하지 마세요. 그런 생각은 곧 탈융합이 일어날 가능성이 크다는 것을 의미합니다.

마음을 별개의 인격으로 여기기

세 번째 전략: 친구를 대하듯 마음에 이름을 붙이고, 마음의 의견을 들어 주는 것입니다. 이름을 붙인 당신의 마음, 예를 들어 카르멘Carmen이나 제리Jerry가 당신의 분노에 대해 무슨 말을 하고 있나요? 카르멘이나 제리가 당신에게 조언하는 것을 좋아하는 친구라고 상상해 보세요. 하지만 당신은 카르멘이나 제리와는 다른 존재라는 것을 기억하세요. 이들의 의견을 들을 수는 있지만, 반드시 그 의견을 믿거나 따를 필요는 없는 것입니다.

탈융합의 힘

매우 화가 났을 때는 마음을 현명하게 다루는 것이 어려울 수 있습니다. 때로는 분노에 사로잡혀서 마음속 생각에 완전히 갇힐 수도 있습니다. 그 생각에 따라 행동이 좌지우지되고, 때로는 눈이 멀어 그것이 가져오는 고통을 보지 못할 수도 있습니다. 생각에서 탈융합하는 것이 어렵게 느껴지더라도 걱정하지 마세요. 자신을 믿고 인내심을 가져 보세요. 시간이 좀 걸릴 수 있지만, 지금 당신은 자유를 얻겠다는 목표를 향해 나아가고 있습니다. 탈융합은 선택을 내리는 데 필요한 공간을 만들어 줄 것입니다.

생각은 삶에서 강력한 힘을 가질 수 있는데, 특히 생각과 융합된 상태로 당신을 사로잡고 압박할 때 더 강한 힘을 발휘합니다. 이때 생각을 있는 그대로 바라봄으로써 탈융합할 때 힘을 되찾아 올 수 있습니다. 계속되는 사고의 흐름을 그저 관찰할 때, 독재자처럼 군림하는 마음으로부터 자유로워지고 유연성을 갖게 됩니다.

[연습 5.4] 생각의 흐름 바라보기

[연습] 오디오 파일

조용한 장소에 앉아 당신의 생각을 관찰하는 연습을 해 봅시다. 전체 내용을 먼저 읽은 후 연습을 시작하세요. (이 연습의 오디오 버전은 QR코드를 활용하거나 https://blog.naver.com/beanalogue/223574815279에서 확인할 수 있습니다.)

먼저 심호흡을 하며 안정을 취해 보세요. 그런 다음 생각에 주의를 기울여 봅니다. 한 가지 생각이 떠오를 수도 있고 여러 생각이 오고 갈 수도 있습니다. 가능한 한 떠오르는 각각의 생각을 알아차려 보세요. 그 생각이 완전한 형체를 갖추게 된 것을 알아차리면 곧바로 '생각'이라는 이름표를 붙이고 속으로 부드럽게 '생각'이라는 단어를 속삭여 보세요. 다른 생각이 떠오르거나 형체를 갖추기까지 기다렸다가 다시 '생각'이라고 이름을 붙이고 속삭여 보세요.

생각을 관찰하다 보면 생각이 작은 조각처럼 빠르게 떠오르기도 하고, 크고 완전한 형체를 갖추기도 한다는 점을 알아차려 보세요. 생각이 마음속을 질주하는 기차처럼 느껴질 수도 있습니다. 때로는 부드러운 꽃잎이 흩날리는 것처럼 느껴질 수도 있습니다. 그것들을 분석하거나 붙잡으려 하지 마세요. 믿거나 믿지 않을 필요도 없습니다. 그저 그런 생각들이 있음을 받아들여 보세요. 그리고 마음속 레이더를 조정해 떠오르는 생각들의 유형을 알아차려 보세요. 그것은 판단하는 생각인가요? 무겁거나 가벼운 생각인가요? 시끄럽거나 조용한가요? 생각의 말투는 어떤가요? 부드럽거나 거친가요? 생각을 부드럽게 흘려보내면서 마음속에 일어나는 생각들의 특성을 알아차려 보세요.

이 연습의 핵심은 생각에 사로잡히지 않고 있는 그대로 알아차리는 것입니다. 생각의 흐름 안에 있을 때(융합)와 생각의 흐름 밖에 있을 때(탈융합)의 차이를 느낄 수 있는지 확인해 보세요. 몇 분 동안 생각을 계속 관찰해 보세요. 나도 모르게 생각에 얽혀 있는 것을 알아차리게 되면, 다시 생각을 관찰하는 자세로 돌아오세요. 생각과 그 생각의 흐름을 관찰할 때 기억할 것은 그 생각에 따라 행동할 필요가 없다는 것입니다. 생각한다고 해서 반드시 무언가를 해야 하는 것은 아니며, 그 생각은 아무 의미가 없을 수도 있습니다. 당신은 마음을 가진 사람이지, 마음 자체가 아닙니다. 흘러가는 시냇물을 관찰한다고 시냇물 자체가 되지 않는 것과 같습니다.

판단하지 않고 자신의 생각을 관찰하는 것은 탈융합에 도움이 됩니다. 생각의 흐름을 부드럽게 관찰하는 방법을 익힐 수 있는 이러한 마음챙김 연습을 계속해 보세요.

분노를 부채질하는 생각들

앞서 언급한 바와 같이 마음은 우리 주변의 모든 것을 평가할 수 있습니다. 이는 도움이 되기도 합니다. 예를 들면, 위험을 찾아내는 데 도움이 됩니다. 평가하는 마음은 우리가 처한 상황을 평가함으로써 음식, 피난처, 안전을 찾는 데 도움을 줍니다. 이 필수 과정은 매우 빠르게 일어납니다. 사실 너무 빠르게 진행되다 보니 이러한 평가가 일어나고 있다는 것조차 인지하지 못합니다. 이러한 평가는 대부분의 경우 괜찮습니다. 하지만 화가 났을 때는 그 평가가 문제를 만들 수도 있습니다.

분노로 가득 찬 감정을 부채질하는 경향이 있는 특정한 유형의 생각이 있습니다. 화가 난 상태에서 자신이 지금 생각에 빠져 있다는 것을 많은 사람이 거의 알아차리지 못합니다. 분노한 생각에는 쉽게 사로잡히기 때문에 순식간에 융합이 일어납니다. 이런 생각에는 특유의 느낌이 있는 경향이 있습니다. 다음 연습을 통해 우리 안에 있는 사로잡히기 쉬운 생각들을 살펴보겠습니다.

[연습 5.5] 분노를 부채질하는 생각 인정하기

한 주 동안 일기를 써 보세요. 화가 날 때 그 화를 표출했는지 또는 억눌렀는지 일기장에 기록하세요. 한 주가 끝나면, 다음 질문에 답을 적어 보세요.

1. 분노의 순간에 어떤 생각을 했나요? 그 생각 중에 핵심적인 생각은 무엇이었나요?

____

____

2. 분노하는 상황에서 떠오르는 전형적인 생각이 있었나요?

____

____

3. 그 생각의 주제는 무엇이었나요? 이런 생각이 마음속에서 계속 맴돌았나요?

____

____

이제 당신이 발견한 주제들을 되돌아보면서, 다음 주제들과 유사한 점이 있는지 생각해 보세요.

· 상대방이 고의로 내게 손해(피해)를 입혔다.
· 상대방이 잘못된(부당한) 행동을 했으며, 그렇게 행동하면 안 됐었다.

당신만 이런 생각을 하는 것이 아니라는 점을 기억하세요. 이러한 생각은 분노하는 상황에서 자주 나타납니다. 당신이 옳은 상황에서도 이런 생각이 분노를 부추길 수 있다는 점에 주목하세요. 불을 끄기 위해서는 기름 붓는 것을 멈추어야 하는 것처럼, 분노를 다스리기 위해서는 분노를 부채질하는 생각으로부터 빠져나오는 것(탈융합)이 중요합니다.

분노를 부채질하는 생각: '해야 한다', '하지 말아야 한다'

마음은 정기적으로 다른 사람을 판단하고, 종종 그들의 행동을 옳고 그름의 잣대로 평가합니다. 또한 마음은 자신의 행동마저 옳고 그름으로 판단합니다. 무언가 또는 누군가에 대해 마음이 내린 판단은 논란의 여지 없이 확고해 보일 수 있고, 이 때문에 무언가를 해야 한다고 잘못 생각할 수도 있습니다. 그 생각에 따라 점잖은 목소리나 크고 거친 목소리로 다른 사람에게 특정한 방식으로 행동할 것을 요청하거나 명령할 수 있습니다. 다른 사람이 어떤 일을 어떻게 해야 하는지 계속 생각하는 자신을 발견할 수도 있습니다. 여기에 문제가 있습니다. 다른 사람들은 당신과 마찬가지로 자유로우며, 따라서 당신이 어떻게 생각하는지에 관계없이 자신의 행동을 선택할 권리가 있습니다. 이로 인해 갈등이 시작되고 분노가 개입되기 시작합니다.

알렉스의 사례로 돌아가 보겠습니다. 알렉스는 항상 다른 사람들의 행동을 판단했습니다. 그가 보기에 다른 사람들은 틀렸고 자신은 항상 옳았습니다. 이러한 융합이 이루어지면서 자신에게 그럴 만한 자격이 있다고 느꼈습니다. 그는 다른 사람들에게 "그건 그렇게 하면 안 돼! 내 말을 들어!"라고 자주 말했습니다. 알렉스는 자신의 생각에 융합되어 그것이 옳다고 여기면서 행동했지만, 결국은 스스로를 외롭게 만들었습니다. 하지만 탈융합 연습을 통해 알렉스는 자신을 사로잡고 있던 마음에서 벗어나 다른 사람들과 수용적이고 자유로운 방식으로 교류하기 시작했습니다.

분노를 부채질하는 생각: '도대체 왜?'

우리는 원인과 결과를 이해하는 것을 좋아합니다. 삶을 더 예측 가능하게 만들어 주기 때문입니다. 우리는 자신의 행동과 다른 사람의 행동을 명확히 하고 설명하기 위해 답을 찾는 데 마음을 기울입니다. 그러면 마음은 사건의 근본적인 원인을 찾아 끊임없이 '왜'라고 질문합니다. 어떤 일이 일어난 이유를 알고 싶어 하는 것은 본질적으로 잘못된 일이 아니지만, 분노의 측면에서 원인과 결과를 이해하려는 욕구는 세 가지 큰 문제를 일으킬 수 있습니다.

첫째, 어떤 일이 일어난 이유를 모를 때 우리는 다른 사람의 의도, 감정, 동기를 추측하려고 애쓰게 됩니다. 상대방의 마음을 읽으려고 노력하는 것입니다. 하지만 안타깝게도 이런 추측은 부정확한 경우가 많습니다. 분노는 이 같은 잘못된 가정에서 촉발될 수 있으며, 불필요한 고통을 초래합니다. 따라서 잘못된 가정으로부터 탈융합하는 것은 그러한 고통을 완화하는 데 유용합니다.

둘째, 우리는 감정적 고통에 대해 다른 사람들을 비난할 수 있습니다. 고통스러울 때 원인을 찾는 것은 당연합니다. 고통이 일어난 이유를 이해하는 것은 종종 고통을 완화하는 데 도움이 되기도 합니다. 하지만 고통으로 인해 다른 사람을 비난하는 것은 심각한 문제로 이어집니다. 고통에 대한 책임이 자신에게 있다거나, 고통을 주는 무언가에 대해 어찌할 수 없다는 것을 받아들이는 일은 상당히 어렵습니다. 그래서 우리 마음은 수동적이든 공격적이든 비난하기 시작합니다. 이런 비난으로부터 탈융합하는 것이 곧 해결책입니다.

셋째, 이유의 늪에 빠져 버릴 수 있습니다. 우리는 자신의 행동을 정당화하기 위해 이유를 만들어 냅니다. '당신이 나를 화나게 했기 때문에 내가 벽을 친 거야', '당신이 바보 같은 짓을 하니까 내가 자꾸 소리를 지르게 되잖아'처럼 말이지요. 이러한 습관은 많은 문제를 일으킵니다. 아무리 좋은 이유가 있더라도 그 이유가 행동을 만들어 내지는 않습니다. 분노나 분노에 대한 생각 자체가 주먹으로 벽을 치게 하지 않으며, 상대방이 바보 같다는 생각 자체가 소리를 지르게 하지 않습니다. 사실 어떤 생각도 그 자체로는 행동을 일으키지 않지만, 융합으로 인해 마치 생각이 행동을 일으키는 것처럼 보입니다. 다시 말하지만, 탈융합이 해결책입니다.

요약

생각과 융합되면 유연성을 발휘하기 어렵습니다. 융합이 선택의 폭과 대안을 볼 수 있는 능력에서 멀어지게 하기 때문입니다. 탈융합 연습은 분노를 억누르거나 표출하지 않으면서 분노와 관련된 생각을 갖는 방법을 배우는 데 중요한 부분이 될 것입니다. 이 장에서 소개한 연습을 정기적으로 실천하는 것이 좋습니다. 마음챙김 연습이 특히 도움이 될 것입니다. 당신의 생각을 생각 그 자체로 관찰하고, 생각의 지속적인 흐름에 주목하세요. 이러한 연습은 분노와 관련해 경험하는 문제 행동을 극복하는 데 큰 도움이 될 것입니다. 앞으로 배울 분노를 관리하는 다른 기술들에도 탈융합은 필수적이며 도움이 될 것입니다. 이제 다음 기술인 조망수용perspective taking 및 더 큰 자기감sense of self과 만나기로 넘어가겠습니다.

6장

나는 누구인가?: 더 큰 자기감과 만나기

모든 태도 속에 있는 사랑받길 원하는 마음을 숨기느라,
모든 분노 속에 있는 상처를 숨기느라,
그리고 모든 슬픔 속에 있는 시간이 충분하지 않을 것이라는 두려움을 숨기느라
우리는 많은 에너지를 낭비하곤 합니다.
– Mark Nepo, 『The Book of Awakening』

벤Ben과 리디아Lydia는 벤의 요청에 따라 부부 상담을 받게 되었습니다. 처음에 그는 치료받고 싶은 마음이 조금도 없었습니다. 하지만 결혼 생활에 일어나고 있는 일을 해결할 다른 방법이 없다고 느끼게 되었습니다. 벤은 항상 성급했지만, 시간이 지날수록 더 참을성이 없어지고 있었습니다. 동시에 아내는 침착하게 일을 처리하지 못하는 그의 행동에 점점 더 짜증을 냈으며, 날카롭게 반응했습니다. 벤은 분노 폭발로 인한 문제의 심각성 때문에 아내와의 관계가 멀어지고 있다는 것을 알고 있었습니다. 치료 시간에 아내와 대면할 때 그는 이렇게 말하곤 했습니다. "내가 이런 사람인 걸 어떡하라고. 타고나기를 괴팍하게 태어났다고. 나도 어쩔 수 없어. 당신이 그냥 참고 살던가, 아니면 떠나는 수밖에."

리사Lisa는 불안과 관련해 도움을 받기 위해 치료를 받으러 왔습니다. 그녀는 군중

속에서 쉽게 불안해지고, 필요한 상황에서도 쉽게 나서서 말하지 못하는 자신에 대해 화가 나곤 했습니다. 그녀는 자기 자신에게 짜증이 나고, 자신의 행동을 스스로 이해할 수 없다고 치료사에게 설명했습니다. 그녀는 불안해할 필요가 없다는 것을 알면서도 불안함을 느꼈습니다. 리사는 자신을 분쟁을 일으키거나 다른 사람들을 불편하게 만들지 않는 '착한 소녀'라고 묘사했습니다. 그녀는 항상 부드럽게 말하고 기다렸는데, 더 많은 이야기를 하고 싶거나 주도권을 잡고 싶을 때 불안감을 느낀다는 것을 알아차렸습니다. 몇 번이고 그녀는 사람들로부터 도망치듯 나왔으며, 그런 상황에서 불안감을 느끼는 자신에게 화를 내곤 했습니다. 리사는 자신처럼 착하게 살아온 사람이 이런 고통을 겪는 것이 불공평하다고 호소했습니다.

자신에 대한 설명과 자기 자신을 혼동하는 경우

앞에서 살펴본 두 가지 사례는 자기에 대한 설명descriptions of the self과 자기 자신을 혼동하는 좋은 사례입니다. 5장에서는 언어를 통해 마음이 어떻게 발달하는지, 그리고 마음이 발달되면 얼마나 많은 것을 하는지 배웠습니다. 예를 들어, 마음은 평가하고, 지어내고, 반추할 수 있습니다. 이들 각각은 마음이 작동하는 방식입니다. 그 과정의 일부로 마음은 또한 우리가 누구인지에 대한 정체성identity이나 일관된 이야기coherent story를 만들어 내기도 합니다. 분노와 관련해 이러한 이야기는 주로 과거의 행동과 후회에 관한 것입니다. 즉, 통제해야 할 필요성에 관한 이야기입니다.

뉴스 진행자를 예로 들어 이 문제에 대한 이해를 넓혀 보겠습니다. 리사가 뉴스 진행자라고 가정해 봅시다. 리사에게 자신을 설명해 보라고 한다면, 뉴스 진행자로서 자신에게 들어오는 정보들을 잘 요약해 전달하는 사람이라고 설명할 것입니다. 또한 "저는 뉴스를 소화해 내는 사람입니다"라고 말하며 뉴스를 다루고 소화하는 것이 얼마나 중요한지 설명할 것입니다. 혹은 뉴스에서 다룰 새로운 자료들을 연구하는 저널리스트라고 자신을 설명하거나, 진실을 파헤치기 위해 기꺼이 위험을 감수하는 파수꾼이라고 설명할 수도 있습니다. 어쨌든 리사는 뉴스 진행자입니다.

리사에 대한 이러한 설명은 모두 사실일 수 있습니다. 누구도 리사가 자신을 설명하고 묘사한 것에 이의를 제기하지 않을 것입니다. 하지만 리사가 아무리 이런 측면을 자신의 핵심 정체성으로 여긴다 해도, 우리는 리사가 뉴스 진행자 그 이상의 존재임을 잘 압니다. 리사는 뉴스 진행자이기도 하지만 딸, 어머니, 여동생, 지역사회 구성원, 아내로서 주위 사람들을 연결하는 훌륭한 가교 역할을 하기도 합니다. 그녀는 이처럼 많은 정체성을 가지고 있습니다. 즉, 리사는 뉴스 진행자라는 역할을 포함해 그녀의 삶에서 다양한 역할을 하고 있습니다.

리사가 뉴스 진행자로만 살아간다면 자신을 뉴스 진행자로 표현하는 것은 문제가 되지 않습니다. 하지만 뉴스 진행자와 자신을 동일시하느라 다른 역할을 모두 잃어버린다고 생각해 봅시다. 이로 인해 관계에 어려움을 겪기 시작할 것입니다. 남편, 가족, 지역사회 구성원에게 마치 뉴스를 진행하듯 행동할 수 있습니다. 초대받은 파티에서 다른 사람들과 뉴스에 관해서만 이야기하느라 모든 시간을 보낼지도 모릅니다. 무엇이 현명하고 진실한 것인지 다른 사람들과 논쟁을 벌이고, 뉴스에 별 관심을 기울이지 않는 사람들을 끊임없이 비난하고 멸시할 수도 있습니다.

여기서 중요한 문제를 발견할 수 있습니다.

이 이야기에서 리사는 자신의 한 가지 측면과 지나치게 동일시되었습니다. 그러다 보니 딸, 여동생, 아내, 지역사회 구성원으로서의 자기 모습을 잊어버렸습니다. 그리고 삶에서 다양한 역할을 맡을 능력도 잃었습니다. 유연성을 잃었으며, 상황 변화에 대한 적응력도 잃었습니다. 그 결과 리사는 주변 사람들로부터 핀잔을 듣거나 변화를 요구하는 말을 듣지 않으려 하고, 융통성 없는 경직된 행동을 보였습니다. 만약 리사에게 뉴스에 몰두하는 것 외에 다른 일을 해야 하는 상황이 발생한다면 매우 큰 어려움을 겪을 것입니다.

그런데 리사만 이런 일을 겪는 것이 아닙니다. 5장에서 마음이 만들어 낸 빨간색 색안경을 벗는 일이 얼마나 어려운지 살펴보았습니다. 우리는 저마다 다양한 정체성을 가지고 있으며, 누군가는 특정한 정체성이나 정체성의 특정한 부분에 갇혀 있습니다. 예를 들어, 리사가 뉴스 진행자는 항상 '현명하고 진실하다'라고 믿는다면, 그렇지 않은 자신의 다른 부분을 무시하면서 자신이 믿는 것에 갇히게 될 것입니다. 또한 다른 사람들이 그녀가 과잉 동일시하고 있는 측면을 시험해보려 한다고 느끼면 화를 내고, 융통성이 없어지며, 다른 측면으로 대응하지 못하고, 시야가 좁아져 다른 관점을 취할 능력을 발휘하지 못할 것입니다.

이 장의 첫 부분에서 보았던 벤과 리사 이야기로 돌아가 첫 단락을 다시 읽어 보세요. 두 사람이 각자 자신에 대한 정체성이나 묘사와 지나치게 동일시하는 함정에 빠져 있다는 것을 알 수 있을 것입니다. 벤은 '타고나기를 괴팍하게 태어난 사람'이라는 정체성에 빠졌고, 리사는 '착한 소녀'라는 정체성에 빠져 있습니다. 물론 벤과 리사가 자신을 표현한 말은 일부 맞는 말입니다. 하지만 전체를 놓고 볼 때 정확하다고 하기는 어렵습니다. 우리는 우리 자신에 대한 이러한 이야기에 너무 익숙해져서 습관처럼 동일시하는 경향이 있습니다. 동일시와 함께 다른 가능성이나 방법이 없다고 믿기도 합니다. 그 결과, 우리는 그보다 더 큰 존재임에도 동일시로 인해 우리에 대한 설명 자체가 마치 우리 자신인 것처럼 생각합니다. 이렇게 자신을 스스로 제한하고 융통성 있게 행동하지 못한다면 여러 갈등과 문제를 마주하게 되며, 이는 특히 분노와 관련된 상황에서 두드러집니다.

동일시로 인해 발생하는 문제

자신에 대한 설명이나 이야기와 동일시할 때 발생하는 두 가지 문제가 있습니다. 첫째, 5장에서 살펴본 것처럼 우리가 자신을 묘사할 때 사용하는 단어는 실제 우리 자신이 아니라는 점입니다. 예를 들어, 뉴스 진행자라는 단어는 리사가 아니고, 팔이나 다리처럼 리사의 존재 일부도 아닙니다. 따라서 그녀는 그 단어와 융합할 필요가 없습니다. 뉴스 진행자라는 단어는 단지 그녀의 직업을 나타내고 설명하기 위해 사용하는 용어일 뿐입니다. 마찬가지로 '타고나기를 괴팍하게 태어났다'와 '착한 소녀'라는 표현도 벤과 리사의 한 측면을 설명하는 데 사용된 용어일 뿐, 그들 자체를 의미하지는 않습니다. 즉, 벤과 리사는 이 용어들로부터 얼마든지 탈융합할 수 있습니다. 설명하기 위해 사용한 용어는 실제 자신과는 별개라는 점을 기억하십시오. 이 주제는 잠시 후 좀 더 폭넓게 살펴볼 것입니다.

둘째, 자신에 대한 설명과 동일시하는 것은 행동 변화를 제한합니다. 자신에 대한 설명에 동일시될수록 바꿀 수 있는 것이 없어 보입니다. 이는 벤의 사례를 통해서 잘 이해할 수 있습니다. 실제로 그는 아내에게 “나도 어쩔 수 없어. 당신이 그냥 참고 살던가, 아니면 떠나는 수밖에”라며 자신이 변하는 것은 불가능하다고 선언하기도 했습니다. 이는 아내를 힘들게 할 뿐 아니라 벤에게도 족쇄로 작용합니다. 괴팍하게 태어나 어쩔 수 없다는 말을 받아들이면 정말로 아무것도 할 수 없을 것 같습니다. 그의 분노를 참고 살든지, 그를 떠나든지 할 수밖에요. 이는 벤의 아내에게도 큰 고통이지만, 벤에게도 상당히 힘이 빠지는 일입니다. 만약 그가 치료받는 동안 변하고 싶다는 생각이 들더라도, 자신의 이야기와 자신을 동일시하는 마음이 그 변화의 가능성을 마비시킬 것입니다. 리사는 어떨까요? 그녀는 좋은 소녀가 되어야 하고, 그런 상황에서 다른 입장을 취할 힘이 없습니다. 하지만 벤과 리사는 하나의 정체성에 국한되지 않고 더 큰 범주의 자기감sense of self을 인식하게 된다면 도움을 얻을 수 있습니다.

이 장에서는 자유를 제한하고 행동 변화를 방해하는 것, 즉 자신에 대한 설명과 자신을 과도하게 동일시하는 것으로부터 벗어나고자 합니다. 지금까지 우리는 분노와 함께 지내는 다양한 방법을 이 책 전반에 걸쳐 소개하고 알아봤습니다. 이러한 방법들이 분노를 다루는 방식을 바꾸는 데 도움이 될 것이라고 생각합니다. 하지만 아직 더 많은 도움이 필요하다는 것도 알고 있습니다. 설명을 위해 사용한 용어와 실제 대상이 별개라는 것을 깨닫게 되면, 분노와 새롭고 다른 관계를 만들 수 있습니다.

때때로 변화를 가로막는 장애물은 우리가 자신에 대한 설명, 정체성, 그리고 정체성에 결부된 행동에 고착되어 있다는 점입니다. 그것이 곧 자기 자신이라고 생각하며, 그러한 행동을 이어 나갑니다. 자기 자신에 대한 설명에 얼마나 빠져 있는지, 정체성과 어떻게 융합되어 있는지 인식하기 시작하는 것은 매우 어려운 일이며, 이 과정에서 자신이 매우 연약하게 느껴질 수도 있습니다. 이 작업은 우리가 어떻게 자신을 설명하고, 그러한 설명에 어떻게 해로운 방식으로 매달리는지 솔직하게 살펴보는 것을 의미합니다. 이 작업을 수행하는 것만으로도 매우 큰 힘이 될 수 있습니다. 먼저 자신을 인식하고 자신에 관한 이야기에서 벗어나는 것은 훨씬 더 넓은 자신에 대한 감각(자기감), 즉 기존에 있던 자신에 대한 설명과 다른 행동을 자유롭게 선택할 수 있도록 자신에 대한 감각과 연결되는 과정이 됩니다. 먼저 정체성에 동일시하고 있는, 우리가 ‘작은 자아small self’라고 부르는 것을 살펴봅시다.

[연습 6.1] 나를 꼼짝 못 하게 하는 작은 자아 파악하기

분노를 느꼈던 몇 가지 상황을 떠올려 보세요. 누가 거기에 있었고, 무엇을 하고 있었는지 떠올리면서, 그 상황을 되돌아보세요. 그때 당신은 어떻게 행동했으며, 자신에게 뭐라고 말했나요?

여러 가지 분노 상황을 검토하면서 유사한 점이 있는지 살펴보세요. 그러한 상황에서 일어나는 일에 대해 자기 자신에게 했던 비슷한 말이 있는지 확인해 보세요. 화가 날 때 반복하는 행동이 있나요? 자세하게 살펴보고, 자신에게 솔직해져 보세요.

자기 자신에게 말한 것과 행동했던 것을 나열해 보세요. 그리고 그것을 캐릭터로 묘사해 보세요. 영화 캐릭터나 다른 캐릭터를 사용해 자신의 캐릭터를 묘사해 볼 수도 있습니다. 당신은 화가 나면 어떤 존재가 되나요? 당신을 꼼짝 못 하게 하고 자유를 빼앗는 그 정체는 무엇인가요? 아래에 그 캐릭터에 대해 적어 보세요.

예) 독불장군인 나는 화가 나면 물건을 던지거나 고함을 지른다.

이번에는 묘사한 캐릭터(즉 정체성)에 대한 감정적 반응에 주목해 보세요. 당신이 그 캐릭터가 되었을 때 경험한 감정적 반응을 아래에 적어 보세요.

방금 설명한 분노 캐릭터를 포함해 삶에서 당신이 가지고 있는 다른 정체성이나 역할을 나열해 보세요. 각각의 정체성(캐릭터)에 이름을 붙여 주세요. 생각할 수 있는 한 많이 적어 보세요.

나의 정체성(예: 남편, 아내, 애인, 언니, 오빠, 형, 요리사, 골프선수, 애견인 등):

1.	5.	9.
2.	6.	10.
3.	7.	11.
4.	8.	12.

마지막으로, 나열한 각 캐릭터를 살펴보세요. 캐릭터마다 나름의 설명과 이야기가 있는지 주목해 보세요. 각기 다른 역할을 할 때 당신이 어떻게 행동하는지도 살펴보세요. 또한 각각의 정체성이 당신에 대한 설명이지만, 그 어느 것도 당신을 정확하게 정의하지 않는다는 점에 주목하세요. 설명을 위한 용어와 실제 대상이 동일하지 않다는 점을 기억하세요. 이는 더 넓은 당신의 자기감을 설명하는 작은 부분일 뿐입니다.

이 연습을 하면서 설명 자체와 설명 대상이 서로 같지 않다는 점에 계속 초점을 맞추었습니다. 당신은 자신에 대한 여러 가지 묘사를 나열했고, 그중 어떤 것도 자신을 온전하게 정의할 수 없음을 알게 되었을 것입니다. '그렇다면 나는 누구인가?'라는 질문이 떠오를지도 모르겠습니다. 만약 당신이라는 존재가 당신이 가지고 있는 정체성이 아닌 무엇이라면, 그 무엇은 뭘 의미하는 것일까요?

더 큰 존재인 당신

인간은 어릴 때부터 자신의 경험을 묘사하고 이름 붙이는 방법을 배웁니다. 따라서 기억에서 과거의 경험을 꺼내 그 기억에 이름을 붙일 수도 있습니다. 경험하는 피부 감각에도 간지러움, 따가움 등의 이름을 붙일 수 있습니다. 그뿐 아니라 자신에 대해, 그리고 살고 있는 세상에 대해서도 이름을 붙일 수 있습니다. 슬픔, 기쁨, 분노처럼 자신의 감정에도 이름을 붙일 수 있습니다. 시간과 장소에 구애받지 않고 우리가 경험하는 것들을 정의할 수 있는 이 능력을 통해 조금 전에 확인한 '작은 자아'를 설명할 수 있습니다. 당신은 자신의 여러 가지 측면에 이름표를 붙이고 분류할 수 있으며, 실제로 이것이 자신을 이루는 것이라고 배웠습니다.

이런 종류의 학습은 자신의 분노 캐릭터를 설명하는 데 도움이 됩니다. 자신의 분노 캐릭터에 갇히거나 동일시하면 고통에 빠질 수 있다는 것입니다. [연습 6.1]에서 발견한 자신의 모습 중 하나에 빠질 수도 있습니다('독불장군인 나는 화가 나면 물건을 던지거나 고함을 지른다', '참는 것의 달인인 나는 아무리 화가 나도 결코 감정을 드러내지 않는다' 등).

우리는 모두 자신에 대한 설명에 매여 동일시합니다. 그리고 그 설명에 부합하는 행동을 하기도 됩니다. 모든 동일시가 반드시 문제가 되는 것은 아니고, 때로는 도움이 될 수도 있습니다. 예를 들어, 리사가 뉴스에 대해 많이 알고 주관적인 의견을 배제한 채 객관적으로 뉴스를 전달한다는 이유로 자신을 현명하고 진실하다고 생각한다면, 자신에 대한 이 설명은 인기 있고 신뢰받는 뉴스 진행자가 되는 데 도움이 됩니다. 하지만 리사가 항상 뉴스 진행자 역할만 하려 하거나 이 정체성에 얽매이면 문제가 발생하기 시작합니다. 계속 뉴스를 전달하는 것이 도움이 되지 않을 수도 있습니다. 이로 인해 주위 사람들에게 잘난 체 하는 성가신 사람으로 보일 수 있습니다. 만약 리사가 "왜 맨날 뉴스 얘기만 얘기하나요?"라는 질문을 받는다면, 그녀는 "저는 뉴스 진행자니까요"라고 대답할지도 모릅니다. 이는 자신의 정체성을 믿고서 그것이 다른 맥락에서 보여 줄 수 있는 자신의 많은 모습을 놓쳐 버리는 것입니다. 그러나 리사에 대한 설명과 리사 자체는 별개라는 점을 기억하세요.

설명하는 표현과 실제 대상을 구분하지 못하면 정체성에 얽매이는 문제가 발생합니다. 예를 들어, [연습 6.1]에서 적은 캐릭터 중 분노에 관한 캐릭터에 얽매여 있다면, 리사의 사례와 마찬가지로 다른 많은 모습을 놓치는 대가를 치러야 할지도 모릅니다. 자신에 대한 설명에 매여 있을 때는 그 설명처럼 행동하는 것 외에는 다른 대안이 없다고 느낄 수 있습니다. 심지어 자신의 분노 행동을 여러 가지 이유로 정당화할 수도 있습니다. 그래야 자신이 더 강하게 느껴지거나, 덜 약하게 느껴지기 때문입니다. 이에 대해 자세히 살펴봅시다.

[연습 6.2] 분노 캐릭터의 행동 파악하기

이 연습에서는 [연습 6.1]에서 만든 캐릭터의 행동을 자세히 살펴볼 것입니다. 먼저 아래에 당신이 화가 났을 때 보여주는 모습을 잘 나타내는 분노 캐릭터의 이름을 적어 보세요.

'화난 모습'의 캐릭터 이름: ______________________

당신이 이 캐릭터에 빠져 있을 때 주로 나타나는 행동을 아래에 적어 보세요. 그리고 각 행동에 대해 그 행동을 해야 한다고 압박을 느끼는 정도를 1~3점 척도로 평가해 보세요.

척도

1=내 행동을 통제할 수 있으며, 이런 행동을 해야 한다고 느끼지 않는다.
2=때때로 내 행동을 통제할 수 있으며, 때때로 이런 행동을 해야 한다고 느낀다.
3=내 행동을 통제할 수 없으며, 이런 행동을 꼭 해야 한다고 느낀다.

화난 모습의 캐릭터에 빠져 있을 때 보이는 행동	점수
예: 목소리가 커진다.	3
1.	
2.	
3.	

4.	
5.	
6.	
7.	

나열한 행동을 다시 보면서 이런 행동이 '화난 모습'의 캐릭터와 얼마나 관련이 있는지 살펴봅시다. 아마도 그 캐릭터와 행동이 거의 같다는 것을 알 수 있을 것입니다. 마치 설명하는 표현과 실제 대상이 같은 것처럼 말입니다. 하지만 조금 더 자세히 살펴봅시다. 당신은 정체성과 행동이 별개라는 것을 알고 있습니다. 즉, 화난 모습의 캐릭터는 당신의 정체성 중 하나이지만, 당신은 그보다 더 큰 존재입니다. 그 존재는 생각, 느낌, 감각, 정체성 중 어느 하나에 빠져서 행동하지 않고, 그것들을 그냥 관찰할 힘이 있습니다.

관찰자로서 자기

만약 당신에 대한 설명이 당신 자체가 아니라면, 당신은 누구일까요? 당신의 작은 부분들(작은 자아들)보다 더 큰 존재라면, 어떤 존재일까요? 여기서는 '관찰자로서 자기'라고 부르는 것을 소개하고자 합니다. 관찰자로서 자기를 설명하는 것은 쉽지 않습니다. 이것 역시 이에 관한 설명과 동일한 것이 아니기 때문입니다.

관찰자로서 자기는 우리 자신의 다른 작은 부분들보다 훨씬 더 큽니다. 관찰자로서 자기는 우리 자신에 대한 설명이나 정체성을 알아차리는 한 부분이라고 할 수 있습니다. 자신의 삶에서 뚜렷한 역할이나 다양한 정체성을 가지고 있다는 것을 알고 있는 부분입니다. 관찰자로서 자기는 자신의 생각, 느낌, 감각, 행동을 알아차리는 부분입니다. 즉, 알아차림 그 자체라고 할 수 있습니다.

알아차리는 역할을 하는 관찰자로서 자기와 만나는 것은 매우 중요합니다. 알아차림이 변화를 가능하게 하기 때문입니다. 만약 당신이 당신의 작은 부분들보다 더 큰 존재라면, 당신에 대한 개별적인 이야기(그리고 그에 수반된 감정이나 느낌)보다 더 큰 존재라면, 그것들로부터 자유로워질 수 있을 것입니다. 자신이 경험하는 대로 반응하지 않고 그저 알아차리게 됩니다. 즉, 자신의 경험을 있는 그대로 관찰하게 됩니다. 경험은 당신에서 일어나지만, 당신이 경험 그 자체는 아닙니다. 이런 관점에서 분노를 알아차리고, 문제 되는 행동을 하지 않기로 선택할 수 있습니다. 더 넓은 자기감과 마주함으로써 개별 정체성에 얽매인 것으로부터 자유로워질 수 있습니다. 그렇다고 개별 정체성이 사라지는 것이 아닙니다. 당신의 정체성, 생각, 느낌, 감각은 모두 관찰자로서 자기라고 하는 특정한 공간에 있습니다.

달리 말하면, 당신이 경험한 것이 곧 당신 자신을 의미하지는 않습니다. 생각이나 느낌이 당신을 의미하는 것도 아닙니다. 당신이 느끼는 감각, 당신에 대한 설명, 당신이 눈으로 보는 것, 마음속으로 상상하는 것도 당신의 존재를 의미하지 않습니다. 당신은 이것을 모두 합친 것보다 더 큰 존재입니다. 여기서 가장 중요한 핵심은 당신의 분노가 곧 당신 자체가 아니라는 점입니다. 관찰자로서 자기는 분노를 포함한 모든 경험을 그저 관찰하는 곳입니다. 이 공간에서는 여러 가지 경험이 역동적으로 일어납니다. 그리고 당신은 이 관찰자로서 자기를 통해 이 심리적 공간에 들어와 알아차리는 능력을 발휘합니다. 이에 관해 좀 더 알아보겠습니다.

[연습 6.3] 관찰자로서 자기와 만나기: 하늘, 날씨

이 연습은 두 단계로 구성되어 있습니다.

[연습] 오디오 파일

1단계: 방해받지 않고 편안하게 앉아 눈을 감을 수 있는 조용한 장소를 찾으세요. 그런 다음 아래 지침을 읽고, 몇 분간 조용히 앉아 지침 내용을 떠올리며 상상해 봅니다. 만약 날씨가 맑다면, 자유롭게 밖으로 나가 파란 하늘을 올려다보며 연습해도 좋습니다. 몇 분 후 감았던 눈을 뜨고, 자신의 경험을 글로 쓰면 됩니다. (이 연습의 오디오 버전은 QR코드를 활용하거나

https://blog.naver.com/beanalogue/223574815279에서 확인할 수 있습니다.)

푸른 하늘을 올려다보고 있다고 상상해 보세요. 하늘의 멋진 색깔, 광활함, 그리고 사방으로 펼쳐진 모습에 주목하세요. 1~2분 정도 푸른 하늘과 멋진 자연을 마음에 담아 보세요.

이제 당신이 그 하늘이 되었다고 상상해 보세요. 당신은 넓고 탁 트인 공간이 되었습니다. 당신이 하늘이 되었다고 느끼도록 최대한 노력해 보세요.

이제 계속해서 당신의 생각(당신에 대한 설명), 느낌, 감각, 정체성(작은 자기)이 날씨라고 상상해 보세요. 그리고 날씨가 어떻게 변하는지 주목해 보세요. 구름이 지나가고, 폭풍도 왔다가 사라집니다. 번개가 번쩍이고, 하늘이 밝았다가 다시 어두워지기를 반복합니다. 구름이 솜사탕처럼 뭉쳤다가 흩어지고, 빗방울이 하늘에 흩날리기도 합니다. 그러다가 어느새 햇살이 쨍쨍 내리쬡니다.

날씨가 이렇게 변하는 중에도 하늘은 변하지 않고 항상 그대로 있습니다. 날씨는 변하지만, 하늘은 여전히 푸르고 넓고 광활합니다. 아무리 날씨가 나빠지더라도 하늘을 잠시 가릴 뿐, 하늘에 영향을 주지는 못합니다. 아주 거센 비가 내려도, 폭풍이 몰려와도, 겨울 눈보라가 휘몰아쳐도 하늘에 아무런 영향을 주지 못합니다. 아무리 날씨가 나쁘고, 구름이 많이 끼고, 거센 바람이 불어도 하늘은 모든 것을 허용하며 그저 있을 뿐입니다. 결국 날씨는 항상 변합니다.

가끔 자신이 하늘이라는 것을 잊을 수도 있지만, 당신은 언제나 하늘로서 그곳에 있습니다. 맑고 확 트인 하늘은 사방으로 끝없이 펼쳐져 있고 깨끗합니다. 이곳이 관찰자로서 자기, 당신의 경험이 일어나는 공간입니다. 하늘이 구름이나 폭풍이나 바람이 아닌 것처럼, 당신 역시 당신의 생각이나 감정이나 감각이나 정체성이 아닙니다. 하늘에 구름이 떠 있는 것처럼 당신에게도 생각, 감정, 감각, 정체성이 떠 있을 뿐 그것이 당신은 아닙니다. 당신은 당신이 경험하는 것보다 더 큰 존재입니다.

이제 알아차림 그 자체였던 당신의 한 부분과 만난 경험을 아래에 적어 보세요.

1. 무엇을 느꼈나요?

___

___

___

2. 생각과 감정을 당신과 분리해 관찰할 수 있었나요?

3. 관찰자로서 자기와 만난 것이 당신의 분노 경험에 어떻게 도움이 될 수 있다고 생각하나요?

2단계: 이번에는 당신을 화나게 만드는 상황을 떠올려 보세요. 그 분노가 하늘에 있는 폭풍에 불과하다는 것을 관찰자로서 단지 바라본다고 상상해 보세요. 이 관점에서 전체 상황을 관찰하고, 당신이 그 분노의 정체성보다 더 큰 존재라는 것을 알아차려 보세요. 폭풍은 왔다가 사라지고, 심해졌다가 잠잠해지기도 합니다. 아무 반응도 할 필요 없이 그저 그것을 지켜보세요. 몇 분 정도 시간을 내어 그 분노 캐릭터에 빠지지 않은 상태로 자신이 경험한 것을 그저 관찰해 보세요. 그냥 알아차리고 허용하는 것입니다. 이 과정이 끝나면, 아래 질문에 답을 적어 보세요.

1. 하늘이 되어 그 폭풍을 관찰하면서 깨달은 것이 있나요?

2. 그 분노에 빠지지 않은 상태로 그것을 그저 알아차릴 수 있었나요? 만약 가능했다면 그 경험을 적어 보세요. 만약 불가능했다면, 당신에게 무슨 일이 일어났던 것 같은지 적어 보세요. 어떤 것이 융합되어 관찰자/하늘로서 경험을 잃은 것인가요?

짧은 순간이라도 당신의 경험을 알아차리는 더 큰 자기감과 만났기를 바랍니다. 그 공간에는 다른 행동을 선택할 수 있는 여지가 있습니다. 당신은 당신의 분노 정체성이 아니기 때문에 반드시 분노 정체성에 따라 행동할 필요도 없습니다.

만약 이런 자기감을 더 자주 더 수월하게 만날 수 있다면 어떨까요? 그렇다면 관찰자로서 자기는 당신에게 더 도움이 되는 관점, 즉 골치 아픈 생각과 감정으로부터 탈융합할 가능성을 열어 줄 것입니다. 하늘처럼 변하지 않는 자기감을 인식하고, 구름, 폭풍, 바람과 같은 일시적인 현상을 그저 관찰할 수 있을 것입니다. 이 공간에서는 경험에 얽매이지 않고 자신의 경험을 관찰할 수 있습니다. 이곳에서는 생각과 감정이 행동을 통제하지 않기 때문에 의식적인 선택이 용이해집니다. 이 주제는 전념행동을 다루는 8장에서 더 자세히 다루겠습니다.

열린 자세로 알아차리는 삶

지금까지 생각, 느낌, 감각 등을 관찰하는 관찰자로서 자기를 알아보았습니다. 그 결과 '당신은 어떤 존재인가?'라는 질문에 한 걸음 더 가까워졌습니다. 이 질문에 대해서는 사실 어떤 대답도 충분하지 않습니다. 그 대답으로 당신의 존재를 규정지을 수 없기 때문입니다. 대신 스스로 이런 질문을 해 볼 수 있습니다. '나는 어떤 존재가 되고 싶은가?' 자신의 감정과 생각 경험을 알아차리면서 이에 대해 열린 자세로 사는 것은 다른 삶을 사는 자유를 줍니다. 더는 생각과 감정의 노예가 되지 않게 됩니다. 분노에 사로잡히지도 않습니다. 자신의 가치와 일치하는 방식으로 자유롭게 행동할 수 있습니다. 열린 자세로 알아차리는 삶을 살 수 있습니다.

[연습 6.1]에서 기록한 것처럼 문제 되는 행동, 분노 및 분노에서 비롯된 정체성으

로 이어지는 경험에 반응하지 않고, 자신의 경험을 그저 알아차리면서 살기 위해서는 연습이 필요합니다. 하늘로서 자신 또는 관찰자로서 자신을 의식하며 살기 위해서는, 정기적으로 속도를 늦추고 관찰자로서 자기에 연결되어야 합니다. 이를 위해서는 현재 순간에 살면서 자신의 경험을 알아차릴 수 있어야 합니다. 이러한 인식을 실천하려면 노력이 필요하지만, 그 보상은 매우 클 것입니다. 분노가 당신의 주인이 되는 것이 아니라, 당신이 분노의 주인이 될 것입니다. 당신의 무한한 가능성을 상상해 보세요.

연습에 도움이 되는 또 다른 관찰자로서 자기 연습을 소개합니다.

[연습 6.4] 관찰자로서 자기와 만나기: 온전함, 안정됨

편안하고 조용한 장소를 찾습니다. 먼저 아래 내용을 모두 읽은 후 지침을 따라 연습해 보세요. 눈을 감거나 뜬 상태로도 연습해도 좋습니다. (이 연습의 오디오 버전은 QR코드를 활용하거나 https://blog.naver.com/beanalogue/223574815279에서 확인할 수 있습니다.)

[연습] 오디오 파일

먼저 호흡에 주의를 집중하세요. 호흡하면서 느껴지는 감각을 알아차려 보세요.

호흡에 주의를 기울이면서 호흡을 관찰하는 자기 자신도 느껴 보세요. 지금 호흡을 관찰하는 '나'가 있습니다. 당신은 지난주에도 숨을 쉬었고, 1년 전에도 숨을 쉬었습니다. 지금까지 살면서 계속 숨을 쉬었습니다. 그리고 당신이 숨을 쉬고 있다는 것을 알아차리는 당신이 있습니다.

호흡에서 몸으로 주의를 확장해, 몸이 다양한 감각을 느끼고 감정을 경험하는 것을 알아차려 보세요. 분노나 분노와 관련된 것을 포함해 모든 감각과 감정을 그저 알아차려 보세요. 분노 밑바닥에 숨어 있는 감정도 알아차려 보세요. 때로는 기쁨, 사랑, 행복을 느꼈다는 점도 알아차려 보세요. 당신은 지금까지 살면서 이런 느낌과 감정을 경험해 왔습니다.

주의를 좀 더 확장시켜 지금까지 가 보았던 다양한 장소를 떠올려 보세요. 그곳의 날씨나 계절도 떠올려 보세요. 그 장소와 계절을 떠올리며, 그곳에 있었던 자기 자신을 지금 현재의 내가 관찰하고 있음을 알아차려 보세요. 그때의 나를 지금의 내가 알아차립니다.

다시 주의를 돌려 지난 한 해 동안 당신이 했던 일들을 떠올려 보세요. 시간을 거슬러 올라가 지난 5년 동안 했던 일들을 떠올려 보세요. 더 나아가 청소년 시절과 유년 시절을 떠올릴 수도 있습니다.

시간을 거슬러 올라가면서 그 기억을 회상하고 있는 존재가 당신 자신임을 알아차려 보세요. 당신은 지금 더 큰 자기감으로 그 기억을 바라보고 있으며, 알아차리고 있습니다. 이 관찰자로서 자기는 모든 상황과 모든 호흡 속에 존재했고 지금 여기에 있습니다. 이는 시간과 공간에 구애받지 않고 사방으로 뻗어 있습니다. 그리고 안정되고 온전합니다. 이것은 알아차림 그 자체입니다.

이제 다음 질문에 대답해 보세요.

1. 연습을 하면서 무엇을 알아차렸나요? 몸과 마음에서 어떤 것을 경험했나요?

2. 이 안정감과 온전함의 공간에서 다시 삶 속으로 돌아간다면, 어떤 모습으로 돌아가고 싶은가요?

3. 이러한 더 큰 알아차림을 통해 분노와 관련된 위험한 행동으로부터 해방감을 경험할 수 있었나요? 만약 그럴 수 있다면, 분노가 일어날 때 어떤 다른 행동을 할 수 있을까요?

분노에 사로잡히지 않고 알아차림의 공간에서 자신의 경험을 관찰할 수 있을 때,

우리는 항상 존재하던 더 큰 자기감을 깨달을 수 있습니다. 이 공간은 항상 존재해 왔고, 영구적이며, 온전합니다. 분노도 이곳을 침범하거나 통제할 수 없습니다.

요약

더 큰 자기감과 알아차림은 자유를 줍니다. 이 공간에서 당신은 생각, 감정, 감각, 정체성과 구분되는 자기 존재를 만날 수 있습니다. 이곳에는 항상 그곳에 있던 당신의 자기감, 안정적이면서도 온전해 모든 경험을 허용하는 자기감을 만날 수 있습니다. 이 공간을 깨닫는 순간 어떤 존재가 되고 싶은지, 어떤 삶을 살고 싶은지 선택할 수 있습니다. 그리고 마침내 자신이 원하는 모습의 존재로 거듭나게 될 것입니다. 이 공간에서는 열린 자세로 알아차리는 삶을 살 수 있습니다. 행동도 변화시킬 수 있습니다. 이제 행동 변화에 관해 다룰 차례입니다. '나는 누구인가?'라는 질문 대신 '나는 어떤 삶을 살고 싶은가?'라고 묻는 것은 삶을 긍정적으로 변화시키고, 분노가 더는 주인 노릇을 하지 않게 하는 방법이 될 것입니다. 이를 위해 다음 장에서 가치에 기반한 삶을 알아보겠습니다.

7장

진정으로 중요한 것

하늘에 떠 있는 모든 것은 결국 저 광활한 지평선을 이루게 됩니다.
당신의 내면 세상이 그런 것처럼요.
그것들을 가리키다 보면 장엄한 하늘을 마주하게 되는 것처럼
당신의 마음속에서 밝게 빛나고 있는 이루 다 말할 수 없는 자유의 감동을 만나게 될 것입니다.
– David Whyte

메리Mary는 32세로 현재 뇌암을 앓고 있습니다. 그녀는 여러 차례 수술을 받았고, 지금은 항암화학요법을 받고 있습니다. 메리와 릭Rick은 오랜 관계를 유지해왔습니다. 그녀의 가족은 멀리 떨어져 있기 때문에 전화하는 것 외에는 암 투병 중인 그녀를 돌보기 어렵습니다. 게다가 메리는 혼자 있는 것에 익숙하고, 자급자족하고 있으며, 독립심도 강합니다. 하지만 암 발병은 그녀가 어디까지 혼자서 견딜 수 있는지 시험하는 듯했습니다. 그녀는 살면서 이런 어려움을 겪어 본 적이 없었고, 다른 누군가에게 도움을 구해야 하는 낯선 상황에서 어려움을 겪고 있었습니다. 메리는 이 딜레마에 상당히 화가 난 상태였는데, 릭이 메리를 도와주려고 할 때마다 메리는 릭을 모질게 대했습니다. 예를 들어, 릭이 의사에게 데려다주겠다고 하면 그녀는 화를 내며 이렇게 말했습니다. "내가 바보 등신인 줄 알아? 그런 건 나 혼자서도 할 수 있다고!"

메리는 자신에게 일어나고 있는 일에 대해 화가 났습니다. 또한 자신이 약하고 도움이 필요한 상태라고 느껴지는 것에도 화가 났습니다. 그녀는 죽는 것이 두렵습니다. 그래서 릭을 사랑하지만, 릭과 더 가까워지기를 바라지만 아이러니하게도 그를 밀어내고 있습니다. 가끔 그녀는 치료받은 다음 릭에게 해 줄 수 있는 것이 거의 없다는 점을 걱정합니다. 릭에게 상처를 주는 것도, 자신의 독립성을 잃는 것도 두렵습니다.

그럼에도 불구하고 메리가 자신에게 가장 중요한 것과 연결되어 있다면, 그녀는 릭과 의미 있게 연결될 수 있습니다. 메리는 이 순간순간을 소중히 여기고, 릭이 자신을 기다려 주는 것에 감사함을 느낄 수 있습니다. 또한 이 시간 동안 메리는 자신의 삶이 살만하다는 것을 느끼고, 화를 내는 행동에 대해 변화를 일으키는 동기도 얻을 수 있습니다.

인생의 나침반 찾기

분노는 대가를 초래합니다. 자신과의 관계를 손상시키고, 다른 사람들과의 관계도 손상시킵니다. 대인관계에서 분노는 해로운 방식으로 작용하며, 분노의 대가도 더 큽니다. 우리는 모르는 사람이나 친하지 않은 사람에게는 화를 내더라도 여전히 그들과 관계를 유지하곤 합니다. 물론 그들의 행동에 실망하거나 부정적으로 평가하기도 하지만 말입니다. 하지만 우리가 아끼고 사랑하는 사람들에게 분노를 느낄 때는 더 큰 대가를 치릅니다.

그럼에도 불구하고 갈등과 분노는 가장 가까운 관계에서 흔히 나타난다는 것을 기억해야 합니다. 분노의 감정은 피할 수 없습니다. 실제로 친밀한 관계에서 분노가 꼭 나쁜 것은 아닙니다. 앞 장에서 살펴본 것처럼 분노 자체가 문제가 아니라, 이 분노를 어떻게 다루고 어떻게 반응하느냐가 문제입니다. 메리의 경우, 분노가 그녀 자신을 휘두르고 주변 사람들을 밀어내게 만들었기 때문에 문제가 되었습니다. 그녀는 소리 지르고 따졌습니다. 이로 인해 그녀는 가장 소중한 관계에서 어려움을 겪고 있었습니다. 이는 그녀가 정말로 원하는 것, 즉 릭과 더 다정한 관계가 되는 것을 방해했습니다.

만약 메리가 만약 자신의 약점을 드러낼 수 있다면, 분노와의 관계도 개선될 수 있습니다. 이전 장에서 본 것처럼, 그녀 역시 자신의 반응 유형을 깨닫고, 자신이 연약하다고 느끼는 느낌에 열린 자세를 가지며, 자신의 생각으로부터 탈융합하고, 그녀의 감정이 오르락내리락하도록 허용하는 방법을 배울 수 있습니다. 그녀는 자신을 고통스럽게 만들고 있는 '혼자서 다 할 수 있는 사람'이라는 정체성을 내려놓고, 이 정체성에 얽매여 필요한 도움을 구하지 못하고 있다는 것을 깨달을 수 있습니다. 그 열려 있는 알아차림의 공간에서 메리는 선택할 수 있습니다. 그리고 이 책을 읽고 있는 당신도 마찬가지입니다.

당신도 이전 장에서 배운 것들을 연습함으로써 자기 자신과 타인, 그리고 이 세상에 어떻게 반응할지 선택할 수 있습니다. 분노가 당신을 폭발시키거나 억누르게 하는 것으로 몰아가지 않는다면, 대신 무엇이 당신을 앞으로 나아가게 할까요? 이제 그것에 대해 다루고자 합니다. 이 장에서는 자신의 인생 나침반을 탐구하고, 자신에게 가장 가치 있는 것을 행동에 반영하도록 변화하는 데 도움이 되는 의미를 찾을 것입니다. 이 과정에서 자신의 가치를 분명히 하고 정의 내릴 수 있게 될 것입니다. 당신도 메리처럼 지나간 분노의 감정보다 훨씬 더 깊은 무언가에 이끌렸을 가능성이 있습니다. 메리의 사례에서 이것은 사랑받는 것이었습니다. 자신의 경험을 위한 공간을 만들고, 그것을 알아차리면서 의식적으로 살아갈 때, 우리는 자유롭게 자신의 길을 선택할 수 있습니다.

개인적 의미 탐색하기

분노는 삶을 살아가는 데 필수적인 여러 감정 중 한 부분입니다. 예를 들어, 분노는 우리가 원하는 것을 무언가가 가로막고 있다는 것을 알게 해 줍니다. 이러한 좌절 상황에서는 자연스럽게 분노가 일어납니다. 이 자연스러운 경험은 그것이 우리의 행동을 지배하는 게 아니라면 적이 아닙니다. 하지만 분노에 휩싸이고 이 감정에 빠져 버린다면 우리는 길을 잃게 됩니다. 더 이상 '의미'라는 나침반을 따라가지 못하게 됩니다. 분노를 표출하거나 억누름으로써 우리 경험을 통제하려고 노력하게 될 뿐입니다.

그러면 그 감정에 사로잡히게 되고, 그 결과로 고통을 겪게 됩니다. 하지만 이 책에서 배웠듯이 대안이 있습니다.

앞서 연습한 것들을 계속 연습하면서 지금 이 순간에 더 머무르게 되면, 분노와 연결된 행동 패턴을 더 쉽게 멈출 수 있습니다. 그러면 더 의식적으로 살기 시작하며, 온전하고 안정적인 자기감을 더 크게 느낄 수 있습니다. 자신이 분노보다 더 큰 존재라는 넓은 관점에서 자신이 소중하게 여기는 가치에 따라 행동하게 됩니다. 이때 중요한 질문은 다음과 같습니다. '더는 분노가 행동 방식을 결정하는 게 아니라면 어떤 행동을 선택할 것인가? 그 행동은 무엇에 관한 것인가?'

여기서는 개인적인 목적과 의미를 탐구해 볼 것입니다. 당신이 삶에서 중시하는 것을 위해, 당신이 선택한 행동을 통해 만들어 낼 수 있는 것은 무엇일까요?

[연습 7.1] 의미 있는 순간과 접촉하기

이 연습에서는 인생에서 가장 뚜렷한 기억, 특히 소중하게 간직하고 있는 특별한 순간을 떠올려 볼 것입니다. 인생의 여러 시기를 떠올려 보고, 시기마다 특정한 이유로 특별하게 느끼는 사건들을 가능한 한 구체적으로 기억해 보세요. 아마도 살아 있고 활력 넘치게 느꼈거나, 지금과 연결되어 있다고 느낀 순간일 수 있습니다. 그 시기에 고통스러운 일이 있었다 해도 시기별로 소중히 간직하고 있는 기억을 선택해 보세요. 기억이 떠오르면 시간을 충분히 갖고 그때 일을 최대한 구체적으로 떠올려 보세요. 당시에 일어났던 일들을 최대한 생생하게 느끼도록 집중해 보세요. 눈을 감으면 기억이 더 선명하게 떠오를 것입니다. 그 당시의 광경, 소리, 감정 경험을 떠올리며 기억에 몰입해 보세요. 기억을 모두 떠올렸다면 그 경험에 대해 적어 보세요.

시점 1: 어린 시절의 소중한 기억을 하나 고르세요. 그 기억을 탐색한 후, 그 기억과 경험에 대해 적어 보세요. 생각, 감각, 감정을 모두 포함해서 적어 보세요.

____

____

____

____

시점 2: 청소년 시절의 소중한 기억을 하나 고르세요. 그 기억을 탐색한 후, 그 기억과 경험에 대해 적어 보세요. 생각, 감각, 감정을 모두 포함해서 적어 보세요.

시점 3: 성인 시절의 소중한 기억을 하나 고르세요. 그 기억을 탐색한 후, 그 기억과 경험에 대해 적어 보세요. 생각, 감각, 감정을 모두 포함해서 적어 보세요.

이제 세 가지 기억을 하나하나 되새기면서, 무엇이 각 기억을 소중하게 느끼도록 만들었는지 생각해 보세요. 이 기억들이 당신에게 정말 중요한 의미를 지니나요? 이 기억들 속에서 일어난 일들이 당신의 삶을 의미 있게 만드는 것인지 생각해 보세요. 기억들 간에 공통점이 있나요? 특히 중요한 주제가 있나요? 그렇다면 그것을 적어 보세요. 기억 이면에 있는 의미를 살펴보면서 당신이 중요하게 여기는 가치가 드러나기 시작하는지도 확인해 보세요.

당신이 적은 것은 우리가 '가치'라고 부르는 것의 씨앗입니다. 그것은 당신이 가치 있게 생각하는 것을 보여 줍니다. 그 기억들에서 의미 있는 것이 무엇인지, 자신에게 중요한 게 무엇인지 설명하는 적절한 단어를 찾기가 어려울 수도 있습니다. 만약 그렇다면 [연습 7.2]에 있는 단어 목록을 미리 살펴본 다음 이 연습으로 돌아오세요. 당신이 살펴본 기억에서 가치가 나타나는 것을 보는 것은 그 가치를 더 분명히 하도록 도와줄 것입니다.

이 장에서 중요한 질문이 하나 있습니다. '우리의 삶은 분노와 같은 내적 경험에 의해 결정되는가? 아니면 우리가 중시하는 가치에 의해 결정되는가?' 소중한 순간을 기억하는 시간을 가지면, 자신에게 가장 중요한 것이 무엇인지 찾을 수 있습니다. 삶에서 의미 있는 것이 무엇인지 확인하고, 자신의 가치를 정의하기 시작할 수 있습니다. 자신이 중시하는 것을 이해한다면, 그것을 통해 행동도 결정할 수 있습니다.

우리의 감정적 경험은 오르락내리락하면서 변하지만, 본질적 가치(관심이나 열정, 식욕을 의미하는 것이 아님)는 일정하게 유지됩니다. 가치는 나침반이 가리키는 방향과 같습니다. 그것은 항상 당신의 진정한 목적지, 곧 인생에서 의미 있는 것이 무엇인지 가리킵니다. 그리고 그 여정에 감정이 함께합니다. 실제로 나침반이 가리키는 방향을 따라가다 보면 기쁨과 고통을 포함해 모든 종류의 감정이 생겨날 것입니다. 이에 대해 좀 더 알아보겠습니다.

가치에 기반한 삶

가치는 삶의 방향, 의미, 목적을 부여합니다. 또한 감정에 이끌린 행동에서 벗어나 진정으로 중요한 일에 소중한 에너지와 시간을 쏟도록 돕습니다. 인간이 유한한 존재라는 점을 고려할 때 가치에 기반한 삶의 중요성은 더 분명해집니다.

인생은 짧다

작가 스티븐 빈센트 베네Stephen Vincent Benet는 “생명은 죽음으로 사라지는 것이 아니라, 매 순간 조금씩 사라지고 있다”라고 말했습니다. 끔찍한 말처럼 들릴 수 있지만, 실제로 우리는 매 순간 죽음에 조금씩 더 가까워지고 있습니다. 인생은 짧다는 것과 매 순간 죽음에 다가가고 있음을 알아차리는 것은 삶에서 의미 있는 것을 향해 방향을 잡는 데 도움이 됩니다. 인생에서 변치 않는 사실 하나가 있다면, 인간은 모두 죽는다는 것입니다. 죽음에 관한 이야기를 꺼내는 이유는 어두운 측면이 아니라 더 의미 있는 것을 강조하기 위함입니다. 즉, 살아가는 동안 어떻게 행동할 것인지가 중요하다는 것입니다.

‘시간이 금보다 더 값지다’라는 말이 있습니다. 사실 우리는 더 많은 시간을 원합니다. 하지만 시간은 항상 흐릅니다. 절대로 시간을 소유하거나 통제할 수 없습니다. 시간을 벌 수도, 시간을 훔칠 수도 없습니다. 우리의 동의 여부와 상관없이 흘러갑니다. 이 피할 수 없는 사실을 고려하면 시간에 대한 단 한 가지 질문이 남습니다. ‘시간을 어떻게 보낼 것인가?’

분노가 우리 자신과 주변 사람들에게 미치는 영향을 고려할 때, 시간을 어떻게 보낼 것인지는 굉장히 중요한 질문이 됩니다. 우리가 어떻게 행동하고, 시간을 보내며, 무엇을 하느냐에 따라 우리의 의미와 목적이 결정됩니다. 우리의 행동은 곧 우리의 가치를 나타냅니다. 몇 가지 더 중요한 질문이 있습니다. ‘나에게 남은 시간을 어떻게 보낼 것인가?’, ‘그 시간을 내게 가장 중요한 것을 위해 사용할 것인가?’

분노를 없애기 위해 애쓰는 것을 내려놓고, 분노를 표출하거나 억누르는 것에서 벗어날 때 가치에 기반한 삶으로 자유롭게 전환할 수 있습니다. 분노나 다른 감정을 해결하기 위해 애쓸 필요가 없습니다. 당신은 당신의 가치에 따라 살 수 있습니다. 즉, 당신으로서 살 수 있습니다.

가치를 향한 여정을 시작하면서, 가치의 특성을 자세히 살펴보겠습니다.

가치의 특성

가치의 한 가지 본질적인 특성은 결코 끝나지 않는다는 것입니다. 이것은 시간이 지나도 존재하며, 당신의 시간 속에서 항상 함께할 것입니다. 이 가치를 나침반의 방향에 비유하면 이해가 쉬울 것입니다. 나침반을 따라 동쪽으로 향한다고 해서 '동쪽'이라는 이름의 지역에 도착하는 것은 아닙니다. 우리가 살고 있는 이 둥근 지구에서는 동쪽을 향해 계속 나아갈 수 있을 뿐입니다. 마찬가지로 당신 역시 자신의 가치에 도달할 수는 없습니다. 단지 가치에 부합하는 일을 계속하며, 삶에서 그 가치를 얻기 위해 계속 노력하는 것만 가능합니다.

가치는 인생에서 나아갈 방향을 찾고, 시간을 어떻게 보내고 싶은지 알게 해 주는 지속적인 원천입니다. 예를 들어, 좋은 부모나 친구가 되는 것에 가치를 두고 있다고 해 봅시다. 이 경우 좋은 부모나 좋은 친구가 되는 일은 결코 끝나지 않습니다. 그러나 여정의 다양한 순간과 상황에서 더 좋은 부모나 더 좋은 친구가 되기 위해 할 수 있는 일은 늘 존재합니다. 안타깝게도 분노는 행동으로 표출하든 억누르든 이러한 특성을 방해합니다. 즉, 가치에 기반한 삶을 방해하고, 당신이 정말로 가고자 하는 방향으로 가는 것을 방해합니다.

가치가 삶의 방향과 같다는 점을 이해하는 것은 두 가지 측면에서 도움이 됩니다. 첫째, 가치와 목표의 차이를 아는 데 도움이 됩니다. 둘째, 가치는 결과가 아닌 과정이기 때문에 상황이 힘들거나 어려울 때도 항상 구체적인 방향을 향해 나아갈 수 있습니다.

가치와 목표의 차이

가치와 달리 목표는 달성할 수 있습니다. 예를 들어, 당신이 동쪽을 향해 가고 있으며, 네브래스카주 링컨에 들르는 것이 목표라면 그 목표를 달성할 수 있습니다. 네브래스카주 링컨에 도착할 수 있습니다. 하지만 나침반은 여전히 당신이 나아갈 동쪽을 가리키고 있을 것입니다. 만약 사랑한다는 가치를 위해 노력하고 있다면, 사랑하는 사람에게 "사랑합니다"라고 말하는 것이 목표가 될 수 있습니다. 그러나 분노와 융합되어 사랑하는 사람에게 그 마음과 반대되는 방식으로 행동한다면, 목표를 이루고 가치대로 살아갈 기회를 놓치게 됩니다. 시간은 항상 흐르고, 인생은 짧다는 것을 잊지 마세요.

목표와 가치를 구별하는 한 가지 방법은 달성이 가능한 것인지 확인하는 것입니다. 목표는 달성하는 것이 가능합니다. 장기적인 목표라면 시간이 걸릴 수 있지만 여전히 달성할 수 있습니다. 작거나 단기적인 목표도 중요하며, 모두 달성할 수 있습니다.

가치와 연결된 목표의 사례를 살펴보겠습니다. 만약 친절함을 가치로 삼는다면, 그 가치를 드러내는 목표를 이웃에게 선물을 주거나 인사하기, 계산대에서 점원과 눈을 마주치며 감사 인사를 건네기 등으로 정할 수 있습니다. 친절함의 가치를 나타내는 이 목표들은 모두 달성할 수 있는 것입니다. 선물을 줄 수 있고, 인사할 수 있으며, 눈을 마주치며 감사를 표할 수 있습니다. 그럼에도 불구하고 당신은 여전히 더 많은 친절을 베풀 수 있습니다. 이것이 목표와 가치의 차이입니다.

[연습 7.1]에서 발견한 가치 중 하나에 대해 연습한다고 상상해 봅시다. 그리고 아래에 이번 연습에서 다루고 싶은 가치를 한 가지 적어 보세요.

____

이제 그 가치를 드러내는 목표 목록을 만들어 봅시다. 목표는 수행하거나 달성할 수 있는 것이라는 점을 기억하세요. 또한 그 목표들은 당신의 가치를 실현하기 위해 하는 행동이라는 점도 명심하세요. 다음 표에 목록을 작성해 보세요.

내가 선택한 가치를 드러내는 목표	
1.	4.
2.	5.
3.	6.

전념행동에 초점을 맞춘 8장에서 목표와 그 목표에 관련된 행동을 계속 탐구할 것입니다. 여기서는 먼저 자신의 가치를 명확히 하고 가치의 특성을 알아봄으로써 가치에 기반한 삶을 살 수 있는지 확인해 볼 것입니다. 가치는 과정입니다. 즉, 우리가 사는 동안 항상 함께하며 추구해야 할 것입니다.

가치 실현을 위한 선택

가치를 실현하는 삶을 살기 위해서는 항상 선택해야 합니다. 우리는 언제든지 가치에 기반한 행동을 선택할 수 있습니다. 이는 분노를 표출하거나 억누르는 것이 인생에서 중시하는 것으로부터 멀어지게 한다는 점을 생각할 때 특히 중요합니다. 우리가 지적한 것처럼 분노는 당신이 중요하게 여기는 가치를 빼앗아 갈 수 있습니다. 당신으로 하여금 소중한 누군가를 때리거나, 던지거나, 소리 지르거나, 표출하거나, 억누르는 행동을 하게 만들 수 있습니다. 하지만 실수 이후에도 가치를 선택할 기회는 늘 있습니다.

가치가 당신의 행동을 가치에 부합하는 방향으로 인도하는 중에 분노가 끼어들어 잘못된 방향으로 향하고 있다는 것을 알아차릴 때는 즉시 방향을 바꿀 수 있다는 사실을 기억하는 것이 중요합니다. 무엇이 진정으로 중요한지 기억하고, 가치에 따라 살도록 선택하며, 가치에 기반한 길로 한 걸음 다가가면 됩니다. 자신의 감정을 알아차리는 연습을 하다 보면 더 나은 선택을 할 수 있습니다. 분노라는 감정에 덜 사로잡힐수록 가치에 기반한 길을 더 자유롭게 선택할 수 있습니다.

가치에 따라 행동하기 시작하더라도 여전히 실수할 수 있습니다. 여전히 분노를 느끼고, 이를 표출하거나 숨기려고 애쓸 수 있습니다. 하지만 열린 자세로 알아차리는 연습을 하다 보면, 분노가 더는 당신을 통제하지 못하고 반대로 당신이 행동을 통제할 수 있게 될 것입니다. 그러면 언제든지 자신의 가치에 따라 무엇을 할지 선택할 수 있게 됩니다.

당신을 화나게 하는 사건을 떠올려 보십시오. 그 분노가 나타나려는 순간, 당신은 선택할 수 있습니다. 지금까지 이 책을 읽으면서 분노를 관찰하고, 또 이런 일이 발생할 때 자신의 감정과 감각을 알아차리는 연습을 해 왔습니다. 이제 그 사건을 떠올리면서 여러 가지 가능성을 생각해 보십시오. 당신은 알아차렸고, 선택할 수 있습니다. 예를 들어, 분노를 유발한 진짜 이유가 감정적 고통이나 상처를 피하는 것이라면, 당신이 중요하게 여기는 가치를 따라 오히려 진실하게 행동할 수 있습니다. 이 경우, 진실하다는 것은 상처받은 감정을 드러내고, 아픈 것에 대해 말하는 것을 의미합니다. 감정을 표출하거나 숨기지 않고도, 그것을 드러내는 선택을 함으로써 당신에게 의미 있는 행동을 할 수 있습니다.

가치를 선택하는 데 중요한 또 다른 측면이 있습니다. 그 가치는 당신의 고유한 가치라는 점입니다. 당신은 어떤 가치로 살아갈 것인지 직접 결정할 수 있습니다. 가치를 선택하는 데는 옳고 그름이 없습니다. 결과만 있을 뿐입니다. 당신의 가치는 부모님의 가치와 같을 수도 있고, 아닐 수도 있습니다. 친구의 가치와 같을 수도 있고, 아닐 수도 있습니다. 사회 공동체의 가치와 같을 수도 있고, 아닐 수도 있습니다. 당신의 가치는 그냥 당신의 가치입니다. 당신은 어떤 가치를 선택할 것입니까?

만약 확신이 서지 않는다면 [연습 7.1]로 돌아가 어떤 가치를 발견했는지 확인해 보십시오. 또는 목록에 있는 가치들을 확인하고, 당신에게 부합하는 것에 동그라미를 표시할 수도 있을 것입니다. 그럼에도 여전히 당신의 가치로 적절한지 확신이 들지 않는다면 이렇게 스스로 질문을 해 보세요. '내가 그 가치를 중시한다는 것을 아무도 알아주지 않는다 해도 이 가치를 선택할 것인가?' 만약 이 질문에 '그렇다'라고 답하면, 그것은 당신이 중요하게 여기는 가치입니다.

[연습 7.2] 더 넓은 범주의 가치와 만나기

당신이 생각하는 가치에 동그라미를 표시해 보세요. 마음에 와닿는 것을 최대한 많이 선택하고, 빈칸에 새로운 가치를 추가해 보세요.

사랑	친절	관대함
진실함	모험	정직함
공헌	충성	신용
정의	자율성	창의성
존중	호기심	성취
성장	자비	결단력
끈기	조화	

이러한 가치들이 얼마나 오래 지속될 수 있는지, 삶의 어느 시점에서든 자유롭게 선택할 수 있는 것인지 생각해 보세요. 인생이 짧다는 사실을 고려할 때, 삶이라는 여정에서 자신이 선택한 가치에 따라 자신에게 의미 있는 것을 만들며 사는 것은 매우 중요합니다.

가치에 따라 살 기회는 어디에서나 찾을 수 있습니다. 때때로 일상을 살면서 자신의 가치에 따라 살고 있지 않다고 느낄 수 있습니다. 하지만 삶의 매 순간 어떤 행동을 취할 것인지 선택할 수 있으며, 자신의 가치에 부합하게 행동할 기회가 계속 주어집니다.

어디에 가치를 두어야 하는가?

가치는 삶 어디에든 둘 수 있습니다. 하지만 가족, 친밀한 관계, 양육, 우정, 사회생활, 교육, 일, 취미, 영성, 공동체, 신체 건강, 환경과 자연 등 대부분이 의미를 두는 영역을 주목해 봅시다. 펜을 들고 당신에게 가장 중요한 세 가지 범주(앞 문장)에 밑줄을 그어 보십시오. 이 모든 범주에 관심이 있을 수도 있습니다. 괜찮습니다. 하지만 가치에 따라 살고자 하는 계획을 처음 세우는 것이라면 몇 가지 영역으로 좁혀서 시작하는 것이 더 간단하고 쉽습니다. 가장 중요한 것은 분노로 인해 고통을 겪고 있는 범주를 살펴보는 것입니다. 그런 범주에 가치를 두고 가치에 따라 살기 시작하면 분노가 남기는 상처를 더 빨리 치유하고 회복하는데 도움이 됩니다. 그리고 나중에 언제든지 더 많은 범주로 확장할 수 있습니다.

[연습 7.3] 표현적 글쓰기로 가치 탐색하기

이 연습에서는 가치를 삶에 온전히 반영한다는 것이 무엇을 의미하는지에 관해 글쓰기를 해 볼 것입니다. 아래 질문을 읽고 대답을 적어 보세요. 꼭 순서대로 답할 필요는 없으며, 마음에 드는 질문부터 대답해도 됩니다.

이 연습은 방해받지 않을 수 있는 개인 시간이 충분할 때 하는 것이 좋습니다. 답을 쓸 때는 각 질문을 곱씹을 때 감정에서 일어나는 경험과 모든 감각을 포함해야 합니다. 질문을 읽고 바로 답을 쓰되, 최대한 솔직하고 자연스럽게 적어 보세요. 맞춤법이나 분량은 신경 쓰지 말고, 자유롭게 원하는 만큼 적어 보세요. 글을 쓸 공간이 부족하면 다른 종이에 적어도 좋습니다. 가치를 탐색하는 이 연습이 당신에게 의미 있고 동기를 부여하는 기회가 되기를 바랍니다.

1. 당신이 소중하게 여기는 가치와 지금까지 이 책을 통해 연습한 것들을 생각해 볼 때, 앞으로 온전히 가치에 기반한 삶을 사는 것이 가능해 보이나요? 특히 화가 나는 상황에서 그것이 가능할까요? 분노가 아닌 가치에 따라 행동한다면, 삶의 어떤 영역에 그 활력을 불어넣고 싶은가요?

2. 분노에 기반한 삶이 아니라 가치에 기반한 삶을 사는 것이 당신에게 얼마나 중요한 일인가요? 이 연습을 하는 데 있어 분노와 관련된 어떤 장애물이 있을까요? 인생이 얼마나 짧은지 감안할 때, 그 장애물들이 변할 가능성이 있나요?

3. 가치에 기반한 삶을 현재 만족스러울 만큼 충실하게 살고 있나요?

4. 매일의 삶에서 어떤 존재로 살고 싶나요? 각 삶의 순간에 어떤 것이 함께하면 좋겠다고 생각하나요?

5. 분노 때문에 힘들어하는 당신에게 가치에 기반한 삶을 어떻게 살고 있는지 적어 보라고 한다면, 뭐라고 적을 것 같은가요? 그 삶은 당신이 원하는 삶인가요?

6. 당신의 분노를 고려할 때, 가장 가까운 사람들이 당신을 어떻게 묘사할 것 같나요? 인생의 마지막 순간에 사람들이 당신을 어떤 모습으로 기억해 주길 바라나요?

7. 만약 당신이 어떤 존재라도 될 수 있다면, 죽은 후에 어떤 존재로 기억되고 싶나요?

질문에 답한 내용들을 살펴보면서 가치에 기반한 삶이 갖는 희망을 생각해 보길 바랍니다. 언제든지 가치를 선택할 수 있다는 점에서 가치에 기반한 삶은 희망을 줍니다. 즉, 지금 이 순간에도 당신은 변할 수 있으며, 당신에게 가장 의미 있는 방향을 선택해 나아갈 수 있습니다. 당신의 가치가 당신의 삶을 인도할 것입니다.

요약

가치를 정의하고 명확히 하는 것은 오래 지속되고 의미 있는 변화를 만드는 데 매우 중요합니다. ACT에 있는 가치에 기반한 연습은 당신의 삶에 강력한 영향을 미쳐, 분노 행동으로 인한 문제들을 치유하는 데 도움을 줄 것입니다. 이는 단순히 분노를 표출하지 않거나, 분노를 억제하지 않는 수준의 변화를 말하는 것이 아닙니다. 우리가 말하는 변화는 자신에게 가장 의미 있는 것, 삶의 목적과 연결된 변화입니다. 자신의 행동이 자신의 가치와 연결되고 분노와 같은 감정에 지배받지 않게 된다면, 삶에서 추구하는 의미가 펼쳐지기 시작할 것입니다. 이 공간에서 당신은 더는 반응만 하는 존재가 아닙니다. 선택하고 행동합니다. 분노의 늪에서 빠져나와 자유로워지고, 삶이라는 소중한 시간에 자신이 가장 중요하게 여기는 것들을 자유롭게 할 수 있습니다.

다음 장에서는 가치에 기반한 삶을 살아가는 데 필요한 '전념'을 살펴보고, 삶에서 이를 실천할 수 있도록 도울 것입니다.

8장
중요한 것을 위하여 행동하기

변화는 첫걸음,
두 번째나 세 번째 걸음이 아닌 첫걸음으로 시작합니다.
당신과 가장 가깝지만 때로는 내딛기 정말로 어려운 그 걸음,
하지만 그것이 가장 중요한 걸음임을 우리는 알고 있습니다.
– David Whyte

게리Gary는 마침내 자신의 분노를 치료할 치료사를 찾기로 결심했습니다. 치료를 시작했을 때 그는 치료사에게 상당히 오랫동안 짜증을 느껴왔다고 말했습니다. 그 감정이 표면 바로 아래에서 끓어오르는 묵혀 둔 감정 같다고 표현했습니다. 그의 분노를 탐색하는 과정에서 치료사는 게리가 아내와 아들로부터 무시당한다고 느낀다는 사실을 알게 되었습니다. 수년 동안 그는 직장을 다니는 것뿐 아니라 집안일을 도맡아 하고 청소와 정원일을 해야 한다는 부담을 느꼈습니다. 게리는 아내와 아들이 '약간 게으르고', 'TV에 중독된 것 같다'라고 묘사했습니다. 그는 종종 아내와 아들이 TV를 보는 동안 혼자서 집 안을 청소하곤 했고, 그의 분노는 점점 커졌습니다.

게리가 치료를 결정하게 만든 결정적인 사건이 있었습니다. 그는 가끔 집 안을 뛰어다니면서 물건을 다 부수고 싶은 느낌이 든다고 말했습니다. 실제로 분노를 느낄

때 그렇게 한 적도 여러 번 있었습니다. 어느 날 아들이 성적표를 가져왔는데, F가 4개나 있었습니다. 학교에서 낙제점을 받은 것입니다. 게리는 이성의 끈을 놓고 말았습니다. TV를 두 대나 부수고, 아들의 엉덩이를 세게 발로 걷어찬 뒤 방으로 들어가 버리라고 했습니다.

시간이 흐른 뒤 게리는 자신의 행동이 후회스럽고 부끄러웠습니다. 그는 가족들을 위해서라도 변화가 필요하다는 것을 깨달았습니다. 그러나 무엇보다 중요한 것은 다시는 그런 행동을 하고 싶지 않다는 것을 스스로 인지했다는 점입니다. 게리는 다시는 그런 행동을 하지 않겠다고 다짐했습니다. 그리고 자신의 분노를 해결하기 위해 도움을 구하고, 화가 난 상태에서 아들에게 손찌검하는 일을 절대 하지 않겠다고 약속했습니다.

가치에 기반한 삶

이전 장에서 우리는 분노를 참거나 억누르는 것이 어떻게 우리를 사로잡는지, 나아가 그 분노를 지속시키고 더 크게 만드는지 살펴봤습니다. 문제의 핵심은 분노의 감정을 통제하려는 것, 또는 분노를 통해 그 이면에 있는 다른 감정을 숨기거나 피하려고 하는 욕구입니다.

앞서 우리는 분노 행동을 통해 다른 사람을 통제하거나 반대로 분노를 숨기고 감추며 억누르는 방식으로 생각, 감정, 감각을 과도하게 통제하거나 잘못 적용하는 것이 자신과 타인의 건강한 관계를 유지하는 데 얼마나 장애가 되는지 살펴보았습니다. 통제 자체가 문제이지만, 모든 통제가 문제인 것은 아닙니다. 중요한 것은 당신의 삶과 행동을 통제하는 것입니다. 가치에 기반한 삶을 살기 위해서는 이런 식의 통제가 필요합니다. 자기 행동을 통제할 수 있을 때 삶에서 만들고자 하는 의미를 만들어 낼 수 있습니다. 반대로, 감정이 행동을 통제하도록 내버려 두면 분노를 더 표출하거나 억누르도록 부추길 수 있습니다. 우리는 감정이 당신의 행동을 통제하는 것이 아니라, 당신 스스로 행동을 통제할 수 있게 되기를 희망합니다.

이 시점에서 경험을 그대로 수용하기, 생각으로부터 탈융합하기, 자신의 일면이

나 분노 감정에 국한되지 않고 더 큰 자기감과 연결되기 등을 통해 내적 경험을 통제하고자 하는 욕구로부터 어느 정도 자유로워졌기를 바랍니다. 이렇게 열린 자세로 자신의 경험을 알아차리는 것, 즉 자신이 어떤 경험이든 나타났다가 사라질 수 있는 하늘과 같은 공간이라는 관점으로 삶에서 정말로 중요한 것을 찾아보았습니다. 이 과정에서 자신에게 중요한 가치를 명확히 하고 정의했습니다. 이제는 이러한 가치를 실현하고 만들어 낼 차례입니다.

전념행동

우리는 자신의 삶을 한 단계씩 만들어 갑니다. 매 순간 자신의 가치를 드러내는 행동을 선택할 수 있습니다. 여기에는 때때로 용기가 필요하며, 그것에 전념하는 것이 항상 수반됩니다. 이 장에서는 행동을 통해 자신의 가치를 귀중히 여기는 삶을 만들어 나가는 데 도움이 되는 전념행동을 탐구하려고 합니다.

두 가지 방법으로 이 작업을 수행할 것입니다. 첫 번째는 가치에 기반한 행동에 참여하는 것이 무엇을 의미하는지 살펴보는 것입니다. 두 번째는 7장에서 다룬 가치 나침반에 따라 자신이 나아가고자 하는 삶의 방향을 뒷받침하는 작은 목표를 설정하는 것입니다. 궁극적인 목표는 인생에서 만들고자 하는 의미를 나타내는 훨씬 더 큰 범주의 행동 패턴을 만들고 실천하는 것입니다.

이 두 가지 방법과 관련된 연습을 시작하기 전에, 먼저 전념행동의 특성을 간단히 살펴보겠습니다.

충만하고 의미 있는 삶

인생에서 가장 중요한 것이 무엇인지 더 자세히 들여다보고, 중요하게 생각하는 것이 무엇인지 또는 되고 싶은 것이 무엇인지 결정하기 시작하면 위대한 모험을 시작했다고 할 수 있습니다. 우리는 이러한 가치를 세상에 내놓을 수 있고, 우리의 행동 역시 같은 방식으로 보여 줄 수 있습니다.

가치는 맥락이나 상황에 따라 다양한 방식의 행동으로 드러납니다. 어떤 상황에서는 자신의 가치를 완전히 대변하는 행동을 하지만, 다른 상황에서는 자신의 가치와는 거의 관련 없는 행동을 하기도 합니다. 쉬운 예로 책임의 가치를 들 수 있습니다. 대부분 맥락에서 책임은 필수적인 가치입니다. 하지만 직장에서의 책임과 게임에서의 책임은 다르다고 생각할 수 있습니다. 직장에서 책임감 있는 행동을 하는 것은 가치 있는 삶을 보여 주는 좋은 방법으로 여겨집니다. 심지어 프로젝트 기한을 맞추기 위해 업무 시간 이후에 더 시간을 내어 일하는 것처럼 책임감을 약간 과도하게 중시하는 것을 좋게 여기기도 합니다. 그러나 게임을 할 때 지나치게 책임감이 강하면 게임이 더는 재미 없을 수 있습니다. 예를 들어, 게임을 하는 중에 모든 사람에게 계속 규칙을 상기시키는 것은 짜증 나는 일이 될 수 있습니다. 물론 항상 균형이 필요하며, 게임 중에 책임을 완전히 포기하는 것도 문제가 될 수 있습니다.

두 번째 사례를 살펴보겠습니다. 당신이 사랑이라는 가치를 중요하게 생각하고, 사랑하는 사람과 함께하는 것이 그 가치를 실현하는 것이라고 해 봅시다. 이 가치를 드러내는 한 가지 방법은 애정을 표현하는 것입니다. 여기서 맥락의 중요성을 쉽게 알 수 있습니다. 모든 상황에서 애정을 표현하는 것은 적절하지 않을 수 있지만, 애정 표현이 필요하거나 적절한 상황도 많을 수 있습니다. 당신이 주의를 기울여야 할 전념행동의 특징 중 하나가 바로 이것입니다. 바로 '언제, 어디서 그 가치에 기반한 행동을 할 것인가?' 입니다.

언제, 어디서 어떤 행동에 전념해야 하는지 아는 것은 가치에 기반한 삶을 사는 데 필수적인 부분입니다. 예를 들어, 누군가와 자신의 감정에 관해 대화할 계획이라면 약속을 잡거나 그 시간이 적절한지 상대방에게 물어보는 것이 좋습니다. 당신은 중요한 얘기를 뜬금없이 꺼내 상대방을 당황스럽게 만들고 싶지는 않을 것입니다. 이런 작업은 딱 정해진 한 가지 방법이 있는 게 아닌, 매우 개별적인 과정입니다. 자신이 중요하게 생각하는 가치가 무엇인지, 그것을 자신이 처한 여러 맥락에서 어떻게 행동으로 드러낼 것인지 고려하는 것이 중요합니다. 새로운 행동을 기꺼이 시도하고, 그 행동의 효과를 곱씹어 봐야 할 수도 있습니다. 또는 새로운 행동을 시도한 후 주변 사람들에게 피드백을 받을 수도 있습니다.

명심해야 할 전념행동의 또 다른 특징은 어떤 행동을 선택하든 가치에 따른 행동은 다양한 생각, 감정, 감각을 불러일으킨다는 점입니다. 때로는 불쾌하거나 불편할 수도 있고, 때로는 즐겁거나 편안할 수도 있습니다. 하지만 전념행동은 이에 상관없이 하는 것입니다. 그 행동이 고통이나 불편함을 불러오더라도 말입니다. 예를 들어, 가족과 관련해 분노가 촉발되었다고 상상해 봅시다. 기존에 했던 것처럼 고함을 지르는 것이 아니라 그 순간 당신이 상처받고 있다는 것을 알아차린다면, 경험에 반응하지 않고 가치에 기반한 삶을 선택할 수 있습니다. 이때 맥락에 따라 몇 가지 다른 행동을 선택할 수 있습니다. 감정과 생각에 집중하면서 당신에게 생각할 시간이 필요하다고 말하고 잠시 시간을 가진 뒤 돌아올 수 있습니다. 또는 당신이 상처받았다고 담담하게 말할 수도 있습니다. 이 두 가지 행동은 모두 솔직한 것이고, 사랑이라는 가치를 담고 있습니다. 어떤 행동을 선택할 것인지는 그 상황에서의 긴장도가 얼마나 높은지에 따라 달라질 수 있습니다. 긴장도가 상당히 높다면, 잠시 상황을 피해 생각할 시간을 가진 뒤에 돌아오는 것이 더 현명한 방법일 수 있습니다. 어떤 것이 더 적절한지 확인하기 위해서는 직접 시도해보는 것이 필요하며, 항상 쉽지는 않을 것입니다. 이러한 행동에는 분노의 생각, 감각, 감정이 따를 수밖에 없습니다. 그러나 기억하세요. 당신은 언제든 선택할 수 있으며, 그것이 늘 쉽지만은 않습니다.

이것이 까다로운 부분입니다. 감정, 생각, 감각이 크게 느껴질 수 있고, 이것들에 사로잡히는 것처럼 느껴질 수도 있습니다. 이런 감정, 생각, 감각으로 인해 변화가 어렵거나 불가능한 것처럼 느껴질 수도 있습니다. 이 과정은 이 장의 앞부분에서 보았던 데이비드 화이트David Whyte의 시에도 나타나 있습니다. 때때로 변화는 우리가 원치 않는 시도를 해야만 시작됩니다. 행동 변화는 어렵지만, 결국 큰 보상이 되어 돌아오곤 합니다.

분노에 따라 행동하는 것이 아니라 가치에 따라 행동하는 것을 고려하다 보면 많은 장애물이 있다는 것을 알게 됩니다. 이런 장애물 중 일부를 곧 살펴볼 것입니다. 하지만 먼저, 이러한 장애물에 도전하는 것과 관련해 몇 가지 생각해 볼 것이 있습니다. 과거에 변화를 만들고 싶었지만 하지 못했던 순간을 떠올려 보세요. 변화해야 한다는 것을 알았지만 어떤 생각, 느낌, 감각이 그 변화를 막는 것 같았던 순간을 떠올려 보세요. 앞으로 무엇을 하고 싶은지, 어떻게 나아가고 싶은지 생각하고 있지만 이를 막았던 습관이 된 행동에 주목하세요. 그 결과 감정을 억누르고 감정의 도피처로 피하는 것이 습관이 된 것은 아닌지 살펴보세요.

[연습 8.1] 변화를 가로막는 장애물들

앞에서 생각하고 떠올린 내용을 아래에 적어 보세요. 맞춤법에 구애받지 말고 자유롭게 적어 보세요. 내면에 떠오르는 변화에 대한 저항이 있다면 그것도 적어 보세요. 충분히 시간을 내어 글을 써 보세요. 글을 쓸 공간이 부족하다면, 여분의 종이에 써도 좋습니다. 글쓰기가 끝나면 다음 질문에 대답해 보세요.

분노에 얽매여 습관적인 행동에 빠져 있었거나, 분노가 드러나지 않도록 억누르면서 무언가를 지키려고 했던 순간을 떠올려 보았나요? 진정으로 변화를 만들려고 했던 순간에 어떤 경험이 있었는지 알아차렸나요? 가치를 따르는 삶을 살았다면, 그때 당신의 행동은 어떻게 달랐을까요?

먼저 자신의 가치를 분명히 하는 것이 중요하지만, 실제 행동을 통해서만 삶이 풍요롭고 충만하며 의미 있게 바뀔 수 있습니다. 변화를 시작하면서 새로운 행동을 시도하고 실험하면서 어떤 행동이 자신의 가치와 언제 일치하는지 살펴보세요. 행동의 결과를 추적하다 보면 자신이 바라는 무언가를 만들어 내기 위해 어떤 것이 가장 효과적인지 알 수 있습니다.

가치에 기반한 행동 경로를 탐색하고 쫓아가기

분노 행동을 바꾸는 것과 관련된 첫 단계를 시작하면 과학자처럼 행동하게 됩니다. 과학자가 하는 일은 어떤 현상을 자세히 살펴보고 자료를 수집해 그 현상을 탐구하고 조사하는 것입니다. 당신은 자기 자신을 조사하는 행동과학자이며, 연구 대상은 자신의 분노 행동과 그 결과입니다.

호기심을 유지하는 것이 중요합니다. 크고 작은 행동을 어떻게 변화시킬 수 있는지 질문하고, 원하는 변화를 만들기 위해 어떤 다른 행동을 시도할 수 있는지 호기심을 가져 보세요. 다른 사람들이 분노를 어떻게 다루는지 조사하고, 촉발요인, 감정, 생각, 감각에 대해 물어볼 수도 있습니다. 어떤 행동이 효과적이고, 어떤 행동이 효과적이지 않나요?

행동을 얼마나 다양하게 변화시킬 수 있는지에 대해서도 호기심을 가질 수 있습니다. 다음은 어떻게 변할 수 있는지 생각하는 데 도움이 되는 몇 가지 예시입니다. 이는 작은 변화에 불과합니다. 그럼에도 불구하고, 특히 처음 시도할 때는 어려울 수 있습니다. 계속해서 연습하겠다는 의지를 확고하게 유지하는 것이 중요합니다.

바꿀 수 있는 행동

· 화가 나서 고함을 지르거나 크게 소리친다면, 부드럽게 말해 보세요.
· 화가 났을 때 말이 빨라진다면, 속도를 줄여 천천히 말해 보세요.
· 화가 났을 때 무게를 잡고 가시 돋친 말을 한다면, 부드럽게 말해 보세요.
· 화가 났을 때 충동적으로 행동한다면, 잠시 멈추고 다른 일을 해 보세요.
· 화가 났을 때 분노에 압도된다면, 잠시 멈추고 명상을 해 보세요.
· 화를 낸 후 죄책감을 느낀다면 바로 사과하세요. 빠르면 빠를수록 좋습니다.
· 화가 났을 때 미간을 찌푸리고 입술을 다문다면, 부드러운 표정을 지어 보세요.
· 화가 났을 때 혼란스럽다면, 지금 무슨 일이 일어나고 있는지 물어보고 자세히 알아보세요.
· 화가 났을 때 문을 박차고 나간다면, 자리에 남아서 자신의 상태를 잘 설명할 수 있는지 확인해 보세요.
· 화가 났을 때 아무런 말도 안 한다면, 몇 마디라도 말해 보세요.
· 화가 났을 때 화가 끓어오른다면, 지금 무슨 일이 일어나고 있는지 누군가에게 말해 보세요. 당신의 생각, 감정, 감각을 포함해 얘기하세요.
· 화가 났을 때 술을 마시거나, 마음을 가라앉히기 위해서 약을 먹는다면, 대신 명상을 해 보세요.
· 화가 났을 때 물건을 던진다면, 가만히 앉아서 손을 무릎이나 의자에 올리고 천천히 숨을 쉬어 보세요.
· 화가 났을 때 과속하며 운전한다면, 가속 페달에서 발을 떼고 제한 속도로 속력을 낮추세요. 필요하다면 도로에서 잠시 벗어나 차를 멈춘 후 천천히 숨을 쉬세요.

· 화가 났을 때 상황을 뒤집어 버리는 상상을 한다면, 비폭력적이거나 분노를 표현하지 않는 방법으로 문제를 해결할 수 있는지 살펴보세요.
· 화가 났을 때 홀로 고립된다면, 친구나 신뢰하는 사람에게 손을 뻗어 보세요.
· 화가 났을 때 큰 소리로 욕을 한다면, 그 단어를 덜 모욕적인 것으로 바꿔 보세요(예를 들면, '미친!' 대신 '파친!'이라고 해 보세요. 우스꽝스럽게 들리겠지만 정말 도움이 될 수 있습니다).

이 외에도 더 많은 예가 있으며, 다양한 행동 변화를 만들어 낼 수 있습니다. 상상할 수 있는 한 무한한 방법이 있습니다. 여기서 중요한 것은 그 행동 변화가 자신의 가치와 관련되는지 확인하는 것입니다. 이러한 고민은 자신이 원하는 것을 만들어 내는 방법을 헤아리는 가장 안전한 방법입니다. 위에 나열한 행동 중 어떤 것들이 가치의 실현을 도울 수 있을지 살펴보세요. 목소리 톤을 바꾸는 것 하나만으로도 사랑 또는 친절이라는 가치를 실현하는 데 도움이 될 것입니다. 과학자처럼 가치에 맞는 다양한 행동을 탐구해 보세요. 깊은 호기심이 도움이 될 것이며, 실제로 변화를 더 즐겁게 만들 것입니다. 과학자 역할을 하는 것은 일종의 예술과 같습니다. 분노에 대응하는 우아하고 예술적인 행동을 기르는 일도 우리 여정의 동반자가 될 것입니다.

[연습 8.2] 나의 행동과 대안 행동

이번 연습에서는 앞에서 본 것과 유사한 목록을 직접 만들어 볼 것입니다. 먼저 화가 날 때 하는 여러 가지 행동을 적은 다음, 그 옆에 대안으로 할 수 있는 행동을 적어 보세요. 단, 생각, 감정, 감각이 아니라 행동을 적어야 합니다. 다른 사람이 듣거나 볼 수 있는 행동을 적으세요.

	화가 날 때 하는 행동 (앞의 예시를 참고하세요)	화난 행동 대신 시도할 수 있는 가치에 기반한 대안 행동
1	내 말 좀 들어 달라고 계속 고함을 지른다.	상황을 바꾸기 위해 내가 할 수 있는 것이 무엇인지 묻는다.

2		
3		
4		
5		
6		
7		
8		
9		
10		

행동 목록을 다시 살펴보고, 또 다른 대안 행동 목록을 만들어 보세요. 대안 행동이 꼭 한 가지여야 하는 것은 아닙니다. 창의력을 발휘해 여러 가지 대안 행동을 만들고 연습해 보세요. 그러다 보면 어떤 행동이 특히 효과적인지를 알게 되고, 다양한 대안 행동이 당신의 가치를 더 잘 실천하게 도와준다는 것을 알게 될 것입니다.

	화난 행동 대신 시도할 수 있는 가치에 기반한 또 다른 대안 행동
1	부드럽게 말하면서 상대방이 말을 잘 듣고 있는지 확인한다.
2	
3	

4	
5	
6	
7	
8	
9	
10	

생각해 낸 다양한 대안 행동 중 당장 시도해 보고 싶은 것이 있나요? 화가 나지 않을 때도 연습할 수 있습니다. 행동이 바뀐 후 어떤 변화가 일어나는지 살펴 보세요.

위에서 작성한 대안 행동에만 국한되지 마십시오. 대안 행동을 원하는 만큼 더 많이 작성할 수 있습니다. 이렇게 하면 더 큰 유연성을 얻게 됩니다. 또한 행동 변화의 결과를 관찰하면서 어떤 것이 가장 효과적인지 데이터를 수집할 수 있습니다.

이 연습은 가치에 기반한 전념행동을 실행하는 더 큰 범주의 과정을 위한 준비 작업입니다. 조금 더 중요한 행동 변화 패턴을 만들어 내려면 더 집중하고 노력해야 합니다. 하지만 그것보다 더 작은 단계라고 해서 행동 측면에서 작아 보일 수 있지만, 중요성 측면에서는 결코 작지 않습니다. 변화를 위한 작은 노력을 정기적으로 시도하는 것은 강력하고 오래 지속되는 영향을 미칠 수 있습니다.

이는 우리 여정의 일부입니다. 가치에 기반한 삶은 평생에 걸쳐 모든 맥락에 적용됩니다. 행동의 변화를 가족, 친밀한 관계, 양육, 우정, 사회생활, 교육, 일, 취미, 영성, 공동체, 신체 건강, 환경 등 삶의 다양한 영역으로 확장하는 것도 중요한 삶을 만드는 여정의 일부입니다.

[연습 8.3] 나의 행동과 결과

이 연습에서는 가치와 연결되는 더 큰 행동 패턴을 만드는 데 중점을 둡니다. 기존에 했던 행동과 새로운 행동의 결과를 생각해 보세요. 예를 들어, 화를 내거나 억누른 직후에 어떤 일이 일어났는지, 화가 났을 때 오히려 친절함의 가치를 실현한 후에 어떤 일이 일어났는지 떠올려 보세요. 잠시 시간을 내어 [연습 8.2]에서 기록한 화가 났을 때 하는 행동에 대해 생각해 보세요. 잠시 동안 그 행동만 생각하고 다른 행동은 생각하지 마세요. 그 행동이 만들어 낸 결과도 떠올려 보세요. 아래 사례들을 참고해도 좋습니다.

행동과 결과

- 화가 났을 때 소리를 지르거나 고함을 지르면(행동), 다른 사람들이 나를 두려워하고 거리를 두게 됩니다(결과).
- 화가 났을 때 말을 빠르게 하면(행동), 다른 사람들이 무슨 말인지 잘 이해하지 못하거나 내가 그들을 존중하지 않는다고 느끼며 멀어질 것입니다(결과).

이와 같이 당신이 화를 표출하거나, 또는 억누르는 행동이 어떤 결과를 초래하는지 생각해 보고, 아래에 적어 보세요.

다른 연습에서와 마찬가지로 이 글쓰기에서도 진실하게 작성하는 것이 중요합니다. 분노를 표출하거나 억누르는 것의 대가는 큽니다. 우리가 시도하고자 하는 행동의 변화는 분노의 대가를 낮추거나 없앨 수 있습니다. 과학자가 된 것처럼 효과를 확인하기 위한 실험을 계속하고, 그 결과를 추적하며 데이터를 수집해 계속해서 키워 나가고 싶은 행동 패턴을 확인해야 합니다.

행동과 그로 인한 결과는 복잡할 수 있습니다. 때로는 가치에 기반해 행동하지만 바라는 결과를 얻지 못할 수도 있습니다. 예를 들어, 누군가에게 화를 낸 뒤 사과하더라도, 상대방이 항상 사과를 받아 주는 것은 아닙니다. 어렵게 사과의 말을 꺼냈는데 상대방이 이를 거부하면 아마도 매우 실망스러울 것입니다. 하지만 가치에 기반한 삶은 언제나 선택을 수반하며, 선택은 당신의 몫입니다. 당신이 선택한 행동의 가치는 다른 사람의 것과 다를 수 있습니다. 여기서 말하는 가치는 당신의 의미, 목적, 행동에 관한 것입니다. 그에 따라 당신은 선택할 수 있습니다.

실제로 할 수 있는 행동을 시도하는 것도 중요합니다. 때때로 변화를 갈망하는 사람들은 행동 목표를 너무 높게 설정할 때가 있습니다. 예를 들면, "저는 살이 찐 저 자신에게 매우 화가 나요. 이 화를 멈출 수 있도록 일주일 안에 5kg을 뺄 거예요", "다시는 소리 지르지 않는 것이 제 목표예요", "앞으로 화가 난 상태에서는 술을 한 모금도 입에 대지 않는 것이 제 목표예요"처럼 말입니다. 이런 사례는 무수히 많습니다. 더 많은 사례를 들지 않더라도 충분히 요점을 이해했으리라 믿습니다. 목표는 합리적이고, 달성 가능하며, 가치와 관련되어야 합니다. 이에 관해 자세히 살펴보겠습니다.

가치에 기반한 목표 설정하기

당신의 목표가 살을 빼는 것이라고 상상해 봅시다. 그것은 '건강한 삶'이라는 가치와 관련이 있습니다. 이 목표를 달성하기 위해 첫 주에는 하루에 600칼로리의 음식만 먹고 2시간씩 운동하기로 했습니다. 그렇게 사흘, 아니 일주일을 보낸다면 큰 변화가 일어날까요? 사실 이런 유형의 목표 설정은 효과적이지 않습니다. 느리지만 꾸준하게 나아가는 것이 우리가 추구하는 변화입니다. 지속적인 변화는 새로운 습관을 만드는 데서 비롯되고, 새로운 습관은 시간과 전념이 필요합니다. 전념행동을 한다는 것은 가치에 기반한 방향으로 나아가기 위해 온전히 집중하고 있음을 의미합니다. 목표는 변화의 여정에 있는 정류장으로, 자신이 선택한 의미에 기반한 삶의 방향을 가리킵니다.

SMART 목표(Doran, 1984 참조)가 도움이 될 것입니다. 이 시스템은 목표를 합리적으로 유지하면서 가치와 관련된 목표를 세우는 쉬운 방법입니다.

SMART 목표는 다음과 같습니다.

Specific=구체적인(목표가 구체적인가?)

Meaningful=의미 있는(내가 추구하는 가치의 방향으로 이끄는 목표인가?)

Achievable=달성 가능한(내가 달성할 수 있는 목표인가?)

Realistic=현실적인(실현 가능한 목표인가요? 목표를 실현하는 과정을 스스로 통제할 수 있는가?)

Time-limited=적절한 시간의(적절한 시간 내에 목표를 달성할 수 있는가?)

더 큰 행동 변화 패턴에 집중하며 SMART 목표 설정을 연습해 봅시다. 분노가 이끄는 방향이 아니라, 가치에 기반한 방향으로 나아가는 데 도움이 되는 가치에 집중해 보세요.

[연습 8.4] SMART 목표를 통해 전념행동 탐색하기

1단계: 이 연습에서는 가치에 기반한 행동을 성장시키는 연습을 할 것입니다. 이 연습을 하면서 분노로 인해 자신의 가치로부터 멀어졌을 때를 생각해 보고, 분노가 지배하도록 내버려 두는 것이 아니라 중요한 것을 향하도록 방향을 다시 잡는 데 집중해 보세요. 이전 장에서 살펴본 중요하게 여기는 것들과 당신의 가치를 고려하면서, 가치에 따라 행동할 수 있는 세 가지 방법을 생각해 보고 그 결과를 살펴 보세요. 아래에 있는 세 가지 지침에 따라 당신이 느낀 것들을 관찰하고, 어떤 일이 일어났는지 적어 보세요.

1. 분노와 관련된 문제로 변화가 필요하다고 생각하는 삶의 범주를 선택하세요(예: 가족, 친밀한 관계, 일, 친구 등). 선택한 삶의 범주를 아래에 적으세요(예시로 든 것 외에도 자유롭게 적을 수 있습니다). 여러 가지를 선택하지 말고, 한 가지부터 시작하세요. 큰 변화로 나아가기 전에 먼저 방법을 익히고 이해하는 것이 중요합니다.

____

2. 이번에는 선택한 삶의 범주에서 당신이 추구하는 가치를 두 가지 선택하세요. 첫 번째 가치는 조금 더 큰 범주로, 자신이 원하는 삶의 모습을 반영하는 변화에 관한 가치를 적습니다(7장에서 연습한 것을 참고하세요). 두 번째 가치는 분노와 관련된 가치를 구체적으로 적습니다. 두 가지 가치가 서로 연관되어 있어도 괜찮습니다.

   더 큰 범주의 가치(예: 사랑하기): ______________________

   분노 해결과 관련된 구체적인 가치(예: 다른 사람 배려하기): ______________________

   ____

3. 이제 이러한 가치에 기반해 각각의 가치와 일치하는 세 가지 행동을 적어 보세요. 이는 구체적인 행동 변화보다 더 큰 범주일 수 있습니다.

   더 큰 범주의 가치에 부합하는 행동(예: 정기적으로 배우자에게 사랑한다고 말하기):

   ____

   ____

   ____

   분노 해결과 관련된 구체적인 가치에 부합하는 행동(예: 다른 사람의 말을 잘 들어주기):

   ____

   ____

   ____

4. 위에 적은 가치와 행동을 SMART 목표로 바꾸어 봅시다. 예시를 참고해 다음 표를 완성해 보세요.

SMART 목표	가치: 사랑하기 행동: 사랑한다고 말하기	분노 해결과 관련된 가치: 다른 사람을 배려하기 행동: 잘 들어 주는 사람이 되기
S=구체적인 (목표가 구체적인가?)	토요일 아침에 식사한 후 아내에게 "사랑해"라고 말할 것이다.	일요일 아침에 친구 조지(George)와 통화하면서 5분 동안 계속 그의 말을 들어 주고, 그 뒤에는 그의 말에 맞장구쳐 줄 것이다.
M=의미 있는 (내가 추구하는 가치의 방향으로 이끄는 목표인가?)	그렇다. 사랑한다고 말하는 것은 아내에게 내가 그녀를 사랑하고 있다는 것을 알리는 훌륭한 방법이다.	그렇다. 잘 들어 주는 것을 연습하면 다른 사람들을 이해하고 배려하는 데 도움이 될 것이다.
A=달성 가능한 (내가 달성할 수 있는 목표인가?)	그렇다. 소소하게 실행에 옮길 수 있는 것이다.	그렇다. 5분밖에 안 걸리고, 맞장구도 쳐 줄 수 있다. 어렵지 않게 할 수 있는 일이다.
R=현실적인 (실현 가능한 목표인가? 목표를 실현하는 과정을 스스로 통제할 수 있는가?)	그렇다.	그렇다.
T=적절한 시간의 (적절한 시간 내에 목표를 달성할 수 있는가?)	그렇다. 이번 주에 할 것이다.	그렇다. 일요일 아침에 할 것이다.

SMART 목표	가치: 행동:	분노 해결과 관련된 가치: 행동:
S=구체적인 (목표가 구체적인가?)		
M=의미 있는 (내가 추구하는 가치의 방향으로 이끄는 목표인가?)		
A=달성 가능한 (내가 달성할 수 있는 목표인가?)		
R=현실적인 (실현 가능한 목표인가? 목표를 실현하는 과정을 스스로 통제할 수 있는가?)		
T=적절한 시간의 (적절한 시간 내에 목표를 달성할 수 있는가?)		

이 연습을 통해 SMART 목표를 채워 가는 방법에 익숙해지기를 바랍니다. 가치에 기반한 삶을 살기 위해 더 다양한 방법을 사용할 수 있으며, 도움이 될 수도 있을 것입니다. 하지만 SMART 목표를 세우는 것이 훨씬 더 유용합니다. SMART 목표는 가치에 기반한 행동을 일상에 구현함으로써 가치에 기반한 전념행동으로 삶을 채우고, 궁극적으로 자신이 원하는 삶을 만들도록 도울 것입니다!

2단계: SMART 목표를 완료한 후 이를 어떻게 지켜나갈 수 있는지 살펴보세요. 꾸준히 연습하고 자기효능감을 쌓으며, 다음 한 주 동안 두 가지 SMART 목표를 달성하기 위해 전념해 보세요. 이러한 목표를 달성하기 위해 노력할 때는 마음챙김과 알아차림이 필요합니다. 자신의 생각, 감정, 감각을 수용하고 탈융합하며 관찰해 보세요. 더 큰 관점에서 자신의 이야기를 놓치지 않는 상태로 행동에 전념하세요. 무슨 일이 일어나는지 살펴보고, 그 결과에 주목하세요.

이제 당신이 이 연습을 통해 발견한 것을 적어 보세요. 당신이 연습해 본 두 가지 가치에 대해 다음 질문에 답해 보세요.

1. 더 넓은 가치와 연관된 행동을 하면서 어떤 생각이나 느낌이 들었는지 알아채거나 찾아낸 것이 있나요?

___

___

___

2. 그 결과는 어땠나요? 기대했던 대로였나요? 놀랄 만한 일도 있었나요? 그 결과를 본 후에 어떤 기분이 들었나요?

___

___

___

___

___

3. 분노 해결과 관련된 가치 기반 행동을 하면서 어떤 생각이나 느낌이 들었는지 알아채거나 찾아낸 것이 있나요?

4. 그 결과는 어땠나요? 기대했던 대로였나요? 놀랄 만한 일도 있었나요? 그 결과를 본 후에 어떤 기분이 들었나요?

이 전념행동의 여정을 시작하면서 무엇을 새롭게 만들기 시작했는지 자유롭게 적어 보세요.

만약 그 전념행동을 할 수 없었다면, 무엇이 방해가 되었는지 적어 보세요.

____

____

____

계속해서 전념행동을 만들고 지켜 가면서 이 연습을 충분히 반복해 보길 바랍니다.

많은 사람과 이 연습을 진행하면서, 삶을 변화시키기 위해 노력하는 과정에 모두가 직면하는 어려움과 장애물이 있다는 것을 알게 되었습니다. 이제 삶의 변화를 위해 노력하는 동안 겪을 수 있는 어려움에 관해 이야기하고자 합니다. 우리는 변화를 가로막는 장애물을 살펴보고, 그 과정에서 자비compassion를 계속 떠올려야 합니다. 이는 9장에서 중점적으로 다룰 것입니다.

전념행동을 가로막는 장애물과 극복 방법

긍정적인 삶의 변화를 만들어 나갈 때 사람들은 흔히 심리적 장애물에 부딪히게 됩니다. 이는 정상적인 현상입니다. 항상 예정된 길로만 가는 사람은 없습니다. 중요한 것은 길에서 벗어났음을 알아차리는 것입니다. 예를 들어, 조급해지거나 충동적인 느낌이 들거나 폭발할 것 같은 마음이 들고, 이러한 경험이 가야 할 길에서 멀어지게 한다는 것을 알아차리게 되면, 잠시 멈추어 그 경험을 알아차려 보세요. 그런 다음 당신의 가치가 다음 행동을 이끌도록 허용하세요.

흔한 장애물과 전략

사람들이 쉽게 빠지는 몇 가지 공통적인 장애물에 대해 알아 두면 도움이 됩니다. 혼자가 아니라는 것을 알면 안심이 되고, 이러한 인식은 가능성을 예측하고 극복하기 위한 계획을 세우는 데 도움이 됩니다. 하지만 항상 인내심을 가져야 한다는 점을 기억하세요. 이는 결코 쉬운 일이 아닙니다.

부정적으로 평가하는 생각

변화를 만들기 시작하면 그에 따라 마음도 여러 가지 일을 합니다. 계획을 세우기도 하고, 당신을 격려하기도 합니다. 매우 멋진 일이지요. 하지만 마음은 부정적인 생각을 할 수도 있습니다. 이것 역시 자연스러운 일입니다. 모든 마음은 변화의 장애물인 부정적인 생각을 만들어 낼 힘을 가지고 있습니다. 예를 들어, '나한테 뭔가 문제가 있는 것 같아', '나는 할 수 없을 거야', '나는 실패할 거야', '너무 불안해' 등의 생각이 들 수 있습니다.

부정적인 생각에서 벗어나기 위해서는 탈융합이 필요합니다. 이때 5장에서 연습했던 도구들을 사용할 수 있습니다. 그런 생각들이 변화를 방해하도록 내버려 둘 필요가 없습니다. 생각이 어떻게 흘러가는지 그저 관찰해 보세요. 물속에서 헤엄치는 물고기를 상상해 보세요. 아이러니하게도 물고기는 수면 위로 뛰어오르지 않는 한 물을 볼 수 없을지도 모릅니다. 물론 뛰어올라도 곧바로 물에 빠집니다. 생각에서 잠시 빠져나오는 것도 이와 같습니다. 물고기가 수면 위로 뛰어오르는 것처럼 당신(물고기)과 당신의 마음(물)을 구별할 수 있을 것입니다. 물론 이를 위해서는 몇 번이고 점프해야 합니다. 마음을 관찰하는 것은 연습이 필요합니다. 우리가 무언가 볼 때 그것은 곧바로 우리 마음속으로 들어옵니다. 따라서 생각에서 벗어나는 것은 지속적으로 반복해야 하는 과정입니다.

어떤 생각들은 당신이 앞으로 나아가는 것을 방해할 수 있습니다. 그중 한 유형의 생각을 핑계 대기reason-giving라고 합니다. 이러한 생각은 '이건 너무 힘들어', '나는 너무 바빠', '이건 고된 일이야', '별로 하고 싶지 않아'와 같은 말을 하며 하지 못하는 온갖 이유를 만들어 냅니다. 마음은 핑계 대기의 고수입니다. 안정감을 느끼는 공간에서 자신을 끌어내려는 생각을 시작하자마자 마음은 그 일을 할 수 없거나, 하면 안 되는 모든 핑계를 쏟아 냅니다. 이런 식으로 마음은 영리하게 작동합니다. 하지만 인생에서 정말 중요한 일을 하기 전에 마음이 핑계 대기를 멈출 때까지 기다린다면, 결코 중요한 일을 시작하지 못할 것입니다. 따라서 부정적인 생각과 핑계 대기에 융합되는 것이 장애물이 된다면 "아하! 마음아, 또 그 소리니? '나는 못 해낼 거야'라는 뻔한 이야기 말이야. 걱정해서 하는 말인 건 알아. 하지만 그 마음만 받을게. 나한테는 내 삶이 있어"라고 말하며 탈융합하십시오. 생각은 계속 흐르고 변한다는 것을 알아차리면서 걸음을 내딛으세요.

불편함을 회피하는 것

변화는 일반적으로 불편한 감정, 특히 불안을 유발합니다. 의미 있는 방향으로 나아가는 것은 이러한 불편함을 받아들이는 것을 의미합니다. 기억하십시오. 여전히 분노의 감정이 있을 수 있지만, 분노가 당신의 행동을 책임지는 것은 아닙니다. 분노는 가치 기반 행동의 담당자가 아닙니다. 3장에서 배운 수용 기술을 사용하십시오.

내면의 신체 경험에 마음을 열고, 그 경험이 당신 안에서 흐르도록 허용하십시오. 그것이 당신을 지배하게 두지 마십시오. 분노의 감정은 오르락내리락할 것입니다. 마음챙김을 하면서 신체 경험을 알아차리려고 노력해 보십시오. 떠오르는 감정을 그저 허용하십시오. 분노가 숨기고 있던 감정이 있다면 그것 역시 허용하십시오. 분노의 감정이 있어도 앞으로 나아갈 수 있습니다. 그러한 감정은 자연스러운 것입니다. 하지만 분노가 당신의 행동을 좌우하는 것은 아닙니다. 만약 분노가 숨기고 있던 다른 감정이 있다면, 그 감정에도 마음을 열고 함께 알아차려 보십시오. 변화는 분노와 같은 불편함이 있더라도 계속 걸어 나가는 것입니다. 실제로 불편함이 있다면 성장도 뒤따릅니다.

의욕을 잃는 것

의욕을 잃는 것은 극복하기 어려운 장애물처럼 보일 수 있습니다. 하지만 이 역시 마음이 만들어 내는 핑계 대기의 전술일 뿐입니다. '그렇게 할 마음이 안 들어. 왜 화나는 것을 가만히 두라는 거야? 왜 이렇게 힘든 일을 해야 해?' 이러한 마음의 핑계에 설득되어 실제로 그런 생각을 하면서 무기력해질 수 있습니다. 어쩌면 당신은 과거에는 분노 행동을 바꾸기 위해 노력했지만 지금은 낙담하고 있을 수 있습니다. 괜찮습니다. 탈융합과 수용을 이용해 가치에 기반한 삶으로 돌아갈 수 있습니다. 의욕을 잃는다는 생각에 굴복하지 마세요. 게다가 의욕은 행동에 선행하는 것이 아니라 행동에 뒤따르는 경향이 있습니다.

또한 자신의 가치를 계속 유지하는 것이 중요합니다. 자신의 가치와 그 가치에 따라 의미를 만들고자 하는 의도를 기억하세요. 언제든지 자신의 가치를 되새길 수 있습니다. 의욕이 없을 때 그 가치가 모호해 보인다면 이를 계속해서 명확히 하는 것이 좋습니다. 7장으로 돌아가 자신의 가치를 다시 떠올리고, 재평가하고, 곱씹어 보십시오. 전념행동의 목표는 가치에서 직접 도출된다는 것을 기억하세요.

도움을 구하는 것

변화를 시도하면서 때때로 혼자라고 느낄 수 있습니다. 특히 개인적이고 중요한 작업을 할 때 이렇게 느낄 수 있습니다. 이때 다른 이에게 도움을 구하는 것이 부끄럽게 느껴질지도 모릅니다. 하지만 도움을 받는 것은 성공을 위한 최고의 전략 중 하나입니다.

사회적 지지는 종종 의욕을 높여 주는 매우 좋은 방법입니다. 변화에 대한 열망과 성취를 공유할 수 있는 연인, 친구, 친척, 동료, 이웃에게 도움을 구한다고 상상해 보세요. 그들의 경청과 격려가 변화의 과정이 더 원활하게 진행되도록 도와 줄 것입니다. 반드시 당신을 지지해 줄 누군가에게 도움을 구하세요. 그들에게 당신의 의도와 계획을 얘기하고, SMART 목표를 공유하세요. 당신의 가치를 나누고, 당신의 발전에 대해 정기적으로 확인받으세요. 목표를 발전시키고, 그것을 그들과 공유하며 격려를 구하세요. 그리고 당신이 나아갈 길에서 얻게 될 성공과 난관들을 공유하세요.

알림 만들기

건망증도 변화를 어렵게 하는 장애물 중 하나입니다. 우리는 계획했던 일을 쉽게 잊곤 합니다. 모두 바쁜 일정을 소화하며 바쁜 삶을 살고 있습니다. 아마 무언가를 하려고 마음먹었지만, 깜빡하고 일주일이 지나도록 그것을 하지 못한 경험이 있을 것입니다. 아무리 뛰어난 사람에게도 일어날 수 있는 일입니다.

한 가지 쉬운 해결책은 알림을 만드는 것입니다. 휴대전화나 컴퓨터에 알림을 설정하고, 달력에 중요한 날을 표시하고, 일기를 쓰거나, 누군가에게 상기시켜 달라고 부탁하거나, 냉장고 또는 자동차 백미러에 스티커 메모를 붙이는 등의 방법을 사용해 보세요. 기억을 도와주는 도구가 있다면 무엇이든 사용해 보세요. 이는 모두 SMART 목표를 기억하고 행동하는 것을 도와주는 훌륭한 방법입니다.

과도한 목표

행동 변화를 방해하는 또 다른 장애물은 한 번에 너무 많은 목표를 달성하고자 하는 것입니다. 목표가 당신이 가지고 있는 기술, 시간, 돈, 신체 건강과 같은 자원들을 초과하지 않도록 주의하십시오. 그렇지 않으면 포기하거나 실패하게 될 것입니다. 가지고 있는 자원이 적더라도 언제든지 작게 시작할 수 있습니다. SMART 목표는 화가 날 때 목소리 톤을 바꾸는 것만큼 작은 것일 수도 있다는 점을 기억하세요.

지지부진할 수 있다는 것

만약 지지부진하다고 느낀다면, 이 역시 그저 경험으로 알아차리면 됩니다. 마치 분노를 알아차리듯, 또는 분노 이면에 있는 감정을 알아차리듯 하는 것과 같습니다. 이 접근법은 지지부진하다고 자신을 채찍질하는 것보다 훨씬 더 효과적입니다. 지지부진하다고 자신을 채찍질하는 것은 실제로 상황을 더 악화시킬 수 있습니다.

사실, 이러한 장애물을 마주하는 것이 오히려 도움이 될 수도 있습니다. 우리는 이러한 어려운 경험을 자기수용과 자기자비를 발달시키는 기회로 바꿀 수 있습니다. 예를 들어, 지지부진한 상황에서 스스로 이렇게 질문할 수 있습니다. '내가 지금은 잠시 지지부진한 상황이지만, 한 인간으로서 나 자신을 받아들이기로 선택하면 어떨까?', '나 자신을 채찍질하는 것이 아니라 나에게 친절을 베풀고 배려하기로 선택하면 어떨까?'

이 책을 읽은 뒤로 해 왔던 다양한 연습과 함께 지지부진한 상황은 의지를 키울 기회를 만들어 줄 것입니다. 분노와 관련된 행동 패턴의 변화를 연습하다 보면, 어려움과 불편함을 끊임없이 마주할 수밖에 없습니다. 안정감을 느끼던 공간에서 나와 새로운 목표를 추구하는 것이 상당한 불안을 야기할 수도 있습니다. 이런 때일수록 인내하고자 하는 의지를 키우는 것이 필수적입니다.

자신의 불편함을 허용하는 것은 스스로 이렇게 질문하는 것을 의미합니다. '나에게 중요한 일을 하기 위해 약간의 불편함을 허용할 의향이 있는가?', '그것이 정말로 나에게 중요한 일이라면 손에 땀이 나고, 속이 불편하고, 가슴이 답답하고, 머릿속에 부정적인 생각이 떠오르더라도 그것들을 그저 허용할 의향이 있는가?'

만약 그 불가피한 불편함을 허용하고 싶지 않다면 (1) 수용 기술을 더 연습하고, (2) 행동을 가치와 연결하는 것을 더 강화하며, (3) 불편함을 덜 유발하는 좀 더 다루기 쉬운 목표를 설정해 볼 수 있습니다. 당신은 성장하고 있으며, 성장하는 것은 하나의 과정이라는 점을 기억하세요.

전념하기

모든 순간이 우리가 나아갈 기회입니다. 가치와 관련된 일에 전념하고, 이를 지키고, 분노가 더는 자신을 지배하지 않도록 행동을 변화시키는 평생의 실천을 시작해야 할 때입니다. 이러한 전념하기를 지속하기 위해서는 끈기가 필요합니다. 그리고 작은 단계부터 시작하는 것만으로도 충분합니다.

[연습 8.5] 전념 계획 세우기와 한 걸음 내딛기

이번 연습을 통해 지금까지 했던 연습을 더 강화할 수 있습니다. 연습을 시작할 날과 시간을 구체적으로 정하세요. 정한 시간이 되면, 당시의 기분에 상관없이 두 가지 SMART 목표를 실행해 보세요. 하나는 당신이 원하는 더 큰 가치와 관련된 것, 다른 하나는 분노와 관련된 행동 변화와 관련된 것으로 선택합니다. 제공된 형식을 참고해도 좋습니다. 이는 모두 행동과 삶에서 새로운 것을 시도하는 일에 관한 것입니다. 실제로 행동하지 않으면 아무것도 변하지 않습니다. 장애물을 예상하고 대비하세요. 필요한 경우 주변에 도움을 구할 수도 있습니다. 그리고 앞으로 나아가세요.

날짜: ____________________

시간: ____________________

SMART 목표(삶에서 더 큰 가치): ______________________________

S=구체적인(목표가 구체적인가?):

____

M=의미 있는(내가 추구하는 가치의 방향으로 이끄는 목표인가?):

____

A=달성 가능한(내가 달성할 수 있는 목표인가?):

____

R=현실적인(실현 가능한 목표인가? 목표를 실현하는 과정을 스스로 통제할 수 있는가?):

____

T=적절한 시간의(적절한 시간 내에 목표를 달성할 수 있는가?):

____

날짜: __________
시간: __________

SMART 목표(삶에서 더 큰 가치): ____________________

S=구체적인(목표가 구체적인가?):

____

M=의미 있는(내가 추구하는 가치의 방향으로 이끄는 목표인가?):

____

A=달성 가능한(내가 달성할 수 있는 목표인가?):

____

R=현실적인(실현 가능한 목표인가? 목표를 실현하는 과정을 스스로 통제할 수 있는가?):

____

T=적절한 시간의(적절한 시간 내에 목표를 달성할 수 있는가?):

이 양식을 사용해 가치에 기반한 삶을 위한 새로운 계획과 SMART 목표를 세워 보세요. 그리고 삶 속에서 가치와 관련된 SMART 목표를 지속적으로 실천해 보세요.

요약

이제 당신은 가치에 기반한 삶의 방향을 갖게 되었습니다. 또한 전념행동을 시작하기 위한 행동 변화에 대해 알아보았습니다. 이를 통해 더 나은 삶을 만들 수 있기를, 특히 문제가 되는 분노 행동과 관련된 것을 더 긍정적으로 만들 수 있기를 응원합니다. 지금까지 이 책의 내용을 소화하고 여러 가지 연습을 하며 열심히 노력했을 것입니다. 그러니 자부심을 느껴도 좋습니다. 지난 수년 동안 많은 분과 상담하면서 자신의 다짐을 지키는 사람들이 자부심을 갖고 변화하는 모습을 보는 것은 큰 기쁨이었습니다. 그들은 삶 속에서 행동을 실천하고 있으며, 당신도 마찬가지일 것입니다.

다시 한번 강조하지만 변화가 항상 쉬운 것은 아닙니다. 때로는 다양한 종류의 연습이 필요합니다. 그중 하나가 바로 자비입니다. 이 연습을 익히는 것은 분노를 넘어 살아가는 데 도움이 되는 매우 중요한 방법 중 하나입니다.

매 순간은 자신의 가치를 소중히 여길 기회이며, 자신이 만들고자 하는 삶은 단계를 거치며 차근차근 이루어진다는 점을 기억하세요.

9장

자비와 분노

분노는 종종 자비로 어루만져지지 못한 고통일 뿐입니다.
– Dalai Lama

올해 45세가 된 에이드리언Adrian은 어릴 때부터 분노 문제를 겪어 왔습니다. 그는 자신이 '폭발을 기다리는 폭죽' 같다고 표현했는데, 삶에서 늘 부당함과 인정받지 못함을 느껴왔습니다. 시간이 지날수록 분노 폭발의 대가는 점점 커졌고, 수년 전 도움을 받아야 할 필요성을 깨달았습니다. 에이드리언은 수용, 탈융합, 지금 현재, 가치에 대해 배우기 시작했습니다. 시간이 지나면서 그는 자신의 감정을 더 잘 표현하게 되었고, 마음속에 떠오르는 생각에 빠지지 않게 되었으며, 현재를 더 온전히 살고, 자신의 가치에 따라 다른 사람들과 더 개방적이고 친절한 방식으로 소통하게 되었습니다. 그는 자신이 여러 영역에서 잘하고 있음을 발견했습니다. 시끄럽다는 이유로 이웃에게 폭언을 퍼붓는 일이 없어졌고, 자동차를 운전할 때 분노를 느끼는 횟수도 훨씬 줄었으며, 다른 사람과의 관계도 꾸준히 개선되었습니다.

에이드리언은 옳고 그름보다는 가치에 기반한 입장에서 대처함으로써 좀 더 유연해지려고 노력했습니다. 특히 그는 능숙하게 상황을 관리하는 것이 상황을 자주 자신에게 유리하게 변화시키는 것에 놀랐습니다. 그는 더 적극적으로 의사소통을 하고, 더는 불공정한 문제로 인해 분노하는 느낌을 받지 않게 되었습니다.

하지만 이러한 대단한 결과에도 불구하고 에이드리언은 여전히 분노를 느낄 때면 걱정하며 자신을 비난했습니다. 분노의 감정이 예전에 그가 어떻게 행동했는지 떠올리게 했기 때문입니다. 에이드리언은 다른 사람들에게 화를 내는 것이 아니라 자신에게 화를 내는 것에 빠지고 말았습니다.

이 책을 통해 우리는 자신의 감정, 특히 분노와 더 현명한 관계를 맺는 다양한 방법을 살펴보았습니다. 지금쯤 당신은 가치에 기반한 삶을 살면서 자신의 감정을 받아들이고 마음으로부터 탈융합하는 데 익숙해졌을 것입니다. 그럼에도 불구하고, 우리는 변화를 만드는 것이 얼마나 어려운 일인지 이해합니다. 다른 사람들과의 관계를 개선하기 위해 노력한 이후에도 여전히 자책하고 자신의 행동을 비판하는 모습을 가지고 있을 수 있습니다. 에이드리언처럼 자신을 받아들이는 것이 가장 중요한 상황에서 자신을 외면하는, 즉 자비가 부족한 모습을 발견할지도 모릅니다. 생각은 없애는 것이 아니라는 점을 기억하세요. 우리는 단지 그 생각과 우리의 관계를 바꿀 뿐입니다. 감정 역시 여전히 오르락내리락할 것입니다. 우리는 단지 그것을 알아차릴 뿐입니다.

비판에서 자비로: 차이를 만드는 또 다른 변화

변화를 만들어 냈다고 하더라도 여전히 분노를 경험할 수 있습니다. 지극히 자연스러운 현상입니다. 중요한 것은 그러한 일이 일어날 때 어떻게 행동하느냐입니다. 여전히 분노를 느끼며 자신을 비판하는 일은 놀라운 일이 아니며, 지금도 우리가 하는 것입니다. 인류의 진화에 의한 것이든, 학습에 의한 것이든 우리는 모두 부정적인 편향bias에 빠지기 쉽습니다. 이는 생존을 위한 습관으로, 세상의 잘못된 점을 찾아내고 그것을 응시하게 합니다. 예를 들어, 포식자인 사자가 나타난다면 그것을 빠르게 알아차리고 그 움직임을 응시해야 생존에 도움이 됩니다. 문제는 우리의 내면 경험조차 사자처럼 보일 수 있다는 점입니다. 이처럼 우리는 우리의 생각과 감정에 위협을 받습니다. 이것에 대해 자세히 살펴보겠습니다.

자기비판이라는 함정

현대 사회에서 우리가 흔히 집착하는 대상은 우리 자신에 대한 무가치감입니다. 우리는 습관적으로 인간관계, 일, 외모, 기분, 행동 등에서 자신이 부족하다고 생각합니다. 더 잘하지 못하고, 더 빠르지 못하며, 더 친절하지 못하다고 스스로 비난합니다. 이런 점을 고려할 때, 분노에 대한 감정이나 행동을 자책하며 스스로가 부족하다고 생각할 수 있는 것은 당연합니다. 분노와의 관계를 바꾸려고 노력하는데 잘되지 않거나, 이미 잘하고 있음에도 불구하고 자신에 대한 평가 기준이 매우 높다면 자기비판이라는 함정에 빠질 수 있습니다. 하지만 마음이 하는 일은 그저 마음이 하는 일일 뿐입니다. 마음은 당신을 다른 사람과 비교하게 합니다. '다른 사람들은 나처럼 화를 내지 않는 것 같은데, 나는 왜 이럴까?' 또한 마음은 당신을 자신과 비교하게 합니다. '지난번에는 잘했는데 이번엔 왜 안 되지? 나한테 무슨 문제 있는 거 아냐?' 자기 자신이 가치 없다고 느껴지거나 실패하고 있다고 느껴질 때, 마음이 당신에게 적대적이지는 않더라도, 부정적인 관계를 맺고 있는 것은 아닌지 확인해 보세요.

이런 종류의 자기혐오는 기본적인(자동적이고 타고난) 반사적 반응일 수 있지만, 그것이 자동적이라는 사실을 알아차리지 못하고 사로잡혀 있을 수 있습니다. 우리는 거의 자동적으로 반응해 행동하고, 가혹하게 그리고 오랫동안 자기 자신을 비판하곤 합니다. 이러한 메커니즘은 자신뿐 아니라 다른 사람의 잘못에도 초점을 맞출 수 있습니다. 즉, 다른 사람이 잘못하거나 나쁜 일을 하고 있다고 생각하며 이 생각에 집착해 그들을 비판할 수도 있습니다. 때로는 크게 소리 내어, 때로는 마음속으로 그렇게 하면 안 된다고 외칠 수 있습니다. 다른 사람들도 '내 생각처럼 올바르게' 그 일을 해야 한다고 생각합니다. 다른 사람을 비판할 때 우리 자신에게 가하는 것과 똑같은 부정적인 태도나 적대감을 가질 수 있습니다.

우리 자신이든 타인이든 우리는 이렇게 적을 만들고 있습니다. 비판 속에 갇혀 위협적인 상태로 살기 시작합니다. 거기서는 연결, 공감, 안녕, 사랑의 감정에 다가갈 수 없습니다. 또한 자비에 다가가는 길을 잃고, 때로는 애초에 자비심이 없었거나 혹은 그것을 사용하기에는 이미 녹슬었다고 느낍니다.

자비는 자기비판과 다른 사람들에 대한 비판에서 벗어날 강력한 해독제입니다.

가혹함과 판단 대신 친절하고 개방적인 태도를 갖도록 도움으로써 자신과 다른 사람들의 관계를 크게 변화시키는 강력한 방법입니다.

어떤 이유에서든 이러한 생각 때문에 주저하게 된다면 자비심에 마음을 열어 보십시오. 자비가 당신의 삶과 분노 속에서 당신이 바라는 치유와 회복을 위해 변화를 만드는 효과적인 방법임을 발견할 수 있을 것입니다.

어디서부터 시작할 것인가?

이 시점에서 지금까지 살펴본 내용을 되돌아보는 것이 유용할 것 같습니다. 스스로 이렇게 질문해 봅시다. '내가 분노를 표출하거나 억제하는 것 뒤에 숨겨진 것은 무엇인가?' 분노 뒤에 숨어 있는 것은 상처받고 약한 느낌뿐 아니라 외로움 같은 감정일 수도 있습니다. 화를 내는 것조차 외롭지 않은지 스스로 물어보세요. 고립감을 느끼지 않는지 살펴보세요. 분노 뒤에 숨어 있는 이런 경험을 살펴보기 위해 너무 멀리까지 내다볼 필요는 없습니다. 이러한 감정은 혼자 있다는 느낌, 당신이 애쓰는 것을 사람들이 알아주지 않는다는 느낌, 또는 더 깊은 내면에 있는 감정을 받아들이지 못한다는 느낌을 동반할 수 있습니다. 사랑받지 못하거나 존중받지 못한다는 느낌을 발견할 수도 있습니다. 자신의 진가에 대해서든 실패에 대해서든 그에 대한 비판에 시달리다 보면 더 큰 분노와 고통을 겪게 됩니다.

비판과 고통은 악순환의 고리를 만들고 점점 굳건해집니다. 이는 자신에 대한 비판과 다른 사람에 대한 비판 모두에서 일어납니다. 예를 들어, 다른 사람이 화를 내거나 완고하게 굴 때 그 사람을 멀리하거나 상대하지 않으려 했던 경험이 있을 것입니다. 그런 사람 주변에는 있고 싶지 않습니다. 우리가 화를 낼 때 다른 사람들이 우리에게 하는 행동을 그들에게 똑같이 합니다. 그들을 피하고, 무시하고, 물러섭니다. 우리가 화를 낼 때 다른 사람들이 우리와 거리를 두려고 하는 것처럼 우리도 그렇게 합니다. 이 모든 과정에는 상당한 외로움이 따릅니다. 이 과정에서 당신은 상처를 받고, 다른 사람들도 상처를 받습니다. 그렇다면 어디서부터 변화를 시작할 수 있을까요? 어디서부터 이 악순환을 끊어 낼 수 있을까요?

이 장에서 다룰 주제인 자비로부터 시작해 볼 수 있습니다. 이미 자비에 관해 얘기했지만, 이를 정의해 보는 것도 의미가 있습니다. 자비는 다른 사람의 고통(또는 우리 자신의 고통, 즉 '자기자비')을 덜어 주고자 하는 관심과 바람입니다. 고통을 인식하고, 그 고통이 줄어들기를 바라며 자신과 다른 사람에게 친절하고 따뜻한 자세를 취하는 것입니다. 자비로운 자세는 어떤 변화든 만들어 낼 수 있습니다. 분노, 슬픔, 수치심, 외로움 등의 감정을 치유하는 데도 도움이 됩니다. '화가 나고 상처받을 때, 어떻게나 자신을 아끼고 사랑할 수 있나요?'라고 질문할 수 있습니다. 또는 '내가 다른 사람을 비난할 때, 어떻게 그 사람을 아끼고 사랑을 베풀 수 있나요?'라고 질문할 수도 있습니다. 그것이 불가능하다고 생각할 수도 있습니다.

이것이 놀랍거나 이상하게 들릴 수 있습니다. 어쩌면 당신의 마음이 자비에 관해 이야기하는 것에 반발할지도 모릅니다. 하지만 자비는 강력합니다. 자신과 다른 사람을 위해 자비를 연습하기 시작한다면, 그것이 당신 그대로의 모습과 보살핌에 대한 잠재력을 완전히 일깨워 주는 것을 알게 될 것입니다. 자비의 치유 작용도 알게 될 것입니다. 실제로 많은 연구를 통해 자비가 사람들의 삶과 건강과 안녕을 개선하는 것으로 알려져 있습니다(이는 곧 살펴볼 주제입니다).

자비를 연습하기 시작할 때, 가장 먼저 해야 할 일은 연약함과 슬픔, 수치심, 분노의 감정이 약점이나 비난받을 일이 아니라는 사실을 인식하는 것입니다. 우리는 각자 자신의 수준에서 두려움과 고통을 경험합니다. 그리고 분노에 사로잡히면 우리가 의도하지 않은 방식으로 행동하게 됩니다. 다른 사람이나 우리 자신을 비난하고, 우리의 행동을 표출하거나 억압합니다. 잠시 멈추어 무엇이 분노를 유발하는지 바라보는 것을 잊어버릴 수도 있습니다. 분노의 이면에서 무슨 일이 일어나는지 살펴보는 것을 잊어버립니다. 불안함인가요? 두려움인가요? 슬픔인가요? 누가 옳고 누가 그른지에 대한 생각에 사로잡힌 건가요? 분노는 우리가 연약하게 느껴지는 것을 감추는 목적에 충실합니다. 하지만 감추려는 모습이 무엇이든지, 우리는 여전히 수치심을 느끼고 분노와 고통의 모든 경험에 대해 스스로 비난하기 시작합니다. 여기서 그 악순환의 고리가 작동하는 것입니다.

하지만 자신이 어떤 방식으로 상처받고 있는지 이해하면, 자신이 바라는 것이 분명해지고(인정받는 것 또는 사랑받는 것), 비난에서 벗어나 자기자비로 들어서며, 자연스럽게 더 친절한 공간으로 마음의 문을 열 수 있습니다.

또한 분노 사건 직후나 분노 사건 중에 다른 사람들을 비난할 때도, 내면에 있는 두려움을 받아들이기 시작하면 자비가 당신을 승리로 이끌 것입니다. 일단 현재에 머물고 균형을 잡으면 지혜와 지식의 눈으로 사람들의 행동 뒤에 무엇이 있는지 살펴볼 수 있습니다. '저 사람은 지금 얼마나 심한 불안, 무능함, 혼란에 사로잡혀 있을까?'라고 스스로 질문해 보세요. 그 사람이 어떤 고통을 받고 있는지 알게 되면, 자연스럽게 부드러움과 배려하는 마음을 되찾을 수 있을 것입니다. 이것이 바로 자비의 길입니다.

자비는 수치심과 비판에 집중하지 않을 수 있는 대안을 제시합니다. 고통받을 때 우리 자신과 다른 사람들이 함께하는 방법을 가르쳐 줍니다. 달라이 라마가 한 말처럼 말입니다. "분노는 종종 자비로 어루만져지지 못한 고통일 뿐입니다."

자비심 쌓기

자비는 자신의 고통이나 다른 사람의 고통에 우리 자신을 반응하게 합니다. 자비는 자신이나 다른 사람의 고통을 덜어 주기 위해 돕고자 하는 바람에 전념하는 것입니다. 이는 쉬운 일이 아닙니다. 때때로 우리는 자비를 받을 자격이 없다고 느낍니다. 자신이 자비로웠던 때가 기억나지 않을 수도 있습니다. 자비에는 용기가 필요합니다. 우리를 불편하게 만드는 것을 직면하는 용기, 그리고 두려워하는 것을 직면하는 용기가 필요합니다.

자비의 두 가지 요소

자비는 두 가지 요소로 구분할 수 있습니다. (1) 자신이나 다른 사람의 고통에 대한 개방성과 민감성과 배려, (2) 그 고통을 줄여 주고자 하는 동기입니다. 자비는 분노나 비난의 고통과 아픔 속에서 자신이나 다른 사람에게 더 온화하고 친절하게 대하는 방법을 알려 줍니다.

자비는 고통과 감정적 아픔에 대해 우리가 익숙하게 대처하는 방식과 다른 방법입니다. 사실 우리 문화권에서 자비와는 정반대되는 메시지를 자주 받습니다. 상처받거나 고통스러워할 때, 문화적 메시지는 우리 자신에게 뭔가 잘못이 있다고 말합니다. 힘든 시간을 보내고 있다면 우리는 그것이 우리(또는 다른 누군가)의 잘못이라고 생각하는 경향이 있습니다. 그리고 잘못된 감정 경험을 없애 버림으로써 문제를 해결해야 한다고 생각합니다. 다른 사람이 두려움이나 슬픔을 경험하고 있다면, 이는 그들이 나약하고 동정받을 가치가 없다는 의미로 받아들여집니다. 자비가 없으면 우리는 연약함, 외로움, 고통, 슬픔, 분노를 해결해야 할 문제로 볼 뿐 친절과 배려로 만날 수 있는 경험으로 인식하지 못합니다.

분노의 감정을 안고 사는 것의 어려움을 직면할 때, 습관적으로 행한 분노의 결과물을 직면할 때, 이를 자비의 관점에서 바라보는 것이 불가능해 보일 수 있습니다. 하지만 가능합니다. 단지 그동안 해 왔던 방식과 다르기에 익숙하지 않을 뿐입니다. 자신과 다른 사람에 대한 자비로운 태도 속에서 당신은 삶이 본래 어려움으로 가득 차 있음을 인식하게 됩니다. 우리는 모두 고통, 두려움, 슬픔, 분노, 상실감과 같은 여러 감정적 어려움을 느낍니다. 자비는 이것이 나약함의 징후가 아니라 정상적인 인간의 경험이라는 사실을 깨닫게 해 줍니다. 이전 장에서 살펴보았듯이 이러한 어려움을 받아들이고 해결하기를 피하거나 부정하거나 거절하는 것은 더 많은 고통과 문제를 야기합니다.

자기 자신과 그리고 다른 사람들과 자비로운 관계를 만들어 나가는 것은 우리의 내적 경험과 새로운 관계를 형성하는 데 도움이 됩니다. 분노나 슬픔 같은 불편한 감정에 더 친절하게 대처하는 데 도움이 됩니다. 치유에도 도움이 됩니다. 자비는 가혹함 대신 친절함, 혹독한 비난 대신 온화함, 미움 대신 사랑으로 채워 자기 자신과 꽤 새롭고 건강한 관계를 형성하게 해 줍니다.

이 책에서 중점을 두는 다른 과정과 마찬가지로 자비도 연습하고 발전시킬 수 있습니다. 그 능력을 키워야 합니다. 자비로워지고 싶고 그런 행동을 하고 싶다고 말할 수는 있지만, 그것이 변화를 만들지는 않습니다. 연습과 노력 그리고 인내가 필요합니다. 하지만 모든 형태의 연습에는 보상이 있습니다. 이를 통해 자신과 다른 사람을 더 친절하게 대하는 방법을 배울 수 있습니다. 자비 연습을 시작하며, 어떤 효과가 있는지 알아보겠습니다.

[연습 9.1] 분노를 고통으로 인정하는 자비로운 인식

1단계: 자비는 우리를 고통으로부터 자유롭게 해 줍니다. 이 연습의 목적은 분노는 정상적인 감정적 반응이지만, 분노에 대한 반응이 고통을 만든다는 것을 더 깊이 이해하는 것입니다. 또한 고통에 자비로 반응하면 어떤 일이 일어나는지 확인해 보는 것입니다. 자 이제, 당신이 분노에 사로잡혔을 때를 떠올려 보세요. 분노의 결과가 상당히 문제가 되었던 경험과 그때 어떤 느낌을 받았는지 생각해 보세요. 아래 질문을 읽고, 당시에 관한 기억 속에서 대답을 떠올려 보세요. 각 질문에 하나하나 답을 적을 필요는 없습니다. 그 대답을 마음속에 가지고 있다가, 마지막에 그 경험에 대한 반응을 적으면 됩니다.

1. (그때) 화를 낸 후의 결과에 진정으로 만족하나요?
2. 화를 드러내는 것이 더 편했나요?
3. 안전하다고 느꼈나요? 다른 사람들도 안전하다고 느꼈나요?
4. 다른 사람들과 유대감을 느꼈나요?
5. 당신의 생각과 행동에 당신이 되고 싶은 사람의 모습이 반영되어 있었나요?
6. 분노의 결과가 당신이 바라던 것이었나요?

이 질문에 대한 대답을 아래에 적어 보세요. 마음속에서 수치심이나 자기비판이 떠오르지 않는지 주목해 보세요. 분노와 그로 인한 결과로 고통을 겪고 있음을 알아차리세요.

앞서 떠올린 분노 상황과 관련해 다음 질문을 생각해 보세요.

1. 내가 원하는 것을 얻지 못했다면, 그 순간 행복해지기 위해 무엇이 필요할까요?
2. 분노가 가시지 않은 상황에서 어떻게 편안함을 느낄 수 있을까요?
3. 분노와 아픔의 순간에 어떻게 안전하다고 느낄 수 있을까요?
4. 그 순간에 어떻게 다른 사람들과 유대감을 느낄 수 있을까요?
5. 그 순간에 내가 되고 싶은 사람의 모습을 어떻게 반영할 수 있을까요?
6. 내가 정말 바라는 것은 무엇일까요?

이제 대답을 적어 보세요. 처음에 답했던 질문들보다 답하기가 더 어려울 수 있습니다. 하지만 자신을 믿고 시도해 보세요. 이 상황에서 당신에게 도움이 되는 것은 무엇일까요?

이제 당신이 작성한 글을 다시 읽어 보세요. 비판과 비난이 도움이 될 것이라고 적었나요? 아마 그렇게 적지 않았으리라 생각합니다. 편안함, 안전함 그리고 유대감이 필요한 순간에는 비판과 자기비난이 답이 아니라는 것을 잘 알 것입니다. 지금은 다른 무언가가 필요합니다. 분노의 순간에 자신을 보살피거나 사랑해 줄 수 있다면 어떤 일이 일어날까요? 잠시만이라도 상황이 어떻게 달라질지 상상해 보세요.

2단계: 분노와 관련해 고통을 겪는 다른 사람들에 대해서도 생각해 봅시다. 이 불쾌한 경험은 당신뿐 아니라 함께하는 사람들에게도 영향을 미치는 고통일 수 있습니다. 그들이 고통에서 벗어나도록 돕고 싶다는 바람이 있다고 상상해 보세요. 그 바람을 느끼면서, 이에 따라 당신이 어떻게 행동할지 상상해 보세요. 상상한 내용을 아래에 적어 보세요.

에이드리언의 사례처럼 화가 나면 자신도 모르게 자신을 비난하거나 남을 비난하는 어려움이 여전히 당신을 괴롭힐 수 있습니다. 특히 연약함을 느끼는 상태에서 분노와의 관계를 바꾸려고 노력해 왔다면 더 그렇습니다. 여기서 중요한 것은 비판 또는 비난하는 것이 아닙니다. 자신과 다른 사람에 대한 배려가 부족한 데서 오는 고통을 인식해야 합니다. 자신이나 다른 사람을 향한 거친 언행이 고통을 줄여 주지 않는다는 점에 주목하세요. 이러한 언행은 오히려 고통을 더할 뿐입니다. 여기서 당신이 해야 할 일은 비판과 비난을 자비로 맞서는 것입니다.

자비의 가능성에 대한 여러 가지 질문이 생길 수 있습니다. '당신은 배려심과 친절함으로 자기 자신을 보듬을 수 있는가?', '당신은 사랑으로 다른 사람들을 보듬을 수 있는가?' 다음 연습에서 자비심을 기르는 방법을 알아보고자 합니다.

[연습 9.2] 자비심 기르기

[연습] 오디오 파일

1단계: 조용한 장소에 앉아 여러 가지 이미지를 머릿속에 떠올려 볼 것입니다. (이 연습의 오디오 버전은 QR코드를 활용하거나 https://blog.naver.com/beanalogue/223574815279에서 확인할 수 있습니다.) 각 질문에 대해 이미지를 완전히 떠올릴 수 있도록 시간을 넉넉히 가지세요. 연습을 너무 빠르게 진행하면 자비심을 기르는 과정이 충분하지 않게 됩니다. 질문마다 2~3분 정도 눈을 감고 상상력을 발휘해 보세요. 이미지를 떠올리기 어렵다면, 그와 가장 유사한 사람을 떠올려 보세요. 실제 인물일 수도 있고, 영화나 TV 프로그램 속 인물일 수도 있습니다. 그들을 롤모델로 삼으세요.

1. 당신이 차분하고 현명한 존재라고 상상해 보세요. 어떤 모습이 떠오르는지 아래에 적어 보세요.

2. 당신이 자신의 감정과 다른 사람의 감정을 모두 알아채는 존재라고 상상해 보세요. 어떤 모습이 떠오르는지 아래에 적어 보세요.

3. 당신이 매우 자신감이 넘치고 어떤 어려움도 견딜 수 있는 능력을 가진 존재라고 상상해 보세요. 어떤 모습이 떠오르는지 아래에 적어 보세요.

4. 당신이 자기 자신과 다른 사람들에게 따뜻하고 친절한 존재라고 상상해 보세요. 어떤 모습이 떠오르는지 아래에 적어 보세요.

5. 당신이 다른 사람의 고통을 덜어 주고 싶어 하는 자비로운 존재라고 상상해 보세요. 어떤 모습이 떠오르는지 아래에 적어 보세요.

____

____

____

여러 가지 유형의 존재가 된 자신을 상상하면서 경험한 것을 아래에 적어 보세요.

____

____

____

2단계: 자비심을 베풀 수 있는 사람이라는 느낌을 계속해서 유지해 보세요. 다음 지침을 읽은 뒤, 눈을 감고 지침에 따라 연습해 보세요.

1. 5분 정도 시간을 냅니다. 눈을 감고 자비로운 표정을 지어 보세요. 아마도 친절함이 엿보이는 미소가 드러날지도 모릅니다. 더 단단하고, 성숙하고, 현명하고, 고통을 견딜 수 있고, 친절을 베풀 수 있는 존재처럼 점점 커지는 자신의 모습을 상상해 보세요.

2. 이때 몸에서 느껴지는 감각에 주의를 기울이세요. 지금 이 순간 몸에서 어떤 감각이 느껴지나요?

연습을 완료한 후 당신이 경험한 것을 아래에 적어 보세요. 신체 감각도 모두 포함해서 적어 보세요.

____

____

____

이제 자비로운 사람이 갖출 모든 자질을 생각해 봅시다. 이것이 이 연습을 통해 기르고자 하는 자질입니다. 처음 시작할 때는 쉽지 않을 수 있습니다. 자비심을 기르는 데는 시간이 걸리고, 처음에는 어색할 수 있습니다. 이상하게 들리거나 불편하게 느껴질 수도 있습니다. 우리는 이러한 방식으로 자신에게 친절해지는 데 익숙하지 않습니다. 하지만 친절과 배려, 즉 자비심은 비판과 비난에 대한 훌륭한 해독제가 될 것입니다. 또한 분노와 상당히 다르기 때문에 친절과 배려는 반가운 도전 과제가 될 것입니다. 정말로 도전할 만한 가치가 있는 일입니다. 자신과 타인에게 자비심을 갖는 것은 이상적인 치유 과정입니다. 그리고 고통으로부터의 치유를 의미합니다.

분노가 지배하는 삶에서 벗어나기 위해 지금까지 노력했던 것처럼 자비심을 기르는 데도 노력과 연습이 필요합니다. 이런 치유법에 익숙해지도록 자주 연습해 보세요. 연습을 많이 할수록 타고난 자비심의 능력을 더 쉽게 만날 수 있고, 힘들 때 그 능력을 더 쉽게 발휘할 수 있습니다.

이제 당신은 자비심을 느낄 수 있는 자기감을 상상하기 시작했습니다. 이 경험을 계속 키워 나가세요. [연습 9.2]를 한 번 하고 나서 이런 감각이 발달하지 않더라도 걱정하지 마세요. 다시 돌아가 원하는 만큼 자주 연습하면 됩니다. 각각 제안된 내용을 최대한 구체적으로 떠올리며 이를 경험하기 위해 노력해 보세요. 조금만 끈기 있게 노력하면 이 감각이 발달하기 시작할 것입니다. 또 다른 연습을 통해 자비심을 키워 보겠습니다.

[연습 9.3] 자비심 키우기

조용하게 생각할 수 있는 장소를 찾아 10분 정도 시간을 내어 이 연습을 해 보세요. 먼저 지침을 모두 읽고(필요하면 2번 이상 읽어도 됩니다), 그다음 지침 내용을 따라 연습해 보세요. (이 연습의 오디오 버전은 QR코드를 활용하거나 https://blog.naver.com/beanalogue/223574815279에서 확인할 수 있습니다.)

[연습] 오디오 파일

1. 최근에 분노 때문에 힘들었던 상황이나 분노의 결과(자기비판, 자기비난)로 힘들었던 상황을 떠올려 보세요. 어떤 상황이었는지 아래에 적어 보세요.

2. 아래의 글을 모두 읽은 후, 눈을 감고 그 상황을 최대한 생생하게 떠올려 보세요.

그 상황과 그때 느꼈던 감정을 최대한 생생하게 떠올려 보세요. 그 느낌이 잘 느껴진다면, 지금의 당신보다 훨씬 더 어린 당신이 같은 감정을 느끼고 있다고 상상해 보세요. 그런 다음 당신이 어린 당신을 멀리서 바라보고 있다고 상상해 보세요. 지금 이 순간, 어린 당신이 어떤 감정을 느끼고 있을지 살펴 보세요. 어린 당신이 얼마나 많은 어려움을 겪고 있는지 바라보세요. 시간을 충분히 갖고, 어린 당신의 모습을 있는 그대로 받아들여 보세요. 분노 때문에 또는 자신을 비난하는 것 때문에 힘들어하는 어린 당신을 받아들여 보세요. 그 모습을 보면서 마음속에 도와주고 싶은 마음이 떠오르는지 살펴보세요. 어린 당신에게 어떤 도움을 줄 수 있을까요? 이제 [연습 9.2]에서 발달시킨 당신의 자비심을 이곳으로 가져와 보세요. 차분하고, 현명하고, 자신감 있고, 용기 있는 모습의 자신을 느껴 보세요. 지금 이 순간 자비로운 자신으로부터 느껴지는 감각을 확인해 보세요. 다시 고통받고 있는 어린 당신을 바라보세요. 지금 무슨 일이 벌어지고 있나요? 어린 당신에게 무엇이 필요한 상황인가요? 만약 어린 당신의 귀에 무언가 속삭일 수 있다면, 뭐라고 말해 주고 싶은가요? 당신 마음속에 어린 당신에게 베풀 친절과 배려가 있나요? 당신이 진심으로 아끼고 돕고 싶어 하는 사람에게 그러하듯이, 어린 당신에게 그런 마음을 베풀 수 있을지 생각해 보세요. 어린 자신에게서 느껴지는 강력한 감정과 생각이 이상한 것이 아니라, 어려움을 겪는 상황에서 지극히 인간적인 반응이라는 점을 확인해 보세요. 이러한 배려심과 친절함을 더 확장할 수 있는지 살펴보세요.

3. 이제 눈을 뜨고 당신의 경험을 아래에 적어 보세요.

____

____

____

____

____

에이드리언은 이 두 가지 연습을 하는 동안 눈에 눈물이 가득 차올랐고, 자신이 연약하다는 느낌을 받았습니다. 그간 살아온 분노의 시간 속에서 오랫동안 자신과 적대적인 관계를 맺어 왔다는 것도 깨닫게 되었습니다. 예전의 행동 방식에 대해 스스로 비난해 왔던 것입니다. 이 연습을 마친 후 그는 자신과의 이러한 관계로 인해 생긴 상처도 볼 수 있었습니다. 그는 자신이 비난받아 마땅하다고 생각했지만, 동시에 그 비난이 상황을 더 나쁘게 만들 뿐이라는 것을 깨달았습니다. 에이드리언은 처음 자비심을 기르기 시작했을 때 불편함을 느꼈고, 때로는 그것이 바보같이 느껴지기도 했습니다. 하지만 연습과 끈기를 통해 자비에는 자신을 바꾸는 강력한 힘이 있다는 것을 알게 되었습니다. 그는 고통이 줄어든 것을 알아차렸고, 자신을 더 친절하게 대하고 배려할 기회를 얻었습니다. 이를 통해 분노나 자기비판 대신 의미 있는 행동을 실천하고, 자신의 가치에 더 관심을 쏟는 것이 쉬워졌습니다.

이 연습을 통해 자비심을 기르고, 고통을 덜어내며, 당신이 소중하게 생각하는 가치를 위해 자유롭게 살 수 있기를 바랍니다. 분노나 분노로 인한 다른 감정으로 가득 찬 자신을 발견하면, 단순히 비판과 비난으로 자신을 채찍질하는 것이 아니라 잠시 시간을 내어 자비롭게 지금 무슨 일이 일어나고 있는지 받아들여 보세요. 그저 자신 안에서 일어나는 경험을 알아차리는 것입니다. '와, 내가 지금 화가 났구나', '내가 지금 애를 쓰고 있구나', '지금 매우 힘든 상황이구나', '내가 지금 고통스러워하고 있구나' 하고 말입니다. 그런 다음 고통스러워하는 자신에게 친절하고 배려심 있게 자비심을 표현하세요.

자비심 기르기

우리는 무언가를 기르기 위해 새로운 것을 받아들일 수도 있고, 내 안에 있는 것을 더 키워 나갈 수도 있습니다. 자비심을 기르는 방법에는 여러 가지가 있습니다. 이 책에서 소개하는 방법을 계속 연습하고, 이 외에도 다양한 자비심 기르기 연습을 해 보세요. 인터넷이나 앱스토어에서 자비심을 기르는 다양한 연습을 찾을 수 있을 것입니다.

자신에게 자비심을 적극적으로 표현하기

내면에서 자비심이 생기는 것을 받아들였다면, 다음 단계는 이 자비심을 적극적으로 표현하는 것입니다. 이를 통해 우리 삶에 자비가 온전히 자리 잡게 됩니다. 특히 자신이 약하다고 느껴질 때 자신에게 계속 자비를 표현하세요. 분노, 고통, 수치심 등을 느끼는 당신에게 정말로 필요한 것은 무엇일까요? 용서일까요? 수용일까요? 우정일까요? 안전일까요? 사랑일까요? 그것이 무엇이든 가장 차분하고 현명한 모습으로 자신에게 친절함과 배려를 베풀어 보세요. 마음속으로든 실제로 속삭이든 고통스러워하는 자신을 사랑으로 안아 주고, 떠나지 않을 것이라고 말해 줄 수 있습니다. 때로는 가슴 위에 손을 올리거나 양쪽 뺨에 손을 부드럽게 얹어 마음을 전할 수도 있고, 자기 자신을 가볍게 안아 줄 수도 있습니다. 이는 고통스러워하는 자신에게 자비심을 전달하고, 도와주고자 하는 마음을 전하는 방법이 될 수 있습니다.

다른 사람들에게 자비심을 적극적으로 표현하기

앞서 언급했듯이, 우리는 분노의 행위를 따라 자신을 가혹하게 대할 뿐 아니라, 다른 사람들을 가혹하게 판단하기도 합니다. 특히 분노를 유발한 다른 사람을 비난할 때는 가혹함이 두드러지게 나타납니다. 다른 사람에 대한 가혹한 판단 역시 분노의 한 측면입니다. 다른 사람들이 내가 원하는 대로 행동하지 않거나 어떤 식으로든 나의 기대를 저버릴 때, 우리는 그들을 판단합니다. 이 순간 그들도 나처럼 고통스러워하는 인간이라는 사실을 잊어버립니다. 하지만 그들도 어려움을 겪습니다. 모든 사람이 연약함을 경험하고, 인정받고 사랑받기를 바랍니다. 다른 사람들에 대한 자비심을 키우는 것은 자기 자신을 더 자비롭게 대하는 과정의 일부입니다.

다른 사람들을 향한 자비심을 기른다고 해서 그들이 당신을 다치게 해도 괜찮다거나, 그들을 멈추게 하는 행동을 하면 안 된다는 뜻은 아닙니다. 하지만 그러한 행동이 가혹한 판단에서 오는 경우와 자비심에서 오는 경우는 완전히 다릅니다. 이 차이를 테스트하는 가장 좋은 방법은 실제로 시도해 보는 것입니다. 그전에 무엇이 필요한지 먼저 자세히 알아보겠습니다.

다른 사람에게 자비심을 발휘할 때는 공감이 필수적입니다. 공감은 다른 사람들의 관점, 특히 그들의 감정적 경험과 동기를 이해하는 것을 포함합니다. 다른 사람을 판단하거나, 누군가가 당신에게 상처를 줄 때 이렇게 스스로 질문해 볼 수 있습니다. '저 사람은 왜 그렇게 행동할까?', '저 사람은 어떤 기분일까?', '저 사람은 무슨 생각을 하고 있을까?', '내가 다른 관점으로 바라본다면 그 행동을 이해할 수 있을까?' 이러한 질문에 대한 답은 마음속에 자비심을 불러일으키는 데 도움이 됩니다.

힘든 경험과 어려운 선택으로 가득 찬 삶이 나에게 어려운 것처럼, 다른 사람에게도 마찬가지라는 사실을 기억하세요. 때때로 삶에서 고군분투할 때 어쩌면 우리는 단지 고통으로부터 자유로워지기를 원하는 것일 수 있습니다. 심리학자이자 작가인 마셜 로젠버그Marshall Rosenberg는 비판, 판단, 문제 분석, 분노 표현 등 모든 것이 실제로는 충족되지 않은 욕구unmet need를 표현한다고 보았습니다. 자비와 공감은 일어나는 일을 우리 자신의 관점으로 받아들이는 것이기도 하지만, 다른 사람의 관점을 취하는 것이기도 합니다. 다른 사람들과 더 협력적이고 친절한 소통을 시작할 때, 우리 내면에 이해가 쌓여 갑니다. 이는 분노에 대한 완벽한 대항마입니다.

[연습 9.4] 다른 사람에 대한 자비: 자애 명상

자비와 자애는 매우 비슷합니다. 자애는 자신과 다른 사람이 평화와 행복을 경험하길 진심으로 바라는 마음이며, 모두가 이를 누릴 수 있도록 돕고자 하는 동기입니다. 이 연습은 자신, 다른 사람, 또는 모든 존재에 대해 자애심을 기르는 방법으로 훈련할 수 있습니다. (이 연습의 오디오 버전은 QR코드를 활용하거나 https://blog.naver.com/beanalogue/223574815279에서 확인할 수 있습니다.)

[연습] 오디오 파일

모든 존재에 대한 친절함과 따뜻함을 기르기 위한 이 자애심 연습은 몇 가지 이미지 시각화와 반복되는 문구로 진행됩니다. 아래 적힌 사람들을 머릿속에 떠올리고, 그들을 위한 문구를 외어 반복해 보세요.

- 사랑하는 사람(친절함과 따뜻함이 쉽게 느껴지는 사람)을 떠올려 보세요. 이는 당신이 친절함과 따뜻함을 느끼는 것과 연결되는 데 도움을 줍니다.

· 중립적인 관계에 있는 사람을 떠올려 보세요.
· 생각하면 짜증이 나거나, 좌절감이 느껴지거나, 화가 나는 사람을 떠올려 보세요.
· 당신 자신을 떠올려 보세요.
· 모든 존재를 떠올려 보세요.

눈을 감고 위에 적힌 사람들의 모습을 하나씩 떠올리면서 연습을 시작합니다. 그들의 전신을 떠올려도 좋고, 얼굴만 떠올려도 좋습니다. 일단 마음속에 모습이 떠오르면, 그 사람을 향한 친절함과 따뜻함을 느끼도록 노력하면서 아래 문구를 읊조려 보세요.

· 당신이 행복하기를 바랍니다.
· 당신이 고통에서 벗어나기를 바랍니다.
· 당신에게 사랑이 가득하기를 바랍니다.

(떠올린 존재가 자기 자신인 경우)

· 나 자신이 행복하기를 바랍니다.
· 나 자신이 고통에서 벗어나기를 바랍니다.
· 나 자신에게 사랑이 가득하기를 바랍니다.

문구를 반복해 말하면서, 마음속에 있는 바람과 느낌에 집중해 보세요. 따뜻한 미소를 지으며 말해도 좋습니다.

이 연습을 마무리하며 마음속에 있는 친절함과 따뜻함이 확장되는 것과 이로부터 얻는 만족감도 느껴 보세요. 당신과 모든 존재는 그저 행복하고 평화로워지고 싶을 뿐이라는 사실을 기억하세요.

자신을 위한 자비심을 길러야 하듯이 다른 사람들을 위한 자비심도 길러야 합니다. 자비는 강력한 치유 도구입니다. 자비심을 발휘하고 고통을 알아차리면 긴장이 완화되고 우리가 원하는 것, 즉 이해와 사랑이 명확해집니다.

요약

우리는 분노와 비판으로부터 빠져나와 자신과 다른 사람에 대한 자비심으로 나아가는 여정 가운데 있습니다. 이 여정은 자신의 고통을 인식하는 것과 그 고통을 덜고자 하는 바람을 인식하는 것에서 시작됩니다. 우리는 할 수 있습니다. 꾸준한 연습으로 자비심을 기르고 반복해서 자비심으로 돌아가면, 고통이 완화되고 오래된 상처와 지금 경험하고 있는 아픔이 치유될 것입니다. 인내심을 가지세요. 자비심을 기르는 데는 시간이 걸리며, 새로운 것이나 낯선 것을 시도할 때 겪는 초기의 어려움을 극복해야 합니다. 하지만 조금만 더 견디면 보람이 우리를 기다리고 있습니다.

자비심이 부족한 것 외에도 분노나 분노의 결과로 힘들어하는 이유 중 하나는 용서하지 못하기 때문입니다. 용서는 분노에서 회복하는 또 다른 강력한 도구입니다. 분노는 종종 자신과 다른 사람들에게 해를 끼치는 것으로 이어질 수 있기에 이런 점에서 용서는 그러한 해를 치유한다고 할 수 있습니다. 10장에서는 용서와 그 가능성을 살펴보겠습니다.

10장

용서와 분노

용서는 행동과 자유의 열쇠다.
– Hannah Arendt

앤서니Anthony는 '충동적인' 사람이었습니다. 그는 이제 막 열두 살이 된 막내아들 매튜Matthew가 좋은 성적을 받도록 끊임없이 노력했습니다. 대화를 통해, 때로는 논쟁을 통해 왜 좋은 점수를 받아야 하는지 '가능한 모든 이유'를 얘기했습니다. 앤서니는 학기가 끝날 무렵 매튜의 선생님으로부터 전화를 받았는데, 그의 아들이 여름 학기를 다시 다녀야 한다는 내용이었습니다. 매튜가 받은 성적표에 F가 5개, D가 1개 있다는 것도 알게 되었습니다. 매튜가 집에 오자 앤서니는 선생님과 통화한 일을 말했습니다. 앤서니는 거의 15분 동안 소리를 지르고는 매튜에게 방으로 들어가라고 했습니다. 매튜가 계단을 올라가면서 빈정거리는 말을 했고, 그 소리를 들은 앤서니는 매튜를 뒤에서 발로 차 버렸습니다.

앤서니는 완전히 분노에 사로잡혔습니다. 매튜는 울기 시작했고 방으로 달려갔습니다. 나중에 앤서니는 아들에게 발로 찬 것에 대해 사과했습니다. 매튜는 아버지를 용서했다고 말했지만, 앤서니는 자기 자신을 용서할 수 없었습니다. 자신이 너무나 어리석고 수치스럽게 느껴졌습니다. 스스로 나쁜 아버지라고 자책했습니다.

수년 후, 앤서니가 마침내 치료를 시작했을 때, 그는 아들과 겪었던 이런 일을 몇 가지 털어놓았습니다. 그는 매튜에게 여러 차례 용서를 구했습니다. 그러나 자기 자신을 용서할 수 없었습니다. 자신이 왜 그렇게 행동했는지도 이해할 수 없었습니다. 앤서니는 충동적으로 반응해 아들에게 고통을 준 자신에게 끓어오르는 분노를 느꼈습니다. 그가 치료받으며 검토한 분노와 관련된 여러 문제 중에서 이 사건이 치료의 구심점이 되었습니다. 앤서니는 자신을 용서할 필요가 있었습니다.

지금까지 이 책에서는 자신의 감정에 열려 있고, 자신의 경험을 알아차리며, 자신의 가치에 적극적으로 참여하기 위한 노력을 설명해 왔습니다. 그럼에도 불구하고, 여전히 분노로 힘들어하는 분들이 있을 수 있습니다. 자기비판이 계속됨에 따라 자기자비의 필요성이 생기는 것처럼, 분노와 관련해 공격적이거나 문제를 야기하는 행동을 하는 사람들에게 용서 작업이 필요할 수 있습니다. 자비의 동반자인 용서는 파괴적인 행동의 상처로부터 치유되는 중요한 부분입니다. 이 장에서는 자신과 다른 사람에 대한 용서를 알아보겠습니다.

용서의 과정 시작하기

우리 중 많은 사람이 그랬듯이, 앤서니도 충동적으로 행동한 상황을 겪었고 그 일을 후회했습니다. 충동적으로 행동하면 좋지 않은 결과를 초래하고, 죄책감이나 수치심을 느끼게 됩니다. 후회하는 생각이 계속 들고, 다른 사람이 어떻게 느꼈을지 어떻게 반응했을지에 대한 생각으로 고통에 시달립니다. 이러한 충동적이고 공격적인 행동을 너무 많이 하면 인간관계에도 심각한 손상이 옵니다. 때로는 처벌의 한 형태로 자신과 자기비판적인 관계를 만듭니다. 스스로 '나쁜 놈'이라고 안 좋게 부르거나 혐오하는 말을 하는 등 자책하게 됩니다. 만약 자신의 분노 행동을 곱씹으면서 '내가 도대체 왜 이러는 거지?', '나는 정말 형편없어', '나는 왜 이렇게 항상 일을 저지른 다음에 후회하는 거지?'라고 생각한 적이 있다면, 자기비판의 덫에 걸린 것입니다. 자기비판은 긍정적인 행동 변화로 이어지지 않는 경우가 많기 때문에 자기비판의 덫에서 빠져

나오기가 상당히 어렵습니다.

분노 이후의 자기비판뿐 아니라, 다른 형태의 자기처벌도 있습니다. 예를 들면, 스스로 고립시키기, 분노가 망쳐 버린 것을 되돌려 놓는 것에 집착하기, 그 일이 전혀 일어나지 않았던 것처럼 행동하기 등이 있습니다. 어떤 반응이든 어떤 형태로든 고통을 수반하는 경우가 많으며, 이는 행동의 변화로 이어지지 않습니다. 사실 이러한 자기폄하 행동은 실제로 상황을 더 악화시킬 뿐입니다. 우리가 우리 자신에게 불친절하다면, 다른 사람들에게 친절하게 대하는 것 역시 어려워집니다.

자신과의 관계를 변화시키기 위해 자비롭게 행동하는 것처럼, 자신에게 친절하게 대하는 다른 방법이 있습니다. 방금 설명한 고통 속에는 분노 행동을 용서할 수 없다는 핵심적인 생각이 자리하고 있습니다. 하지만 자신을 용서하고 싶지 않은 마음은 고통과 상처를 계속 헤집을 뿐입니다. 당신에게 피해를 준 사람들, 용서하지 않은 사람들을 떠올리면 어떤가요? 그것이 고통과 상처를 계속 자극하지 않나요? 마찬가지로 우리 자신을 용서하고 싶지 않다는 마음을 가지면, 우리의 고통과 상처로부터 치유되기 어렵습니다.

다른 사람을 용서하지 않는 것은 우리가 받은 오래된 감정을 여전히 가지고 있으며, 그 일이 일어나지 않았기를 바라는 생각을 여전히 가지고 있음을 의미합니다. 우리에게 해를 끼친 사람이 언젠가 대가를 치러야 한다는 생각을 품고 있음을 의미하기도 합니다. 이는 우리 자신을 용서하지 못하는 경우에도 동일하게 적용됩니다. 유연성과 치유는 용서하는 것입니다. 작가이자 명상가인 조코 벡Joko Beck은 이렇게 말했습니다. “기쁨을 아는 우리의 능력은 용서하는 우리의 능력과 밀접한 관련이 있다.”

자기 자신을 용서한다는 것은 공격적이고 자기처벌적인 행동이 용납될 수 있음을 의미하는 것이 아닙니다. 어떤 분노 행동은 매우 해로우며, 지지받거나 용인되어서는 안 됩니다. 하지만 이런 행동으로부터 회복하는 과정에서 더 추가적인 해로움을 만드는 것은 결코 도움이 되지 않습니다. 여기서 필요한 것은 자비와 용서입니다. 용서와 마음의 자유 사이에는 직접적인 관계가 있습니다. 만약 마음속 자유를 느껴 본 적이 있다면 무엇을 의미하는지 알 수 있을 것입니다. 만약 그렇지 않다면, 이 장의 연습을 통해 거기에 도달하는 데 도움을 얻을 수 있을 것입니다. 먼저 용서를 좀 더 깊이 탐구해 보겠습니다.

용서를 더 깊이 탐구하기

용서는 감정이 아닌 행동입니다. 이 책에서 살펴보았듯이 감정은 오르락내리락합니다. 용서에 수반되는 감정 역시 오르락내리락할 수 있습니다. 하지만 용서는 행동이고, 우리는 그것을 자유롭게 선택할 수 있습니다. 언제든지 자기 자신이나 다른 사람을 용서하는 방식을 선택하고, 그렇게 행동할 수 있습니다.

이 책에서 탐구한 ACT 과정에서 용서를 살펴봅시다. 용서는 (1) 수치심이든 슬픔이든 다른 감정이든 당신이 느끼는 것을 기꺼이 느끼고자 하는 것, (2) 자기비판 등의 생각으로부터 탈융합하는 것, (3) 맥락적 자기self-as-context로서 자신이 용서를 위해 노력하는 경험보다 더 큰 존재라는 것, (4) 친절함 또는 그것을 베풀고자 하는 것과 같은 가치, (5) 자기 자신이나 다른 사람들에게 용서를 통해 가치에 기반한 방법으로 전념행동을 하는 것입니다.

다른 말로 표현하자면, 용서는 자신의 감정에 마음을 열고, 증오와 비난이라는 글씨가 새겨진 보호 갑옷을 벗어 던지며, 비난의 이야기를 털어놓고, 자신의 연약함을 마주하며, 치유에 필요한 가치에 기반한 행동을 취하도록 허용하는 것입니다. 이는 어려운 과정일 수 있습니다. 이야기를 털어놓고, 우리 자신에게 품고 있는 원망의 감정을 풀어 주는 것은 결코 쉬운 일이 아닙니다.

그렇다면 어디서부터 시작해야 할까요? 『True Refuge』(2012)의 저자인 타라 브랙Tara Brach의 이야기가 도움이 될 수 있겠습니다. 한 사람이 숲속을 걷다가 나무 아래에서 작은 강아지를 발견했다고 상상해 봅시다. 강아지에게 다가가는 그의 첫 반응은 "와, 정말 귀여운 강아지가 있네?"입니다. 그가 강아지를 쓰다듬으려고 손을 올리자 갑자기 강아지가 으르렁거리면서 이빨을 드러냅니다. 이런 경우 강아지를 이뻐하던 그의 마음에 친절함 대신 분노나 두려움이 생길 수 있고, 심지어 "나쁜 개자식 같으니라고!"라며 소리를 지를 수도 있습니다. 그런데 자세히 보니 강아지 뒷다리가 덫에 걸려 있습니다. 강아지는 겁에 질려 고통스러워하고 있습니다. 그러자 그 사람의 마음속에 또 다른 변화가 일어납니다. "아이고, 안타까워라. 불쌍한 강아지를 어떻게 도와주지?"

그는 강아지에게 물리지 않게 너무 가까이 가지 않도록 조심할 수 있습니다. 그러나 여기서 중요한 것은 그의 마음이 바뀌었다는 점입니다. 그는 으르렁거리는 생명체가 고통으로 힘들어하고 있는 것을 보고 있습니다. 지금 그 강아지는 아파하고 있습니다.

여기가 우리가 시작할 지점입니다. 자기 내면에 있는 '사납게 으르렁거리는' 모습 이면에 실제로 무슨 일이 일어나고 있는지 알아차리는 것입니다. 당신 역시 상처받고 두려워하고 있습니다. 이를 받아들일 수 있다면, 더 앞으로 나아갈 수 있습니다. 자신이 처한 상황에 대해 마음을 누그러뜨리기 시작할 수 있습니다.

용서하고 싶지 않은 마음은 종종 편협하고 쉽게 바뀌지 않는 특징이 있습니다. 이는 가혹해 보일 수 있고, 실제로 가혹하게 느껴질 수도 있습니다. 우리의 행동에 의무와 책임을 기대하는 것은 당연한 일이지만, 비난하고 부끄러워하고 비판하느라 바쁘다면 정작 중요한 책임을 지는 것이 어려워집니다. 고통은 계속됩니다. 우리는 그 밑에 숨겨진 것이 고통이라는 것을 잊은 채 계속 용서에 저항합니다. 당신 안에 용서에 대한 저항이 있는지 살펴봅시다.

[연습 10.1] 용서에 대한 저항 살펴보기

1단계: 이 연습에서는 과거의 분노 행동을 살펴보고, 몇 가지 질문에 대해 생각해 볼 것입니다.

분노로 인해 자신이나 다른 사람에게 해로운 행동을 했던 사건을 떠올려 보세요. 받아들이기 힘들었던 사건, 자신이 한 행동이 정말 마음에 들지 않았던 사건을 구체적으로 떠올려 보세요. 특히 분노 상황에서 공격적으로 행동했거나, 또는 분노를 억압함으로써 자신을 고립시켰던 일을 떠올려 보세요. 그 기억을 떠올린 후, 다음과 같이 스스로 질문해 보세요.

1. 그 일에 대해 나 자신을 용서할 수 있을까?
2. 그 일에 대해 나 자신을 용서하는 것이 뭐가 문제일까?
3. 자기비난을 내려놓는 것이 뭐가 문제일까?

이 질문들을 살펴보면서 혹시 '나는 용서받을 자격이 없어'라는 생각과 함께 용서의 가능성을 부인하는 마음이 들지 않는지 주목해 보세요. 당신이 알아차린 것을 아래에 적어 보세요.

2단계: 그 사건을 계속 떠올리면서, 다른 질문에 대해서도 생각해 보세요.

1. 솔직히, 그 일이 일어났을 때 내가 진짜 두려워했던 것은 무엇일까? 그 화난 행동 이면에 어떤 공포나 상처가 있었을까? 으르렁거리던 내 마음속에 어떤 것이 숨겨져 있었을까?
2. 그때 분노 대신 내가 정말로 느끼는 것들을 드러냈다면 어떤 의미가 있었을까?
3. 통제하고자 하는 욕구 뒤에 숨어 있는 연약함과 마주하는 것이 가능할까?
4. 내가 연약할 수 있다는 것을 기꺼이 받아들인다면, 자기비난과 쓸모없음을 버릴 수 있을까?

지금 우리는 그냥 쉽게 용서하면 된다고 말하는 것이 아닙니다. 용서는 과정이고, 그 과정에서 슬픔이나 죄책감 같은 정서적 어려움에 직면할 수 있습니다. 앤서니는 이 연습을 할 때 슬픔을 느꼈습니다. 그는 자기비난이 자신을 수치심과 분노의 소용돌이 속에 가두는 것을 깨달았습니다. 자기 자신을 잘 대해 주지 못했고, 이에 따라 다른 사람들도 잘 대해 주지 못했다는 것을 알 수 있었습니다.

많은 사람이 비난하는 말을 내려놓는 것을 마치 벌거벗은 듯한 혹은 연약해진 듯한 느낌으로 받아들입니다. 이 연약함을 드러내기 위해서는 기꺼이 하고자 하는 의지가 필요합니다. 용서에도 용기가 필요하다는 것을 알 수 있습니다. 용서는 대담한 행동이기도 합니다. 내 마음을 지키려고 입고 있던 갑옷을 벗어 던지기 위해서는 용기가 필요합니다. 용서의 과정을 좀 더 자세히 살펴보겠습니다.

용서의 과정

용서는 '한 번 하고 끝나는' 행동이 아니라 과정입니다. 누군가를 용서했다고 생각했는데, 나중에 그 일을 다시 떠올리니 기분이 나빠지는 것을 종종 경험합니다. 이럴 때는 용서하는 방식으로 행동하기를 선택하는 것이 가장 중요합니다. 우리는 자신을 용서하는 과정에 있으며, 자유롭게 선택할 수 있는 존재로서 자신에게 친절의 가치를 선택하기로 수없이 결정하고 실천할 수 있습니다. 비난과 비판의 이야기에서 벗어나 후회와 그 긍정적인 메시지에 연결하고(후회는 당신이 그것을 중요하게 여기고 있음을 의미합니다) 친절함에 계속 전념하는 것을 반복하고 또 반복하는 것이 바로 용서의 과정입니다.

장기적으로 용서하는 과정에 임하는 것은 분노를 일깨우는 상처, 두려움, 비난의 악순환으로부터 자유로워지는 데 도움이 됩니다. 으르렁거리는 자신의 모습만 보는 것이 아니라, 뒷다리가 덫에 걸린 모습을 보고 안쓰러워하며 친절을 베푸는 것은 이전까지 경험한 것과는 완전히 다른 경험을 만들어 낼 것입니다. 다시 말하지만, 자신의 연약함을 드러내고 받아들이며 다른 사람들에게도 연약해지는 것을 받아들이는 용기가 필요합니다. 자신의 경험을 억압함으로써 분노 행동을 취하거나, 그 경험을 억누르면서 자신의 진정성을 외면하는 과정에서 자신의 어떤 가치가 손상되었는지 확인하는 용기가 필요합니다. 그리고 손상된 가치들과 다시 관계를 맺는 용기가 필요합니다. 이는 자기 자신과 다른 사람들을 진심으로 용서하는 방식으로 행동하는 것을 의미합니다. 잘못된 용서는 감정을 통제하기 위한 또 다른 전략일 뿐입니다.

이 책에서 소개한 관점 취하기를 연습하는 것도 중요합니다. 여러 관점에서 상황을 보는 것은 매우 유용합니다. 여러 관점에서 자신의 여러 경험을 돌아볼 수 있습니다. 이는 용서 과정에 도움이 됩니다. 인간에게는 학습의 역사가 있는데, 그중 일부는 고통으로 가득 차 있습니다. 분노는 이러한 역사의 결과물입니다. 어릴 때 학대를 받았거나 트라우마 병력이 있으면, 성인이 된 후에도 자신의 경험을 통제하려고 합니다. 용서를 위해 노력할 때는 고통스러움과 연약함이 위험하다는 것을 가르쳐 준 삶의 모든 것에 자비심을 베풀어야 한다는 점을 기억하세요. 다음 간단한 연습이 도움이 될 것입니다.

[연습 10.2] 용서를 위한 관점 연습하기

이 연습은 화를 내는 행동의 맥락을 살펴보는 데 도움이 됩니다. 관점을 취하는 것은 사납게 으르렁거리는 것의 이면에 있는 것을 보고, 자기 자신에 대한 이해를 넓히는 데 도움이 됩니다. 먼저, 당신의 가치와 일치하지 않는 방식으로 화를 내고 행동했던 때를 떠올려 보세요. [연습 10.1]에서 선택한 사건을 떠올리거나, 다른 사건을 떠올려도 좋습니다. 떠올릴 사건을 결정했다면, 아래 질문에 답해 보세요.

1. 그 일이 있었을 때 당신은 몇 살이었나요? 그때의 당신이 실제 나이처럼 느껴졌나요? 아니면 실제 나이보다 더 어리거나, 또는 더 나이가 든 것처럼 느껴졌나요? 실제 나이와 당신이 느낀 나이에 차이가 있었다면, 얼마나 차이가 나는지 그리고 왜 그렇게 느끼는지 적어 보세요.

2. 그때 당신이 그렇게 행동한 의도는 무엇인가요? 그 상황에서 당신이 정말로 바라던 것은 무엇인가요? 분노 속에 숨겨져 있던 자신의 마음을 들여다보세요. 당신이 정말로 바라던 것은 무엇인가요?

3. 화를 내는 행동을 한 후에 의도치 않았던 결과가 나타났나요? 의도치 않은 결과를 깨달았을 때, 어떤 연약함을 느꼈는지 살펴보세요.

4. 그 일 속에 숨겨져 있거나 사라져 버린 당신의 가치는 무엇인가요? 그럼에도 불구하고 그 가치가 여전히 당신에게 남아 있다는 사실에 주목하세요.

5. 이렇게 다양한 관점으로 사건을 바라보는 것이 당신의 그 경험을 용서의 행위로 어떻게 변화시킬 수 있을까요?

6. 지금까지 글로 적으면서 느낀 것들을 고려할 때, 어떻게 하면 자신을 자비롭게 대할 수 있을까요? 필요하다면 9장에서 했던 연습을 다시 떠올려 보세요.

기억하세요. 당신의 역사, 가치, 그리고 인생에서 앞으로 나아가며 만들고자 하는 것에 대한 관점을 갖는 것은 더 따스하고 자비로운 존재로 나아가는 길을 비춰 줄 것입니다.

앤서니의 용서 작업 중 하나는 자기 자신과 그의 어린 시절에 대한 자비심을 키우는 것이었습니다. 그 역시 학교에서 나쁜 성적을 얻었을 때 학대를 당하곤 했습니다. 앤서니는 아버지가 자신을 대하던 방식을 자녀에게 되풀이하고 싶지 않았습니다. 그런 까닭에 그는 아들에게 공격적으로 행동할 때마다 자신의 가치와 위배되는 행동에 수치심을 느꼈습니다. 자신과의 약속을 어겼다고 자책했습니다. 그런 그에게 자신이 살아온 맥락을 인식하고 받아들이는 것이 자신을 용서하는 데 도움이 되었습니다. 앤서니는 행동에 책임을 지고, 현재와 미래에 자신의 가치를 실천하는 데 전념하는 것이 필요함을 깨달았습니다.

이는 또 다른 용서의 과정으로 인도합니다. 즉, 가치에 기반한 행동에 참여하는 것 역시 용서의 과정입니다. '언행일치'라는 말이 있습니다. 머리로 사는 삶이 아닌 발로 사는 삶은 마음이 반대하더라도 실제로 행동하는 것이 중요함을 의미합니다. 가치에 기반한 삶을 추구하기 위해서는 발로 움직여야 합니다. 하지만 명심하십시오. 다른 사람과 우리 자신을 존중하며 살지 않는 한, 우리는 온전히 우리의 가치로 살 수 없습니다. 앤서니는 매튜와 더 많은 시간을 보내며 매튜가 더 열심히 공부해 좋은 성적을 받을 수 있도록 도와주기로 약속했습니다. 그는 자신을 용서하기 위해 이 행동을 선택했지만, 인내라는 가치도 필요하다는 것을 알고 있었습니다. 앤서니는 아들을 위해 인내하는 모습을 보여 주었고, 자기 자신을 위한 인내에 집중했습니다. 매튜를 향한 이 모든 '발로 뛰는 행동'은 앤서니가 얼마나 아들을 아끼는지를 보여 주었습니다.

마지막으로, 현재 진행 중인 용서 과정에 호기심과 관심을 불러일으키는 것이 중요합니다. 자신의 생각과 감정과 감각을 관찰하는 연습을 하다 보면 자신을 더 잘 알게 되고, 자신의 경험을 더 진정성 있게 전달하게 될 것입니다. 지금 이 순간을 마음챙김하며 관찰하는 것이 자유의 열쇠입니다. 그곳에서 선택이 일어납니다. 그 순간에 당신이 가치를 선택한다면, 시간이 지남에 따라 용서받을 필요성도 줄어들 것입니다. 마지막으로 용서 연습을 하면서, 용서를 위한 마음 근육을 계속 키워 나가길 바랍니다.

[연습 10.3] 자신과의 전쟁을 끝내기

[연습] 오디오 파일

때때로 우리는 자신에 관한 어떤 것이 근본적으로 잘못되고 용납될 수 없다는 느낌으로 인해 심한 고통을 경험하곤 합니다. 인간의 불완전성과 화해할 방법을 찾는 것은 치유를 위한 기초 작업입니다. 이 연습을 하는 동안에는 필요한 만큼만 읽으면서 자유롭게 눈을 감고 연습해 보세요. (이 연습의 오디오 버전은 QR코드를 활용하거나 https://blog.naver.com/beanalogue/223574815279에서 확인할 수 있습니다.) 시간을 충분히 갖고, 그 경험을 느껴 보세요.

먼저 편안하게 자리에 앉아 잠시 몸의 긴장을 부드럽게 풀어 주세요. 지금 이 순간 용서에 대해 마음을 열 수 있는지 자신을 살펴보세요.

이제 분노 때문에 용서할 수 없다고 느낀 자신의 모습을 떠올려 보세요. 화를 낸 것, 다른 사람에게 상처를 준 것, 분노를 억누르고 다른 사람들에게 휘둘리도록 자신을 내버려 둔 것 등의 일로 자신을 용서할 수 없다고 생각할 수 있습니다. 잠시 동안 자신의 이런 모습을 온전히 느껴 보세요. 자신 자신과 용서할 수 없는 행동에 대한 혐오를 알아차려 보세요.

이제 조금 더 깊이 살펴보면서 스스로 질문해 보세요.

1. 나의 이 모습에는 무엇이 필요할까?
2. 나의 이 모습은 어떤 두려움을 안고 있을까?
3. 나의 이런 모습이 다른 사람들에게 해가 되었다면, 그 행동은 상처와 불안에서 나온 것일까? 더 강해져야 한다는 마음에서 나온 것일까? 아니면 더 안전해져야 한다는 마음에서 나온 것일까?

이제, 이해심 많은 친구나 가족, 또는 신과 같은 존재가 되었다고 상상하며 당신과 당신의 연약한 모습을 바라 보세요.

당신의 근본적인 욕구와 두려움을 알아차리게 되었다면, 그것을 몸과 가슴과 마음으로 느껴 보세요. 당신의 행동이 싫더라도, 열려 있고 자비로운 시선으로 그 근본적인 연약함을 바라 보세요. 가슴에 손을 얹고, 두려움과 충족되지 않음이 있는 곳에, 용서할 수 없다고 느낀 것들이 만들어 낸 고통에 자기자비의 메시지를 보내 보세요. 마음속으로 이렇게 속삭일 수 있습니다. '내가 얼마나 나 자신에게 고통을 주었는지 이제 잘 압니다. 그런 나를 용서합니다.' 또는 마음속으로 '용서합니다, 용서합니다' 같은 메시지만 줄 수도 있습니다.

두려움, 판단, 수치심, 슬픔 등 어떤 감정이 일어나든 용서의 메시지를 보낼 수 있습니다. 마음속에 떠오르는 저항도 '용서하고, 용서합니다'라며 용서하는 마음으로 마주할 수 있습니다. 당신이 깊이 사랑하고 이해한다고 생각하는 존재를 상상하며, 그 존재로부터 당신에게 흐르는 지지와 자비를 느껴 보세요. 상처받고 연약한 부분에 조건 없이 용서하는 마음을 가져올 때 어떤 일이 일어나는지 살펴보세요(Brach, 2012 참조).

연습이 끝나면 당신이 경험한 것에 대한 생각을 아래에 적어 보세요.

____

____

____

____

____

____

자신을 용서할 수 없다고 느낄 때는 자신이 용서받을 자격이 없다고 믿거나, 스스로 용서하더라도 똑같은 일을 반복할 것이라는 걱정이 들 수 있습니다. 어쩌면 용서의 마음으로 자신을 받아들였다가 견딜 수 없는 진실을 마주하게 될까 봐 두려울지도 모릅니다. 이러한 의심과 두려움이 일어나더라도 이를 자비심으로 인정하고 받아들여 보세요. 그런 다음 자신에게 "나는 나 자신을 용서할 수 있을 때가 왔을 때, 나 자신을 용서하겠다는 마음을 가지고 있습니다"라고 말해 주세요. 용서하려는 마음을 갖는 것은 용서의 씨앗을 심는 것과 같습니다. 이 의지가 점차 당신의 마음을 넓혀갈 것입니다.

다른 사람을 용서하는 것

이 장의 마지막 부분에서는 다른 사람에 대한 용서를 살펴보고자 합니다. 하지만 시작하기 전에 여기서 하는 작업의 숭고함을 깨닫게 되기를 바랍니다. 우리는 모두 타인으로부터 상처를 받았습니다. 이런 고통에서 예외인 사람은 없습니다. 그리고 이 단순한 사실에 근거해 일종의 인간적 오류를 공유합니다. 우리는 인간이고, 인간이 할 수 있는 실수를 저지릅니다. 우리는 개인적으로나 집단적으로 서로에게 상처를 줍니다. 사실, 이를 인식하는 것 자체가 고통의 본질적인 특성을 알고 있음을 의미하기도 합니다. 따라서 타인을 용서하는 행위에는 존엄성과 숭고함이 있습니다. 바가바드 기타Bhagavad Gita는 "용감함이 무엇인지 보고 싶다면 증오를 사랑으로 보답할 수 있는 자를 보라. 영웅을 보고 싶다면 용서할 줄 아는 자를 보라"라고 했습니다.

고통에서 자유로운 이는 없다는 공동의 인간성을 인식한다면 다른 사람에 대한 용서가 더 가능해질까요? 실제로 헨리 롱펠로Henry Longfellow는 "적이라고 하더라도 만약 그들이 살아온 개개인의 삶을 들여다볼 수 있다면, 우리는 모든 적대감을 해소할 만큼 충분한 슬픔과 고통을 발견할 수 있을 것이다"라고 말했습니다.

그래서 우리는 이렇게 묻고 싶습니다. "우리 역시 다른 사람들 앞에서 우리 마음을 무장 해제할 수 있을까?" 이는 다른 사람들이 우리를 다치게 내버려 두는 것을 의미하는 것이 아닙니다. 우리는 자비롭고 관대할 수 있지만, 여전히 거절할 수도 있습니다. 다른 사람을 용서한다고 해서 해로운 행동을 용납하는 것은 아닙니다. 용서하고 잊으라는 것도 아닙니다. 해로운 행동은 막아야 하며, '나나 다른 사람을 위해서라도, 이 고통이 유지되지 않도록 최선을 다하겠다'라고 내적 결단을 내릴 수도 있습니다. 용서에 대한 흔한 오해는 용서를 약점으로 보거나 해로운 행동을 무시하는 것으로 보는 것입니다. 하지만 용서는 그 반대로 '다시는 이런 일이 일어나지 않게 할 것이다. 나는 필요한 일들을 하겠다'라는 다짐과 같습니다.

또한 다른 사람에 대한 용서는 분노, 증오, 상처, 두려움의 손아귀로부터 우리 주변의 세상을 해방시키는 데 도움이 됩니다. 용서는 친절의 지혜를 보게 해 줍니다. 삶 속에서 길을 잃더라도, 어떻게든 다시 이 세상에 연결되고 신뢰를 느끼게 해 줍니다.

마지막으로 가장 중요한 질문은 '누구를 위한 용서인가?'입니다. 용서는 무엇보다 당신을 위한 것입니다. 다른 사람을 용서하는 것에도 힘이 있지만, 더 큰 힘은 당신 자신을 위한 용서에 있습니다. 그것은 당신이 더 큰 행복을 느끼게 해 줍니다. 다른 사람에 대한 용서는 당신 자신의 마음을 깊은 곳에서부터 해방시켜 줍니다. 이는 외부에서 어떤 일이 일어나든 상관없이 주어지는 자유입니다. 다른 사람들을 용서함으로써 우리는 자신을 새롭게 하고, 우리가 살아가는 세계와의 관계를 새롭게 할 수 있습니다.

요약

자비와 용서를 통해 분노로부터 더 온전한 치유를 시작할 수 있습니다. 수용, 탈융합, 지금 현재, 맥락적 자기, 가치, 전념행동이라는 ACT의 여섯 가지 핵심 과정은 자비와 용서를 펼칠 수 있는 방법입니다. 각 과정은 하나의 과정으로 지속적으로 참여해야 합니다. 이러한 과정과 연습은 당신이 쏟는 모든 노력 만큼의 가치가 있습니다.

마지막 장에서는 분노의 활용을 살펴볼 것입니다. 분노를 건강하게 활용하고, 긍정적인 변화의 동기로 활용하는 분노의 기능에 대해 탐구해 보겠습니다.

11장

끝은 새로운 시작을 의미한다

당신 말고는 아무도 당신에게 평화를 가져다줄 수 없습니다.
– Ralph Waldo Emerson

마지막 장에서는 세 가지 중요한 목표가 있습니다. 첫째, 사회적 맥락에서 분노의 가치를 간략히 살펴보고, 분노가 동기 부여의 역할을 하며 긍정적인 사회 변화를 이끄는 데 도움이 된다는 점을 살펴봅니다. 둘째, ACT의 내용과 분노와의 관계를 바꾸는 것이 무엇을 의미하는지 정리합니다. 셋째, 분노를 다스리는 여정에서 앞으로 나아감에 있어 이 장의 제목이 의미하는 바에 관해 이야기합니다. 다른 장과 마찬가지로 분노로 힘들어하는 사람의 사례로 시작하겠습니다.

사회적 맥락에서 분노의 가치

앤서니Anthony는 성적 성향 때문에 괴롭힘을 당해 온 49세 게이입니다. 그동안 겪은 수많은 사건 중에서 집 근처를 걷던 중 일어난 일입니다. 지나가던 차 안에서 어떤 사람이 그의 성적 취향을 언급하며 큰 소리로 욕설을 퍼부었습니다. 앤서니는 그 순간 폭력을 당할까 봐 온몸이 마비되는 것을 느꼈습니다. 다음 치료 세션에서 그는 치료사에게 이 사건을 설명했습니다. 치료사는 앤서니를 위협한 그들의 이야기를 듣는 동안 자신의 내면에서 분노의 감정이 일어나는 것이 느껴진다고 솔직히 말했습니다. 한편 앤서니는 분노를 느끼는 것이 어렵다고 말했습니다. 그는 대부분 분노보다는 두려움을 느꼈습니다. 하지만 그와 치료사는 사회적 불평등 문제와 성적 소수자에 관한 문제를 탐색했고, 앤서니는 자신 안에 분노가 고조되는 것을 알아차리기 시작했습니다. 그들은 분노가 사회적 불평등과 관련해 어떻게 중요한 동기 부여 기능을 할 수 있는지 탐구하기 시작했습니다.

앨리샤Alicia는 임신 8개월 차였고, 출산 전 배우자와 함께 마지막 산전 진찰을 받았습니다. 진찰받는 동안 의사는 "남편에게 신경 쓰는 것도 잊지 마세요. 그에게도 필요한 게 있답니다"라고 말했습니다. 그것이 남편과 성관계해야 한다는 말을 돌려서 표현했다는 사실을 알게 된 앨리샤는 속에서 '불이 끓어오르는 것'을 느꼈습니다. 그녀는 그 말에 당황했고, 이어서 무신경하고 가부장적인 의사의 말에 분노를 느꼈습니다. 앨리샤는 단호한 어조로 "뭐라고요?"라고 대답했습니다. 그러자 의사는 "네, 환자분 마음은 충분히 이해합니다"라고 무성의하게 대답했습니다. 앨리샤는 망연자실해서 더는 말하지 않았습니다. 그리고 심리치료를 하는 동안 치료사에게 그 의사와 그의 행동에 대해 뭐라고 더 말하지 않은 것에 수치심을 느꼈다고 말했습니다.

분노가 항상 적인 것은 아니다

앤서니와 앨리샤가 그들이 겪은 일에 분노를 느낀 것은 충분히 이해할 만한 일입니다. 달라이 라마는 고통에 '분노해야' 하며, 그것이 불의와 차별에 맞서 행동을 취하게 만드는 일종의 자비심을 불러일으켜야 한다고 말했습니다. 분노는 우리가 차별당하는 일을 멈추도록 행동하게 합니다. 성적 성향, 성별, 인종, 종교, 경제적 지위, 연령, 장애 등 사회적 불평등에 대한 분노는 정상적입니다. 자신이나 다른 사람의 고통으로 인해 분노에 휩싸이면, 우리는 말 그대로 앞으로 나아갈 수 있습니다. 분노는 우리를 좀 더 정의롭고 평등한 사회를 만들기 위한 행동을 하도록 힘을 줄 수 있습니다.

앞서 9~10장에서 자비와 용서에 대해 살펴보았지만, 건강한 변화를 만드는 데 있어 분노의 가치도 인정하고자 합니다. 사실 자비와 용서가 필요하다고 해서, 그것이 분노가 필요 없음을 의미하는 것은 아닙니다. 이는 특히 사회적 행동과 돌봄의 맥락에서 더 중요합니다. 분노의 맥락과 원인은 매우 중요합니다. 이 책을 통해 살펴본 바와 같이 분노를 경험하게 된 원인을 진정성 있게 성찰하는 것이 도움이 될 것입니다.

분노를 일으키는 사회적 문제는 무수히 많습니다. 개별적으로 책을 써 낼 수 있을 만큼 다양하고 많습니다. 여기서는 각각의 문제를 다루기보다 광범위한 문제를 간단히 설명한 다음, 분노와 사회적 문제에 대해 더 많이 생각할 수 있는 사례를 살펴보고자 합니다.

사회적 맥락에서의 분노

진화론적 관점에서 감정을 생각해 보면, 감정이 생존과 관련된 환경 신호에 민감하게 반응하는 데 어떻게 도움이 되는지 알 수 있습니다. 위협에 직면했을 때 화를 내는 것은 어떤 의미가 있을까요? 분노는 우리가 행동하도록 연료를 공급해 위협으로부터 자신과 다른 사람을 보호합니다. 사회적 불공정social injustice은 그러한 위협 중 하나로 볼 수 있으며, 분노는 항의하는 것과 관련된 전형적인 감정입니다.

분노와 분함을 이용하는 한 가지 방법은 그것을 일종의 정보로 보는 것입니다. 분노는 어떤 경계를 넘어섰음을 알아차리도록 도와줍니다. 분노가 전달하고자 하는 것이 무엇인지 탐구하면 대화, 시위, 사회운동을 통해 사회문제를 확인하고 이에 맞서는 데 도움이 됩니다. 또한 분노에는 경고 기능도 있습니다. 분노는 다른 사람들에게 우리의 말을 듣고 행동에 주의를 기울이는 것이 중요함을 알려 줍니다.

분노는 종종 변화를 일으키는 데 필요한 촉매로 작용합니다. 분노는 고통스럽고 때로는 불안정하지만, 효과적인 도구로 사용될 수 있습니다. 분노를 현명하게 다룬다면 의미 있는 행동에 박차를 가하고, 우리 자신과 다른 사람들을 옹호하며, 변화에 영향을 미치는 데 사용할 수 있습니다. 조금 더 자세히 살펴보겠습니다.

분노와 사회적 정의

사회적 맥락에서 분노는 전통적으로 공격성 및 적대적 행동과 관련이 있는 것으로 여겨져 왔습니다. 하지만 일련의 연구(Van Doorn, Zeelenberg, Breugelmans, Berger, & Okimoto, 2018)에 따르면 제3자 분노 경험(누군가에게 해를 입히는 것을 볼 때 겪는 분노)이 친사회적 행동으로 이어질 수 있는 것으로 나타났습니다. 구체적으로 살펴보면, 분노가 사회적 공유social sharing, 피해자에 대한 보상, 약자를 돕는 것 같은 긍정적 행동을 촉진한다는 증거가 있습니다. 분노는 공정성과 보상 필요성에 대해 더 깊이 생각하게 합니다.

또 다른 연구에서는 도덕적 분노moral outrage가 동정심보다 친사회적 행동을 더 강력하게 예측하는 것으로 나타났습니다(Eisenberg & Fabes, 1990). 분노는 도덕적 질서를 유지하고, 무너진 사회적 질서를 회복하기 위한 깊은 도덕적 감정일 수 있습니다. 실제로 분노는 사회 정의 운동이 시작되는 이유가 되기도 합니다.

[연습 11.1] 사회적 맥락에서 자신의 분노 평가하기

사회적 불평등을 목격했거나 경험했던 때를 떠올려 보세요. 차별이나 불평등, 소외 계층에 가해지는 사회적 불평등 등 모든 것이 포함될 수 있습니다. 당시 상황을 떠올리면서 그 일에 대해 분노를 경험했는지 주목해 보세요. 이러한 상황은 복잡하게 얽혀 있기 때문에 지금 당장 생각나지 않을 수도 있습니다. 더 쉬운 방법은 다른 사람이 피해를 입었을 때 그것을 보며 경험했던 분노를 떠올리는 것입니다. 그 집단적 고통에 대한 경험과 분노의 감정을 아래에 적어 보세요.

____

____

____

____

____

그런 상황에 대해 분노를 경험한 적이 있다면 다음 질문에 대답해 보세요.

1. 분노를 가치에 기반한 행동으로 바꿀 방법이 있을까요? 어떻게 분노가 당신의 동료가 될 수 있을까요?

2. 분노를 경험하면서, 이전보다 더 중요한 일을 해야겠다고 다짐했던 적이 있나요?

이 연습의 요점은 지금 당장 밖으로 나가 친사회적인 일을 해야 한다고 말하는 것이 아닙니다. 적절한 맥락에서 분노의 유용성을 알아보는 것입니다. 이 감정을 바탕으로 변화를 일으키고자 하는 동기가 있다면, 분노는 긍정적인 목적을 달성한 것입니다.

도덕적 질서가 파괴되거나 위반되었을 때 분노는 위반의 크기를 확인하고 알리는 신호 역할을 합니다. 또한 위반을 복구하고 수리하기 위한 에너지의 공급원이 되기도 합니다. 분노는 억압적인 행위에 대한 정상적이고 필수적인 반응이며, 특히 인종 및 성차별과 같은 만연한 불평등에 직면할 때 더욱더 그렇습니다. 분노에 공감하고 전달하는 방법을 배우면, 우리는 더 효과적인 운동가이자 활동가가 될 수 있습니다. 사회의 더 큰 맥락에서 분노를 통해 더 나은 행동을 취하도록 동기를 부여받을 수 있습니다.

친사회적 변화의 개별 사례로 앤서니와 앨리샤의 이야기를 다시 살펴보겠습니다. 앤서니는 LGBTQ+(성소수자) 커뮤니티를 돕는 것으로 그 분노를 이용했습니다. 그는 분노를 자신이 매우 가치 있다고 생각하는 일에 참여하도록 동기를 부여하는 데 사용했습니다. 그의 분노는 에너지로 변했고, 도움이 필요한 다른 성소수자들을 돕는 데 필요한 것을 주었습니다. 한편 앨리샤는 두 가지 방법으로 분노를 표현했습니다. 먼저, 마음을 가다듬고 다시 의사와 대면했습니다. 그녀는 의사가 했던 말이 옳지 않다는 것을 알리고, 앞으로 자신을 존중해 달라고 부탁했습니다. 그런 다음 자녀가 있는 여성을 위한 작은 지역 모임을 시작했습니다. 이 단체는 서로를 지지하고, 임신과 출산 중 여성 문제에 대한 평등과 감수성에 대해 효과적으로 소통할 방법을 찾는 데 중점을 두었습니다. 그들은 전국의 산부인과에 편지를 보냈습니다. 앤서니와 앨리샤 모두 분노를 자신의 변화를 이끌어 내는 데 사용했습니다.

마지막으로, 앞으로 있을 수 있는 친사회적 행동을 고려해 먼저 약간의 숙제를 해 보길 권합니다. 분노를 통해 도덕적 질서의 위반 규모를 파악하고 소통할 수 있는 정보를 얻을 수 있는 것처럼, 실제적인 정보는 하고 싶은 일의 맥락을 이해하는 데 도움이 될 수 있습니다. 분노와 성별을 예로 들어보겠습니다. 아마 이 내용에 놀랄 수도 있습니다.

분노와 성별에 대해 알아보기

먼저 남성과 여성이 분노를 느끼는 방식에 대한 오해를 빠르게 해소해 보겠습니다. 예를 들어, 남성이 여성보다 분노를 더 많이 경험한다고 생각할 수 있습니다. 하지만 DiGiuseppe와 Trafrate(2004)는 그들의 연구에서 남성과 여성이 동등하게 분노를 경험한다는 사실을 발견했습니다. 남녀 모두 동일한 강도의 분노를 경험하며, 성별을 가리지 않고 분노 치료 및 관리 프로그램을 거의 동등하게 찾습니다. 연구자들은 분노를 표현하는 방식에서 남성과 여성에 따른 차이가 나타난다는 점에 주목했습니다. 남성은 여성보다 공격적, 수동-공격적, 강제적인 방식으로 분노를 분출하는 경향이 있습니다. 또한 충동적으로 분노를 처리하는 경향이 있으며, 분노 행동을 할 때 복수를 생각하는 경우가 더 흔합니다.

또한 남성의 공격적인 행동은 문화와 시대에 따라 달라지는 경향이 있습니다(Pinker, 2011). 반대로 여성은 분노가 더 오래 지속는 경향이 있으며, 겉으로 분노 감정을 표현하는 경우는 적지만 분노에 관해 이야기하는 경우는 더 많습니다. 또한 분노를 느낄 때 더 분개하는 경향이 있습니다. 마지막으로, 남녀 모두 나이가 들수록 분노를 덜 경험하며, 50세 이후에는 분노가 감소합니다. 그러나 남성은 여전히 화가 났을 때 공격적으로 행동하는 경향이 더 크고, 여성은 분노 감정이 더 오래 지속되는 경향이 있습니다(DiGiuseppe & Tafrate, 2003).

남성과 여성은 분노를 다르게 표현하도록 사회화되어 있음을 인식하는 것이 중요합니다. 이는 연구자들이 남성과 여성의 분노에 대한 차이에 관심을 두는 지점이자, 남성과 여성의 분노에 대한 고정관념이 지속되는 이유이기도 합니다. 어릴 때부터 여자아이의 분노 표현은 '숙녀답지 못한' 것으로, 남자아이의 공격적인 분노 표현은 '남자다운' 것으로 여겨집니다. 이런 식으로 여성보다는 남성이 분노를 표출하는 것이 사회적으로 용인됩니다. 안타까운 점은 여성들이 분노를 경험하는 것이 분명한데도 불구하고 겉으로는 그렇지 않아 보인다는 것입니다. 소녀들의 감정은 어린 시절부터 통제됩니다. 그리고 분노는 불의에 대한 첫 번째 방어 수단이기 때문에 소녀와 여성에게 가장 허용되지 않는 감정으로 남아 있습니다. 기억해야 할 중요한 사실은 남자도 여자도 분노를 소유하는 것이 아니라는 점입니다. 분노는 보편적인 인간의 감정이고, 특정한 성별에 속하는 것도 아닙니다.

이 내용 중에 그동안 몰랐던 새로운 사실이 있나요? 그렇다면 앞으로 친사회적 행동을 위한 조치를 취할 때 정보를 수집해야 할 이유가 더 커집니다. 오해와 고정관념을 버리면 이러한 노력을 시작할 때 도움이 될 것입니다.

[연습 11.2] 분노를 좋은 방향으로 전환하기

[연습 11.1]에서 떠올린 상황을 다시 살펴봅시다. 다시 한번 당신이 분노를 경험했던 사회적 불평등 상황을 떠올려 보세요. 분노가 무엇을 바라는지, 당신은 무엇을 변화시키고 싶은지 주목해 보세요.

1. 그 분노는 당신에게 무엇을 말하고자 하나요? 분노는 당신이 가치 있게 생각하는 것에 관해 무엇을 알려 주나요?
2. 그 분노는 우리 모두에게 좋은 것과 연관이 있나요?
3. 그 분노로 인해 어떤 행동을 하게 된다면, 그 행동의 궁극적인 이점은 무엇인가요?

아래에 대답을 적어 보세요.

분노가 없는 세상은 고분고분하고 조용한 세상이겠지만, 정의로운 세상은 아닐 것입니다. 분노는 사회에 긍정적인 힘이 될 수 있습니다. 도덕적 질서를 만들고 유지하거나, 사회 질서를 회복하는 데 도움이 될 수 있습니다.

ACT 및 분노와의 관계 변화시키기

지금까지 분노라는 감정에 유연하게 대처하고, 이 감정을 분출하거나 억누르지 않고 자신이 가장 중요하게 여기는 것에 전념하는 다양한 방법을 살펴보았습니다. 이를 통해 분노와 그 이면에 있는 연약함과 같은 감정을 기꺼이 경험하기로 선택하고, 분노와 비판적인 생각으로부터 탈융합하며, 자신의 경험에 대한 일종의 개방성을 발견하게 될 것입니다. 과거나 미래에 지나치게 집중하는 것이 아니라 지금 현재로 관심을 돌리면 기쁨이 더 커지고 세상을 살아가는 감각은 더 생생하게 살아날 것입니다. 당신이 경험하고 있는 감정과 당신의 분노보다도 더 큰 자기감에 연결되면, 삶을 더 진실하게 느끼고 자신을 통해 흐르는 방대한 경험에 마음을 열게 될 것입니다. 마지막으로, 전념행동을 통해 자신의 가치에 따라 살기를 선택하면서 삶의 의미가 확장되고, 자신이 바라는 것을 보여 주는 삶을 살게 될 것입니다.

우리는 당신이 열려 있고, 알아차리며, 참여하는 유연한 자세를 통해 자신 및 다른 사람과의 현명한 관계, 즉 연결되고 사랑하는 삶으로 나아가기를 소망합니다.

이 책은 끝나지만, 당신의 여정은 이제 시작됩니다

이 책에서 다룬 핵심 내용은 당신과 당신의 감정 및 생각과의 관계에서 어떻게 융통성을 발휘할 것인가입니다. 우리는 당신이 가장 중요하게 생각하는 방향으로 적극적이고 단호하게 나아가는 방법을 탐구했습니다. 이제 책의 끝자락에 도달했습니다. 하지만 당신의 여정은 계속될 것입니다. 끝은 새로운 시작을 의미합니다. 당신은 이 책에서 연습한 것들을 삶에 적용함으로써 잠재력을 계속 펼쳐나가고 더는 분노의 노예가 되지 않을 것입니다. 사실 분노는 당신의 동료가 될 수 있고, 특히 사회 정의 문제와 관련해 당신을 도울 수도 있습니다.

자신의 감정과 다른 사람들을 통제하려는 노력을 내려놓음으로써 찾은 자유가 당신의 가치관에 따라 펼쳐지는 삶을 살아가는 데 온전히 사용되기를 기원합니다.

참고문헌

Brach, T. (2012). True refuge: Finding peace and freedom in your own awakened heart. New York: Bantam.

DiGiuseppe, R., & Tafrate, R. C. (2003). Anger treatment for adults: A meta-analytic review. Clinical Psychology: Science and Practice, 10, 70–84. https://doi.org/10.1093/clipsy/10.1.70

Doran, G. T. (1981). There's a SMART way to write management's goals and objectives. Management Review, 70, 35–36.

Eisenberg, N., & Fabes, R. A. (1990). Empathy: Conceptualization, measurement, and relation to prosocial behavior. Motivation and Emotion, 14, 131–149. https://doi.org/10.1007/BF00991640

Hayes, S. C., Strosahl, K. D., & Wilson, K. G. (2012). Acceptance and commitment therapy: The process and practice of mindful change (2nd ed.). New York: Guilford Press.

Lee, A. H., & DiGiuseppe, R. (2018). Anger and aggression treatments: A review of meta-analyses. Current Opinion in Psychology, 19, 65–74. https://doi.org/10.1016/j.copsyc.2017.04.004

Pinker, S. (2011). The better angels of our nature: Why violence has declined. New York: Viking.

Stemmler, G., Aue, T., & Wacker, J. (2007). Anger and fear: Separable effects of emotion and motivational direction on somatovisceral responses. International Journal of Psychophysiology, 66, 141–153.

Van Doorn, J., Zeelenberg, M., Breugelmans, S. M., Berger, S., & Okimoto, T. G. (2018). Prosocial consequences of third-party anger. Theory and Decision, 84, 585–599.

지은이

로빈 D. 월서

TL 상담 및 심리 서비스의 책임자이자, Bay Area 트라우마 회복 임상 서비스의 공동 책임자이다. 그녀는 국립 PTSD 센터에서 근무하며, 과학을 임상 실천으로 전환하는 것을 연구하고 보급하는 활동을 하고 있다. 또한 캘리포니아대학교 버클리 캠퍼스에서 심리학과 임상 조교수로 재직 중이다. 또한, 임상심리사로서 국제 교육, 컨설팅, 심리치료 업무를 꾸준히 이어오고 있으며, 『ACT의 핵심(The Heart of ACT)』, 『수용전념치료 배우기(Learning ACT)』, 『부부의 마음챙김(The Mindful Couple)』, 『외상후 스트레스 장애 및 외상 관련 문제의 치료를 위한 수용전념치료(Acceptance and Commitment Therapy for the Treatment of Post-Traumatic Stress Disorder and Trauma-Related Problems)』, 『성직자와 목회상담자를 위한 ACT(ACT for Clergy and Pastoral Counselors)』 등 6권의 서적을 집필하였다.

마누엘라 오코넬

ACT 치료사이자 트레이너로, 영어와 스페인어로 워크숍과 세미나를 진행하고 있다. 그녀는 아르헨티나 부에노스아이레스의 파발로로대학교 교수이며, 일반 대중을 위한 ACT 및 마음챙김 워크숍을 개최하고 있다. 그녀는 『가치 있는 삶』이라는 스페인어 자가관리 서적을 집필하였으며, 『ACT의 핵심(The Heart of ACT)』 집필에도 기여했다.

옮긴이

권찬영

한의사, 한의학 박사이자 한방신경정신과 전문의로, 강동경희대병원 한방병원에서 전문의 과정을 마치고, 경희대학교에서 박사학위를 취득하였다. 현재 동의대학교 한방신경정신과 조교수로 근무하고 있으며, 부속 병원인 동의대학교부속한방병원에서 화병 · 스트레스 센터를 운영하며 진료하고 있다. 대표 역서로는 『항불안제 중단하기 치료자 가이드(2판)』(2021, 시그마프레스), 『임상의를 위한 멘탈한방 입문』(2021, 군자출판사), 『플로차트 정신질환의 한방치료』(2021, 물고기숲) 등이 있고, 『재난트라우마의 한의사 진료 매뉴얼(안)』(2022, 집문당)을 공동 집필하였다. 근거기반의학, 노인의학, 환자중심의학에 관심을 가지고 있으며, 한방신경정신과, 노인의학, 보완통합의학 분야에서 약 160여 편의 논문을 저술했다. 임상에서 분노와 관련된 대표적인 정신장애인 화병(火病)의 치료를 위한 ACT 프로그램을 개발하여 사용하고 있으며, 화병의 치료에서 ACT를 활용한 디지털 치료기기를 개발하는 국가과제를 수행하고 있다.

분노 관리를 위한 ACT 워크북

초판 1쇄 인쇄 2024년 10월 4일
초판 1쇄 발행 2024년 10월 11일

지은이 | 로빈 D. 월서, 마누엘라 오코넬
옮긴이 | 권찬영
펴낸이 | 소정영

펴낸곳 | 도서출판 하나의학사
출판신고 | 1988년 4월 1일 제2022-000082호

주소 | 서울특별시 송파구 동남로 159, 302호(한홍빌딩)
전화 | 02-730-2555, 2556 **팩스** | 02-730-2557
이메일 | hanampc1@naver.com
홈페이지 | www.hanampc.co.kr

ISBN 979-11-91658-51-4 93180